# Pocket
# VENEZIA
**IL MEGLIO • DA VIVERE • DA SCOPRIRE**

Sara Fiorillo

# In questa guida

## Per cominciare

La chiave per capire la città – per decidere che cosa fare e come farlo

**In breve**
Consigli per un viaggio senza inconvenienti

**Sestieri**
Che cosa troverete e dove

## Scoprire Venezia

Le cose più belle da vedere e da fare, sestiere per sestiere

**Da non perdere**
Ricavate il massimo dalla vostra visita

**Vita in città**
La città vista da vicino

## Il meglio di Venezia

Le attrattive più interessanti della città, in comodi elenchi per aiutarvi a pianificare

**Itinerari a piedi**
Visitate la città a piedi

**Il meglio**
Le esperienze migliori

## Guida pratica

Consigli e accorgimenti per godersi la città senza intoppi

**Trasporti locali**
Spostatevi come la gente del posto

**Informazioni**
Con indicazioni essenziali sul pernottamento

La nostra scelta dei posti migliori per bere, mangiare e vivere la città:

- 🎯 **Da vedere**
- ❌ **Pasti**
- 🚻 **Locali**
- ⭐ **Divertimenti**
- 🛍 **Shopping**

Questi simboli vi aiutano a individuare le informazioni essenziali:

- ☏ Telefono
- ⊘ Orari
- ⊕ Parcheggio
- ⊘ Vietato fumare
- @ Internet
- 🛜 Wi-fi
- 🌱 Piatti vegetariani
- 📖 Menu in inglese
- 👨‍👩‍👧 Per famiglie
- 🐾 Animali ammessi
- 🚌 Autobus
- ⛴ Vaporetto
- ⛵ Gondola traghetto
- 🚣 Gondola
- 🚋 Tram
- 🚆 Treno

Trovate velocemente sulla cartina del quartiere ciò che state cercando:

# Venezia Pocket

Le guide Pocket Lonely Planet sono pensate per farvi entrare direttamente nel cuore della città.

All'interno troverete tutto ciò che non dovreste assolutamente perdere e una serie di consigli per rendere memorabile la vostra visita. Abbiamo suddiviso la città in zone facili da esplorare, con cartine chiare per orientarsi più facilmente. I nostri autori, grazie alla loro esperienza, hanno selezionato il meglio tra passeggiate, pasti, vita notturna, shopping e molto altro. E per facilitare le vostre esplorazioni, le pagine dedicate alla vita in città vi porteranno nei luoghi più stimolanti per conoscere la vera Venezia.

Naturalmente troverete tutti i consigli pratici per un viaggio senza intoppi: itinerari per visite brevi, mezzi di trasporto e quanto lasciare di mancia a chi vi serve da bere alla fine di una lunga giornata in giro.

Ecco la vostra garanzia per un'esperienza davvero grandiosa.

# Il nostro impegno

Gli autori Lonely Planet visitano i luoghi della guida, tutti e per tutte le edizioni. Non accettano omaggi o sconti in cambio di recensioni positive e vi raccontano sempre ciò che hanno visto.

## Per cominciare 7

Da non perdere ................... **8**
Vita in città ........................ **12**
Giorno per giorno ............. **14**
In breve ............................. **16**
Sestieri ............................. **18**

## Scoprire Venezia 21

- **22** San Marco
- **52** Dorsoduro
- **76** San Polo e Santa Croce
- **100** Cannaregio
- **118** Castello
- **138** Isole settentrionali
- **156** Isole meridionali

### Vale il viaggio:

Laguna orientale ................... **150**
Càorle ................................... **152**
Portogruaro .......................... **154**
Chioggia ............................... **170**

## Il meglio di Venezia — 173

### Itinerari a piedi

Di arte e gusto ............ 174
Le scorciatoie di Castello ............ 176

### Il meglio

Cucina ............ 178
Divertimenti ............ 180
Musica ............ 182
Teatro ............ 183
Shopping ............ 184
Tessuti ............ 186
Maschere ............ 187
Merletti ............ 188
Vetro ............ 189
Per i bambini ............ 190
Librerie ............ 192
Biodiversità ............ 193

## Guida pratica — 195

Prima di partire ............ 196
Per/da Venezia ............ 197
All'arrivo ............ 199
Trasporti urbani ............ 200
Informazioni ............ 201

# Per cominciare

Da non perdere ............................................ 8
Vita in città .................................................. 12
Giorno per giorno ...................................... 14
In breve ...................................................... 16
Sestieri ....................................................... 18

## Benvenuti a Venezia

La geometria particolare, la dimensione acquatica, la terminologia stradale fatta di calli, campi, corti, canali e fondamenta, i tesori storici e artistici, il suo essere da sempre crocevia di popoli: Venezia è un archetipo vivente, è unica, è una follia. Un luogo dove non si fa uso della ragione ma solo dei sensi, uniti a emozioni, nostalgia, malinconia, mistero e fantasia. Perché Venezia è un 'sogno di acqua e di pietra', come disse Goethe. E allora prima di tutto bisogna sognare.

Uno scorcio del sestiere di Santa Croce (p76)
ARTMARIE/ISTOCKPHOTO ©

# Venezia
## Da non perdere

**Basilica di San Marco** (p24)

Théophile Gautier la definì 'una caverna d'oro incrostata di pietre preziose, splendida e oscura, a volte sfavillante e misteriosa'. Godetevela in lungo e in largo questa opera a quattro mani tra Venezia e la Grecia, lasciate che vi racconti l'Oriente e ascoltate i mori che battono la mezzanotte.

## Da non perdere 9

### Palazzo Ducale
(p28)

Apprezzatene la bellezza senza dimenticare che la cornice architettonica della loggia fu un luogo associato ai gravi annunci: dallo spazio tra la nona e la decima colonna, partendo da sinistra, veniva data pubblica lettura delle condanne a morte.

### Gallerie dell'Accademia
(p54)

Queste gallerie non sono soltanto sinonimo di cultura accademica, ma offrono anche un quadro accurato degli usi e dei costumi di un'epoca attraverso una ricca collezione di dipinti che va dal Trecento al XVIII secolo.

### Basilica di Santa Maria della Salute
(p56)

Ancora oggi, in questa monumentale chiesa barocca costruita per ringraziare la Madonna di avere liberato Venezia dalla peste, i veneziani rinnovano ogni anno una preghiera di buon auspicio per la loro salute.

## Da non perdere

### Collezione Peggy Guggenheim (p58)

Sfuggì ai nazisti, strinse amicizia con i dadaisti, collezionò amanti, sostenne artisti d'avanguardia e cambiò il corso della storia dell'arte dalla sua elegante dimora sul Canal Grande che oggi accoglie un'universalmente nota collezione.

### Il Canal Grande (p78)

Scivolate lungo quello che nel Medioevo fu di volta in volta Rio della Zirada, Canale di Luprio, Canale di San Isaia e Canale di Rivoalto, che l'Aretino definì 'patriarca di tutti i fiumi' e che Goethe chiamò 'via dell'esistenza' (a causa delle gondole, metafora dell'esistenza).

### I Frari (p80)

Lasciate che il vostro sguardo venga irresistibilmente attratto dalla Pala dell'Assunta di Tiziano, dopodiché muovetevi tra queste mura ed esplorate con gli occhi tutte le bellezze che questa chiesa accoglie: sarà una delle tempeste emotive più forti che vivrete in città.

## Da non perdere 11

### Il Ghetto (p102)

Visitate l'isoletta che ha offerto rifugio agli ebrei, favorito e sostenuto l'anima commerciale di Venezia, goduto di una grande libertà religiosa e di pensiero, e che ancora oggi è uno dei pilastri della vita culturale della città: il Ghetto, storica sede della comunità ebraica locale.

### Riva degli Schiavoni (p120)

Oggi, al posto dei rudi marinai orientali ci sono educati skipper con indosso divise immacolate, mentre lussuosi alberghi hanno preso il posto degli squeri, dei radi edifici privati e dei piccoli casotti in legno sull'antica spiaggia lunga e sinuosa.

### Arsenale (p122)

È passando attraverso la Porta Magna, l'unico arco trionfale esistente in città, che si accede alla più grande fabbrica navale del mondo preindustriale, quella che ha contribuito a rendere invincibile l'antico e potente impero marittimo di Venezia.

# Venezia
# Vita in città

*I consigli che vi darebbe chi ci vive*

Per conoscere veramente Venezia e vedere come vivono i veneziani, visitate i caffè storici di Piazza San Marco, curiosate tra le opere di arte contemporanea del sestiere di San Marco, andate per bacari, fate la spesa a Rialto, concedetevi una cena formalmente e sostanzialmente eccelsa, poi rilassatevi su una spiaggia.

## I caffè storici
(p32)

Considerate che, prima di voi, sulle stesse poltroncine dei caffè storici che si affacciano su Piazza San Marco sedettero Casanova, Francesco Guardi, Ugo Foscolo, Giuseppe Parini, Silvio Pellico e Honoré de Balzac, il quale diceva di esse che erano 'allo stesso tempo borsa, foyer di teatro, sala di lettura, club, confessionale'.

## Le gallerie d'arte
(p34)

Arte concettuale, installazioni, interferenze tra passato e presente, fotografie, sedie, disegni acquarellati sui pavimenti, dipinti alle pareti dai colori vivaci, video: decisamente varia l'arte contemporanea nel sestiere di San Marco.

## Andar per bacari
(p74)

Andar per bacari è una consuetudine antica in città, se già nel XVIII secolo Goldoni raccontava con dovizia di particolari il gusto di frequentare questi semplici locali, spesso ubicati in callette nascoste. Ma da dove deriva la parola 'bacaro'? Nel suo *Osterie veneziane* (1928), Elio Zorzi racconta di un gondoliere che, assaggiando un nuovo vino arrivato dal sud, esclamò: 'Bon, bon! Questo xe proprio un vin de bàcaro', riferendosi all'espressione veneziana 'far bàcara' (fare baldoria, mangiare e bere in compagnia).

## Mercati di Rialto
(p82)

Un tempo Rialto era un mercato la cui disposizione si articolava in base alle categorie merceologiche vendute, ora rintracciabili nella toponomastica: andate in cerca dell'Erbarìa, delle Beccherie, della Pescaria e della Casaria, non senza una spaziosa e comoda borsa dove riporre gli acquisti.

**Vita in città** 13

Al Bottegon (Cantinone già Schiavi, p66)

## Le giovanissime realtà gastronomiche
(p116)

Sono cinque ristoranti dove si viaggia ad altissima qualità: una nuova esperienza culinaria, abbinamenti forti, accostamenti tra cibi e vini che superano le imposizioni della tradizione.

## Tutti al mare: Lido e Pellestrina
(p158)

Ci pensò la vicinanza di Venezia a consacrare il Lido come una destinazione per *bon vivant* e per il jet set internazionale, nonché come la più elegante stazione balneare d'Europa del primo Novecento. Più modesta è Pellestrina, un'isola lunga circa 9 km e larga 50 m circa, che vanta tuttavia un fascino selvaggio nonché acque tra le più pulite di tutta la Laguna.

### Dove sentirsi uno del posto:

Cinquantamila *ombre* al dì
(p47)

Squero San Trovaso
(p65)

Due campi a confronto
(p68)

Il rito dello spritz
(p71)

# Venezia
# Giorno per giorno

## Primo giorno

Si parte dal nucleo più vitale della città, **Piazza San Marco** (p22), affollata di turisti d'estate e d'inverno, di giorno e di notte. Spuntate prima dalla lista uno per uno tutti i suoi elementi, dalla **basilica** (p24) al **campanile** (p38), dal **Palazzo Ducale** (p28) alla **Torre dell'Orologio** (p38), quindi infilatevi in uno dei **caffè storici** (p32) che la incorniciano. Fate poi un salto dal passato al presente in una delle **gallerie d'arte** (p34) del sestiere, dopodiché tuffatevi nei vassoi ricolmi di prelibatezze locali di **Gislon** (p45).

Dopo una mattinata trascorsa nel pieno flusso turistico ci vuole un pomeriggio tranquillo, qual è quello garantito dal sestiere di **Castello** (p118), con il silenzio delle sue **chiese** (v. lettura p124), dell'**Arsenale** e dei **Giardini Pubblici** (p131).

Già prima del tramonto cominciate a fare lo slalom tra i turisti che ciondolano lungo **Riva degli Schiavoni** (p120), prima di nascondervi nella **Corte Sconta** (p133) per una cena superlativa e di tirare una monetina per decidere se scegliere la musica classica degli **Interpreti Veneziani** (p46) o un balletto classico al **Teatro Goldoni** (p47).

## Secondo giorno

Salite sul vaporetto n. 1 o 2 e puntate dritti verso la fermata Salute perché comincia qui la vostra mattinata all'insegna dell'arte nell'intellettuale sestiere di **Dorsoduro** (p52): da **Punta della Dogana** (p62) troverete nell'ordine la **Basilica di Santa Maria della Salute** (p53), i **Magazzini del Sale** (p62), la **Collezione Peggy Guggenheim** (p58) e le **Gallerie dell'Accademia** (p54) che vi terranno impegnati fino al pomeriggio.

Dopo una giornata così traboccante d'arte, da quella architettonica a quella pittorica, da quella antica a quella contemporanea, serve una passeggiata alle **Zattere** (v. lettura p63) e un boccale di birra al **Chioschetto** (p70) o un bicchiere con gianduiotto traboccante di panna montata della **Gelateria da Nico** (p66).

Trascorsa l'ora della merenda vi sposterete per un aperitivo verso la movida di **Campo San Barnaba** e **Campo Santa Margherita** (v. lettura p68), dove non farete fatica a trovare un locale per recuperare tutte le energie. La giornata si conclude con un concerto al **Venice Jazz Club** (p71).

# Giorno per giorno

**Avete poco tempo?**
Abbiamo organizzato in questi itinerari divisi per giorni tutte le cose da non perdere a Venezia perché siate sicuri di vedere il meglio che la città offre nel tempo che avete a disposizione.

## Terzo giorno

La **Basilica dei Frari** (p80) apre presto: tanto meglio, perché avete una giornata fitta di cose da fare davanti a voi. Si comincia dunque da questa imponente chiesa, si continua con la **Scuola di San Rocco** (p90), dopodiché ci si smarrisce fra le bancarelle dei **Mercati di Rialto** (p82). A questo punto non resta che misurare l'appetito e decidere se può essere saziato da uno *scartoccio* di frittura mista e di seppie e polenta da **Acqua & Mais** (p91), o è meglio accomodarsi davanti alle prelibatezze dell'**Osteria La Zucca** (p93).

Il pranzo si digerisce facendosi cullare dalle onde del **Canal Grande** (p78), guardandosi pigramente intorno da una sponda all'altra, dopodiché 'liberi tutti'. Gli scienziati andranno al **Museo di Storia Naturale** (p89), gli appassionati di teatro alla **Casa di Goldoni** (p87), gli amanti dell'arte alla **Ca' Pesaro** (p89). D'obbligo l'acquisto di un paio di **papusse** (v. lettura p98).

La serata prevede un'indimenticabile cena alle **Antiche Carampane** (p95), sempre che non ci sia in programma un concerto presso la **Scuola Grande di San Giovanni Evangelista** (p96).

## Quarto giorno

Dedicate le prime ore del mattino alla **Chiesa di Santa Maria dei Miracoli** (p106) e a quella dei **Gesuiti** (p107), senza rinunciare a uno sguardo alla **Bottega del Tintoretto** (v. lettura p107), quindi concentratevi su un singolo capitolo della storia di questa città, quello del **Ghetto** ebraico (p102), articolando la visita tra il **Campo del Ghetto Nuovo**, il **Museo Ebraico** e le **Sinagoghe** e gustando alla fine qualche piatto kasher al **Ghimel Garden Restaurant** (p112).

Nel pomeriggio immergetevi nel regno del vetro: **Murano** (p72), con il **Museo del Vetro** (p141), la **Basilica dei Santi Maria e Donato** (p141), una visita alla fabbrica-museo di **Ercole Moretti & Fratelli** (p139) e l'acquisto di un gioiello dal designer **Davide Penso** (p148).

Dalle fermate del vaporetto di Fondamenta Nuove è semplice: si seguono i più bei riflessi del tramonto lungo i rii che bagnano le fondamenta più lunghe della città, quindi un bicchiere di aperitivo da **Vino Vero** (p113) e cena all'**Ostaria Da Rioba** (p117).

# In breve

**Per maggiori informazioni,
v. Guida pratica (p196)**

### Viaggio
Per pianificare il vostro viaggio:
www.veniceairport.it; www.autostrade.it;
www.viamichelin.it/web/Itinerari;
www.cciss.it; www.trenitalia.com;
www.italotreno.it; www.babyinviaggio.it.

### Alloggio
Essendo una città che vive principalmente di turismo, Venezia offre non solo strutture innumerevoli, ma anche di molteplice tipologia: dai lussuosi alberghi a quelli più modesti, dai B&B ai boutique hotel, dalle residenze agli ostelli. Un consiglio: tenete d'occhio i siti per le offerte.

### Bancomat e carte di credito
Gli sportelli bancomat sono ovunque. In genere, le principali carte di credito sono accettate ovunque; fanno eccezione solo alcune trattorie e negozietti.

### Pasti
L'ampia scelta comprende gli innumerevoli e sfiziosissimi *cicheti* che troverete in quantità in qualunque bacaro, l'abbondante cucina tradizionale delle trattorie e osterie, la cucina creativa dei ristoranti, qualche *scartoccio* da asporto e interessanti take away.

### Mance
La mancia è facoltativa (10%) nei ristoranti in cui il servizio non è incluso nel conto, per i conducenti dei motoscafi-taxi e per il personale degli alberghi; molti lasciano il resto al banco di bar e bacari per premiare un servizio cortese e sollecito.

## ❶ Prima di partire

### Budget giornaliero

**Meno di €100**
- Letto in cameratta
- *Cicheti* e *scartocci*
- Siti turistici gratuiti

**Medio €100-200**
- Albergo economico
- Un paio di musei e chiese
- Cena in trattoria

**Più di €200**
- Boutique hotel o hotel di media categoria
- Musei e chiese
- Cena al ristorante

### Siti web
- **Lonely Planet Italia** (www.lonelyplanet italia.it/venezia) Consigli di viaggio e forum.
- **Venezia Unica** (www.veneziaunica.it) Sito ufficiale del turismo a Venezia.
- **Venezia da vivere** (www.veneziadavivere .com) Musica, arte, vita notturna e itinerari.
- **Carousel** (www.carouselvenezia.eu) Eventi.
- **Associazione Amici dei Musei e Monumenti Veneziani** (www.amicideimuseivenezia .it) Aperture straordinarie di musei e siti.

### Programmare in anticipo
- **Due mesi prima** Prenotate l'alloggio se pensate di visitare la città in altissima stagione o in concomitanza di festival ed eventi particolari. Acquistate gli ultimi biglietti per l'opera alla Fenice, le prime alla Mostra del Cinema e i vernissage della Biennale.
- **Un mese prima** Prenotate l'alloggio se volete una sistemazione economica.
- **Una settimana prima** Prenotate i ristoranti; e i biglietti su www.veneziaunica.it.

## In breve 17

## ② Arrivo

L'Aeroporto Marco Polo si trova a Tessera, a 12 km da Venezia e a est di Mestre. I collegamenti sono gestiti da linee di autobus ATVO (www.atvo.it), imbarcazioni (www.alilaguna.it) e motoscafi-taxi (www.motoscafivenezia.it). La stazione ferroviaria di Venezia Santa Lucia si trova in città; dal vicino Piazzale Roma partono autobus e taxi per la terraferma, mentre dagli approdi situati all'esterno partono diverse linee di vaporetti; la fermata della stazione si chiama Ferrovia (come leggerete nelle indicazioni per raggiungere la stazione a piedi). La stazione ferroviaria Venezia Mestre è sulla terraferma.

### ✈ Dall'aeroporto Marco Polo

| Destinazione | Trasporti consigliati |
|---|---|
| Piazzale Roma | Autobus ATVO |
| San Marco e Lido | Alilaguna Linea Blu o Rossa (stagionale) |
| Rialto e Guglie (stazione ferroviaria) | Alilaguna Linea Arancio |
| Terminal Crociere | Alilaguna Linea Blu |
| Giudecca | Linea Rossa (stagionale) |
| Zattere (Dorsoduro) | Alilaguna Linea Blu o Rossa (stagionale) |

### 🚌 Dalla stazione ferroviaria Santa Lucia

| Destinazione | Trasporti consigliati |
|---|---|
| Piazzale Roma | A piedi attraverso il Ponte di Calatrava |
| Rialto | Vaporetto n. 1, 2 ed N |
| San Marco | Vaporetto n. 1, 2 ed N |
| Zattere (Dorsoduro) | Vaporetto n. 2 ed N |
| Fondamenta Nuove (Cannaregio) | Vaporetto n. 4.1 e 4.2 |
| Lido | Vaporetto n. 1 ed N |

## ③ Trasporti locali

Muoversi a piedi è il modo ideale per visitare Venezia, anche perché è a costo zero. L'alternativa consiste in una vasta scelta di imbarcazioni. Al Lido e a Pellestrina si possono guidare automobili e biciclette.

### 🚤 Vaporetto

I vaporetti servono tutta la città e le isole della Laguna. Il biglietto di corsa semplice costa €7,50 e dura 75 minuti, ma ci sono diverse formule più convenienti (tra le quali il biglietto valido 24 ore a €20), che si acquistano presso le biglietterie sui pontili e in quelle automatiche, nelle rivendite autorizzate oppure online su www.veneziaunica.it.

### 🛶 Gondola

Più che un mezzo di trasporto è un'esperienza, nonché il modo migliore per vedere la città dall'acqua, infilandosi anche nei canali più stretti. La tariffa per una corsa diurna è di €80 per 30 minuti (€100 dalle 19 alle 8).

### 🛶 Gondola traghetto

Gondola di servizio pubblico che in alcuni approdi (chiamati stazi) trasporta i passeggeri da una sponda all'altra del Canal Grande al modico prezzo di €2. V. www.veneziaunica.it/it/content/la-gondola per conoscere gli orari dei vari stazi.

### 🚲 Bicicletta

La circolazione delle biciclette è vietata nel centro storico di Venezia ma consentita al Lido, a Pellestrina e nell'Isola di Sant'Erasmo (che sono più comodi da visitare in bici).

### 🚗 Automobile

Si può raggiungere il Lido in traghetto via Tronchetto. Diversamente non si va oltre Piazzale Roma, dove ci sono parcheggi il cui costo oscilla da €20 a €30 al giorno circa. Per spendere meno considerate la possibilità di parcheggiare a Mestre e prendere l'autobus (€1,50) o il treno (€1,25) per Venezia.

# Venezia
## Sestieri

**San Polo e Santa Croce (p76)**
C'è un confine labile tra questi due sestieri che quasi si confondono, ed è per questo che si possono assemblare in un unico discorso che va dalle bancarelle di Rialto ai capolavori del Tintoretto.

👁 **Da non perdere**

Il Canal Grande

I Frari

**Dorsoduro (p52)**
In questo sestiere ci si dedica alle straordinarie collezioni di opere d'arte, alle passeggiate sulle lunghe Zattere, ai vivaci campi e ai loro locali perfetti per un aperitivo.

👁 **Da non perdere**

Gallerie dell'Accademia

Basilica di Santa Maria della Salute

Collezione Peggy Guggenheim

**Sestieri** 19

### Cannaregio (p100)
Camminate sulle silenziose e languide fondamenta (le più lunghe della città) in cerca di chiese e ristoranti di buona qualità, poi dedicatevi alla minuscola isoletta del Ghetto, di storica importanza.

👁 **Da non perdere**
Il Ghetto

### Castello (p118)
Nel sestiere più vasto, che si estende nel margine orientale della città, si vagabonda con calma in cerca di chiese, arsenali, giardini, padiglioni, storia, leggende e angoli segreti.

👁 **Da non perdere**
Riva degli Schiavoni
Arsenale

### San Marco (p22)
Lasciate che l'immenso trapezio di Piazza San Marco vi racconti mille anni di storia, poi fatevi largo tra la folla e i piccioni per andare in cerca di caffè storici, gallerie, enoteche.

👁 **Da non perdere**
Basilica di San Marco
Palazzo Ducale

*Basilica di San Marco*
*Palazzo Ducale*
*Arsenale*
*Riva degli Schiavoni*

## Scoprire
# Venezia

| | |
|---|---|
| San Marco | 22 |
| Dorsoduro | 52 |
| San Polo e Santa Croce | 76 |
| Cannaregio | 100 |
| Castello | 118 |
| Isole settentrionali | 138 |
| Isole meridionali | 156 |

### Vale il viaggio
Laguna orientale ..................................... 150
Càorle ...................................................... 152
Portogruaro ............................................. 154
Chioggia .................................................. 170

*Il Ponte dei Sospiri*
MAURO CHIARLE ©

Scoprire

# San Marco

Nel sestiere di San Marco non mancano le chiavi giuste per aprire Piazza San Marco, con la sua Basilica che racconta l'Oriente, il Palazzo Ducale con le storie dei dogi e le istituzioni della Serenissima, i caffè affacciati sul selciato dove si ritrovavano i romanzieri e musicisti, i grandi alberghi storici, i teatri per le commedie di Goldoni e la lirica, le gallerie d'arte contemporanea e le botteghe artigiane.

# Scoprire

## In un giorno

☀️ Raggiungete Piazza San Marco e visitate la **Basilica** (p24), poi rintracciate la **Torre dell'Orologio** (p38) e il **Palazzo Ducale** (p28). Dopodiché spostatevi sotto i portici per omaggiare l'opera di **Adriano Olivetti** (p39) e accostarvi al bancone di uno di quei **caffè storici** (p32) che un tempo incorniciavano i corteggiamenti tra le dame annoiate e i pigri dongiovanni. Infine, allungate il passo sino agli **stazi** (v. lettura p43) e al **Ponte dei Sospiri** (p38).

☀️ Dopo avere gustato i *cicheti* e i piatti tipici di **Gislon** (p45), articolate il vostro pomeriggio tra la visita al **Museo Fortuny** (p44) e quella al **Teatro La Fenice** (p41). Casomai finiste il tour prima della chiusura dei negozi, potete fare un salto ad ammirare i gioielli di **Sigfrido Cipolato** (p48).

🌙 Cominciate a godervi la serata con un aperitivo all'**Osteria da Baba** (p45), poi scegliete se proseguire con una memorabile cena da **I Rusteghi** (p46) o un'esperienza operistica con **Musica a Palazzo** (p46). Trascorrete la notte affacciati sul Canal Grande in una delle camere della **Locanda Casa Petrarca** (p197).

## 👁 Da non perdere
Basilica di San Marco (p24)

Palazzo Ducale (p28)

## 🔍 Vita in città
I caffè storici (p32)

Le gallerie d'arte (p34)

## ❤️ Il meglio

**Pasti**
Enoteca Al Volto (p46)

I Rusteghi (p46)

**Locali**
Florian (p33)

Caffè Quadri (p33)

**Divertimenti**
Musica a Palazzo (p46)

## Trasporti

 **Vaporetto** Le fermate dei vaporetti n. 1 ed N lungo il Canal Grande sono Rialto, Sant'Angelo, San Samuele, Santa Maria del Giglio e San Marco.

**A piedi** I cartelli gialli indicano il percorso più breve da Rialto a Piazza San Marco.

🚣 **Gondole** Davanti a San Marco c'è lo stazio più antico, importante e ricco di gondole.

## Da non perdere
# Basilica di San Marco

I fattori sono tre: ci sono i marinai che nell'828 rubano il corpo di san Marco ad Alessandria d'Egitto, c'è la necessità di trovare un tempio che lo accolga e c'è una città prontissima a un'operazione di marketing che ne approfitta per dar prova del suo repubblicanesimo e del suo senso d'indipendenza. Così, i veneziani non depongono il corpo del santo nella cattedrale (allora San Pietro di Castello) ma costruiscono una basilica apposita, chiarendo che sarebbe stata la cappella privata del doge: era la Basilica di San Marco.

Cartina p36, H3
041 270 83 11
www.basilicasanmarco.it
Piazza San Marco
ingresso libero
9.45-17 lun-sab e 14-16 dom e festivi ott-Pasqua, anche dom e festivi fino alle 17 Pasqua-set
San Marco

Basilica di San Marco

# Basilica di San Marco

## In primo piano

### La facciata
Sembra proprio un'onda in movimento questa facciata scandita dall'alternarsi di curve e guglie e da cinque portali sormontati da nicchie rivestite di mosaici scintillanti e leggiadri archi in pietra scolpita, e attraversata in tutta la lunghezza dalla terrazza balaustrata della Loggia dei Cavalli, dalla quale si affacciano le copie delle statue dei quattro cavalli inviati da Costantinopoli nel 1204.

### Atrio o nartece
L'elemento di passaggio tra l'esterno della piazza e l'interno della basilica è rivestito da un pavimento dell'XI-XII secolo e da mosaici del XII-XIII secolo che riproducono scene dell'Antico Testamento. Le 24 scene rappresentate nella **Cupola della Genesi**, nella prima campata, sono ispirate a un codice miniato del VI secolo, la Bibbia Cotton.

### Interno
È un morbido e dorato gioco di volumi, adagiato su un pavimento di tasselli marmorei ondulati dal tempo e spartito in tre navate con matronei sorretti da pilastri e colonne con capitelli bizantini. Meritano un cenno il battistero trecentesco e il presbiterio. Alle spalle dell'altare maggiore, sopra il sarcofago di san Marco, si trova la **Pala d'Oro** (interi/ridotti €2/1; ⓒ9.45-16 lun-sab, 14-16 dom nov-Pasqua, fino alle 17 Pasqua-ott), un capolavoro di arte orafa bizantina e veneziana che fa parte del Tesoro di San Marco. Sfoggia ben 1927 pietre preziose tra smeraldi, ametiste, zaffiri, rubini e perle. Fu iniziata nel X secolo e completata nel XIV. Di squisita fattura sono gli smalti a cloisonné raffiguranti scene bibliche: i santi sono ritratti con folte barbe e grandi occhi puntati su Gesù,

## ☑ Consigli

▶ Per evitare la coda si può prenotare un diritto d'accesso privilegiato al costo di €2 sul sito **www.venetoinside .com** (servizio attivo apr-ott). Si entra senza attendere anche con le visite guidate gratuite organizzate dalla **diocesi** (www.basilicasanmarco.it; ⓒvisite 11 lun-sab apr-ott su prenotazione) per leggere i messaggi biblici dei mosaici. Si può infine assistere ai vespri serali, quando non c'è ressa, ma occorre rimanere seduti durante l'intera funzione.

▶ Le borse grandi devono essere lasciate per un'ora e non di più nel deposito bagagli dell'Ateneo di San Basso, che si trova a sinistra della basilica.

▶ Nel **Museo di San Marco** (www.museo sanmarco.it; interi/ridotti €5/2,50; ⓒ9.45-16.45 tutti i giorni) sono esposte le statue originali dei cavalli di Costantinopoli.

## ✗ Una pausa

In uno dei caffè storici sulla piazza (p32).

che volge lo sguardo verso uno zelante san Marco, mentre la Madonna leva le mani al cielo in segno di meraviglia; i medaglioni inferiori riportano scene di caccia con il falcone, mentre sulla destra si riconosce l'episodio del trafugamento della salma di san Marco in Egitto.

## Mosaici

Sono ben 8000 i metri quadrati di brillantissime scene volte a esaltare la Chiesa di Cristo e la Chiesa veneziana che scintillano nella luce dorata. I decori furono realizzati con tecniche diverse a seconda del periodo, ma originariamente apprese dai maestri vetrai di Costantinopoli che operavano nelle vetrerie della Serenissima. Si comincia dal mosaico quasi millenario nelle nicchie ai lati dell'ingresso principale, che rappresenta la Madonna con gli apostoli e, sotto, gli evangelisti. I mosaici (rifatti nel secolo XIX) del Giudizio Universale e dell'Apocalisse coprono le due volte all'ingresso, mentre nella Cupola della Pentecoste, la prima delle tre lungo la navata mediana, la colomba dello Spirito Santo discende sotto forma di lingue di fuoco tra gli apostoli.

## Tesoro

(ingresso €3; ⊙9.45-16 lun-sab e 14-16 dom, fino alle 17 Pasqua-set) Dalla navata destra nel transetto destro si accede al Tesoro di San Marco, che si compone di sacre reliquie e oggetti preziosi saccheggiati durante le Crociate; tra questi spiccano una caraffa di cristallo del X secolo realizzata per il califfo fatimide al-Aziz-bi-llah e un'icona dell'arcangelo Michele databile al XII secolo. Scrigni foderati di velluto custodiscono varie reliquie di dogi e di santi, fra cui il femore di san Rocco, il pollice di san Marco, il braccio con cui san Giorgio uccise il drago e perfino una ciocca di capelli della Madonna.

## Museo

(www.museosanmarco.it; interi/ridotti €5/2,50; ⊙9.45-16.45 tutti i giorni) Poiché San Marco fu cappella ducale fino al 1807, i sontuosi tesori dei dogi sono custoditi qui, al piano superiore. Nella galleria sono esposti i quattro **Cavalli di San Marco** in bronzo dorato che decoravano l'ippodromo di Costantinopoli (la datazione è molto incerta, c'è chi dice IV secolo a.C., chi IV d.C.), sottratti da Napoleone e poi restituiti a Venezia nel 1815. Il museo custodisce anche frammenti di mosaici (dal XIII al XVI secolo); in uno Abramo è ritratto con le sopracciglia inarcate, come fosse scandalizzato nell'ascoltare i pettegolezzi veneziani, mentre nel transetto nord è degno di nota il mosaico *Albero genealogico della Vergine* (di Vincenzo Bianchini e Giuseppe Porta, detto Salviati; 1542-52). C'è poi la sezione dedicata ai tessili, con tappeti, arazzi, paliotti dogali e gli antichi tessuti della **Sala dei Banchetti** del doge, decorata con stucchi settecenteschi che raffigurano la Musica, la Poesia e la Pace; al centro della sala spicca la *Pala feriale* di Paolo Veneziano (1345), con scene della vita di san Marco.

## Basilica di San Marco

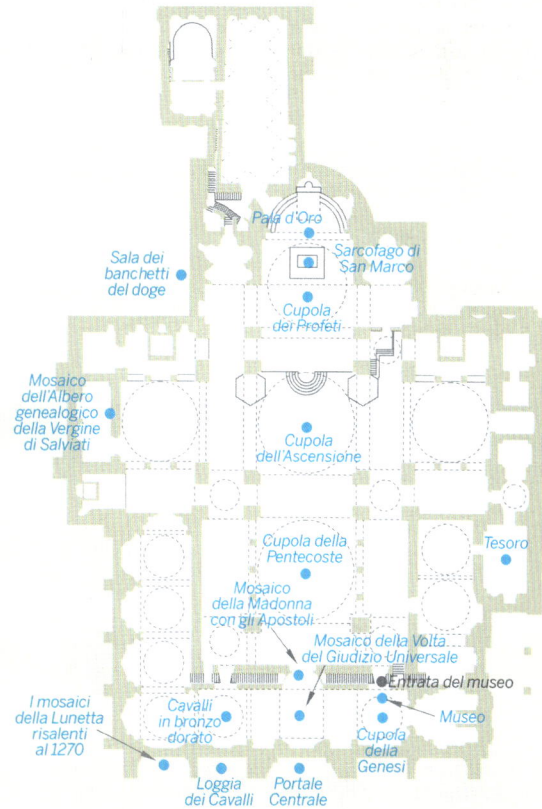

Piano terreno

## Da non perdere
## Palazzo Ducale

Emblema di quello stile gotico fiorito che si ritrova in numerosi altri palazzi (e che è tra i simboli della città lagunare), il Palazzo Ducale fu eretto subito dopo l'810 per proteggere la nuova sede del governo che era stata trasferita da Malamocco all'isola di Rivo Alto. Fu quindi più volte modificato e infine sensibilmente trasformato nel 1340, quando la Repubblica decise di edificare una sala per il Maggior Consiglio; questo vi si riunì per la prima volta nel 1419, perché per erigere la parete rivolta verso la piazzetta e quella verso il molo furono necessari circa 50 anni di lavori.

- Cartina p36, H3
- 041 271 59 11
- www.palazzoducale.visitmuve.it
- interi/ridotti/bambini €9/12/gratuito
- 8.30-19 apr-ott, fino alle 17.30 nov-marzo
- San Zaccaria

Palazzo Ducale e Basilica di San Marco

# Palazzo Ducale

# In primo piano

### L'esterno

Osservate l'eleganza gotica e la delicatezza di questo sontuoso palazzo dei dogi, sottolineate dagli archi traforati, dal loggiato e dalla facciata rosata, in cui le ambiziose istanze estetiche si coniugano con la rappresentazione delle attività economiche veneziane, testimoniate dalle eleganti colonne dai capitelli medievali raffiguranti le corporazioni dei mestieri. A est del lato che affaccia sul canale sopravvivono due finestroni con un traforo polilobato, vestigia del palazzo prima dell'incendio del 1577, il terzo dopo quelli del 1483 e del 1574. Frutto del restauro di Antonio Da Ponte (che ebbe la meglio sul progetto neoclassico del Palladio) sono invece le magnifiche facciate gotiche in pietra bianca d'Istria e marmo rosa di Verona; anche il grandioso balcone centrale, contornato da pilieri, nicchie e cuspidi, è datato 1404 ma fu pesantemente rimaneggiato.

### Cortile e piano delle logge

Oggi l'ingresso avviene dai locali della biglietteria, verso il Bacino di San Marco, ma un tempo si entrava dalla magnifica **Porta della Carta**, che dà accesso al **Porticato Foscari**, al termine del quale l'**Arco Foscari** conduce al sontuoso cortile interno. Quest'ultimo, dove vi ritrovate entrando dalla biglietteria, è dominato dalla facciata rinascimentale che fa da sfondo all'imponente **Scala dei Giganti** (1483-5) di Antonio Rizzo: in cima campeggiano le statue di Marte e Nettuno del Sansovino. Lungo il lato orientale del portico si trovavano i temutissimi **Pozzi**, ovvero le prigioni situate a livello dell'acqua (dove oggi c'è un deposito bagagli); dalla **Scala dei Censori** si accede al piano delle logge, i cui ambienti erano destinati all'amministrazione e ai servizi del palazzo.

### ☑ Il consiglio

▶ Vale la pena di partecipare a una visita guidata con **Itinerari Segreti** (📞848 08 20 00; interi/ridotti €20/14; ⏱visite guidate 9.30 e 11.10, durata 1 h 15 min) per poter vedere le stanze del Palazzo Ducale non accessibili nel normale percorso di visita: gli uffici del Consiglio dei Dieci, la Cancelleria, la Sala della Tortura e la soffitta occupata dai Piombi, ovvero le Prigioni Vecchie. Il percorso di visita segue il cammino che facevano i detenuti attraverso il Ponte dei Sospiri (p38) per raggiungere le Prigioni Nuove. Le pareti delle umide celle sono coperte di graffiti e il marmo del pavimento proviene dal saccheggio di Costantinopoli. Da queste prigioni riuscì a evadere il celebre Giacomo Casanova.

### ✕ Una pausa

In uno dei caffè storici sulla piazza (p32), magari senza sedersi al tavolo, per non spendere una fortuna.

## Primo piano nobile

Salendo la **Scala d'Oro** si raggiunge la bellissima **Sala degli Scarlatti**, una delle più belle del palazzo, chiamata così perché era il luogo di riunione dei consiglieri ducali, alti dignitari della repubblica, che vestivano toghe rosse. La **Sala delle Mappe** è tappezzata di carte geografiche realizzate nel 1483 e ridisegnate dopo l'incendio del 1762, che mostrano l'estensione dei domini veneziani ma anche i limiti dei cartografi di allora: la carta del Nuovo Mondo colloca infatti la California vicino alla Terra Incognita degli Antropofagi, cioè il Canada. Si passa poi agli **Appartamenti del Doge**, dai quali si raggiungeva il piano superiore attraverso una scala segreta, e alla **Sala degli Stucchi**.

## Secondo piano nobile

Dai loggiati del primo piano si passa alle sale ufficiali del secondo attraverso la **Scala d'Oro** del Sansovino. Dalla Scala d'Oro si accede all'**Atrio Quadrato**, con un bel soffitto ligneo, che porta alla **Sala delle Quattro Porte**, dove gli ambasciatori che avevano chiesto udienza al doge attendevano di essere ricevuti sotto un soffitto a botte con decorazioni a stucco di Giovanni Battista Cambi, detto il Bombarda. Il potere di Venezia è rappresentato anche nell'opera di Tiziano *Il doge Antonio Grimani in adorazione davanti alla Fede* (1554) e nel dipinto di Giambattista Tiepolo *Nettuno offre a Venezia i doni del mare* (1748). Le delegazioni speciali venivano fatte attendere nell'**Anticollegio**, una sala decorata con alcune opere mitologico-allegoriche; da qui si accede alla palladiana **Sala del Collegio**, dove si riuniva una delle supreme magistrature della città. Particolarmente pregevole la **Sala del Consiglio dei Dieci**, al centro della quale campeggia un affresco di *Giove che fulmina i Vizi*, copia dell'originale esposto al Louvre. Nell'adiacente **Sala della Bussola** è visibile la cassetta in cui venivano infilate le denunce anonime dei cittadini. Qui è visibile una copia di un affresco del Veronese: *San Marco tra le tre Virtù teologali* (1554). Una volta superata la Sala della Bussola e la Scala dei Censori si giunge alle **Sale d'Armi del Consiglio dei Dieci**.

## Le stanze 'segrete'

Con il tour Itinerari Segreti (p29) si possono visitare gli ambienti legati all'amministrazione della giustizia: la **Cancelleria** è piena di armadi in cui venivano conservati i rapporti dell'estesa rete di spie veneziane, i documenti delle cause civili e le sentenze. Adiacente è la **Sala della Tortura** dove avevano luogo gli interrogatori. I **Piombi** sono le prigioni situate nella soffitta del palazzo dove nel 1756 Casanova fu condannato a cinque anni di reclusione per aver sedotto alcune religiose e aver tentato di diffondere la Massoneria; nelle sue memorie, il celebre seduttore descrive come riuscì a evadere passando dal tetto, convincendo poi una guardia di essere un funzionario rimasto chiuso di notte all'interno dell'edificio.

# Palazzo Ducale

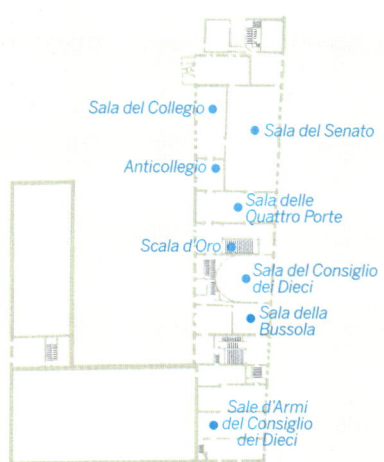

**Secondo piano**

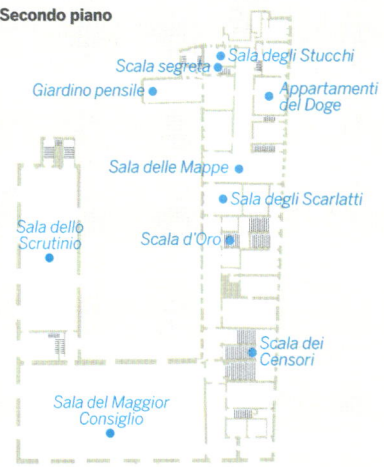

**Primo piano**

## Vita in città
# I caffè storici

Nei caffè ci si sentiva accolti, si fuggivano le noie domestiche, si chiedeva una presa di tabacco e si fumava, si giocava d'azzardo e si sgranocchiavano mandorle zuccherate e biscotti accompagnandoli con un'orzata, una limonata, un sorbetto di neve, un gelato, uno zabaione, una cioccolata vanigliata o la 'bevanda nigra', l'allora rivoluzionaria pozione stimolante alla caffeina che 'rallegra l'animo, risveglia la mente e allontana il sonno'.

### ❶ Harry's Bar
Dopo che nel 1914 la famiglia Cipriani fece ritorno a Verona dalla Germania, Giuseppe, il capostipite, cominciò a lavorare presso le due migliori pasticcerie di Venezia, rivelando una propensione per l'arte culinaria che, unita alla conoscenza del tedesco, gli permise di fare lo chef presso alcuni alberghi e di incontrare così Harry Pickering, un giovane benestante americano arrivato in Italia per curare

# I caffè storici

un incipiente alcolismo. Da lì all'inaugurazione del suo primo locale, il 13 maggio 1931, il passo fu breve. Giunse quindi Ernest Hemingway, nel 1949, a frequentare il bar per assopire le sue malinconie tenendo una penna in una mano e un bicchiere nell'altra, e il secondo passo verso un sempiterno successo fu altrettanto breve. Entrate per un Bellini. (041 528 57 77; www.harrysbarvenezia.com; Calle Vallaresso, San Marco 1323; cocktail €12-22; 10.30-23 tutti i giorni; San Marco)

### ❷ Florian
Qui Carlo Goldoni e Aleksandr Ivanovič Herzen si specchiano l'uno dentro l'altro. Il primo dice che Venezia è una città straordinaria, che non è possibile capirla, che cartine e descrizioni non sono abbastanza e che tutte le città del mondo si somigliano, tranne Venezia. Il secondo dice che costruire una città dove è impossibile costruirla è folle, ma che costruire proprio laddove è impossibile la più elegante e grandiosa delle città è follia di un genio. Accomodatevi ai tavolini, ammirate il frutto del restauro che nel 2012 ha rinverdito l'antico splendore delle sale e sentitevi un po' come queste celebrità d'antan. (041 520 56 41; www.caffeflorian.com; Piazza San Marco 56/59; bevande €6,50-16, supplemento per la musica se vi accomodate in piazza €6; 10-21 lun-gio, 9-23 ven e sab e 9-21 dom in inverno, 9-24 in estate; San Marco)

### ❸ Caffè Quadri
Questo grappolo di meravigliose salette riccamente decorate con stucchi, specchi e immagini carnevalesche di fine Settecento fa parte del regno dei fratelli Alajmo. Ci si accomoda al piano terra per un pasto informale e al primo piano per l'elegantissimo ristorante, ma ci si può fermare anche solo per un caffè. (041 522 21 05; www.alajmo.it; Piazza San Marco 121; pasti €140; 9-24 tutti i giorni; Rialto, San Marco)

### ❹ Caffè Lavena
Quando, al termine delle sue lunghe giornate, a furia di percorrere le calli della città lagunare gli cedevano le gambe dalla stanchezza, Richard Wagner era solito rifugiarsi qui per bere un cordiale tra gli specchi settecenteschi della sala interna, illuminata da un meraviglioso lampadario. Ancora oggi il locale si fregia del fatto di essere stato il preferito del grande musicista. Non tenetevi in tasca quell'euro, che qui è sufficiente per un caffè al banco, e date una sbirciata al locale. (041 522 40 70; www.lavena.it; Piazza San Marco 133/4; bevande €1-12; tutti i giorni 9.30-22 in inverno, fino alle 24 in estate; San Marco)

## Vita in città
# Le gallerie d'arte

Per quanto sia ricchissimo di antichi tesori, il sestiere di San Marco è interessante anche per chi è a caccia di design e di splendori del presente. Avventuratevi nelle piccole calli alle spalle della Chiesa di Santa Maria del Giglio: scoprirete una serie di spazi espositivi che con le loro proposte sapranno richiamare e trattenere la vostra attenzione. Si tratta di dipinti, installazioni video e creazioni ibride difficili da etichettare.

### ❶ Caterina Tognon Arte Contemporanea

Trasferitasi dal 2015 presso Palazzo Treves sul Canal Grande, a due passi da Piazza San Marco, questa galleria espone le opere di artisti che lavorano con materiali e idee legati a Venezia. (041 520 1566; www.caterinatognon.com; Ca Nova di Palazzo Treves, Corte Barozzi - San Marco 2158; 10.30-19 mar-sab, ma l'orario può variare, si consiglia di telefonare; Santa Maria del Giglio, San Marco)

## Le gallerie d'arte

### ❷ Contini
Entrate in questa splendida galleria per scoprire le opere di importanti pittori e scultori di fama mondiale. (☎041 523 03 57; www.continiarte.com; Calle Larga XXII Marzo, San Marco 2288; ⊙10.30-13 e 14-19.30 tutti i giorni; 🛥Accademia, Vallaresso, San Marco, Rialto)

### ❸ Galleria Traghetto
Questa galleria organizza audaci mostre di giovani artisti italiani scelti tra i nomi più promettenti del momento. (☎041 522 11 88; www.galleriatraghetto.it; Campo Santa Maria del Giglio 2543; ⊙15-19 lun-sab; 🛥Santa Maria del Giglio)

### ❹ Galleria Dorothea van der Koelen
Seminascosta alle spalle del Teatro La Fenice, la si può definire una galleria d'arte concettuale, che presenta al pubblico opere audaci, aventi la capacità di stimolare l'intelligenza del fruitore e visitatore. (☎041 520 74 15; www.galerie.vanderkoelen.de; Calle dei Calegheri, San Marco 2566; ⊙10-19.30 lun-sab; 🛥Santa Maria del Giglio)

### ❺ Bugno
Si trova proprio di fronte al Teatro La Fenice e tratta arte moderna, contemporanea e fotografica dei principali esponenti italiani contemporanei del settore, quali Arman, Luca Campigotto, Gavin Rain, Fabio Bianco, Mario Deluigi, Joe Tilson e molti altri. (☎041 523 13 05; www.bugnoartgallery.com; San Marco 1996/D; ⊙10-19 mar-sab, 15-19 lun e sab; 🛥Santa Maria del Giglio)

### ❻ Holly Snapp Gallery
Geoffrey Humphries vive tra l'Inghilterra e la Giudecca, mentre la gentilissima moglie sta qui in galleria con alcune nature morte e qualche paesaggio veneziano, ma soprattutto con i quadri del marito, che sono principalmente nudi e ritratti. Quando non è a Londra, Geoffrey lavora in uno studio affacciato sul Canale della Giudecca e non avrà nulla in contrario a farvi un ritratto, soprattutto se avrete preso per tempo un appuntamento, anche via email. Jane Moncrieff, nel suo italiano affettuosamente imperfetto, assicura i clienti che la posa non è impegnativa 'perché Geoffrey impiega poche ore'. I prezzi partono da €2500. (☎041 296 08 24/366 879 5283; www.hollysnappgallery.com; Calle delle Botteghe, San Marco 3133; ⊙16-19 mar-sab; 🛥Sant'Angelo)

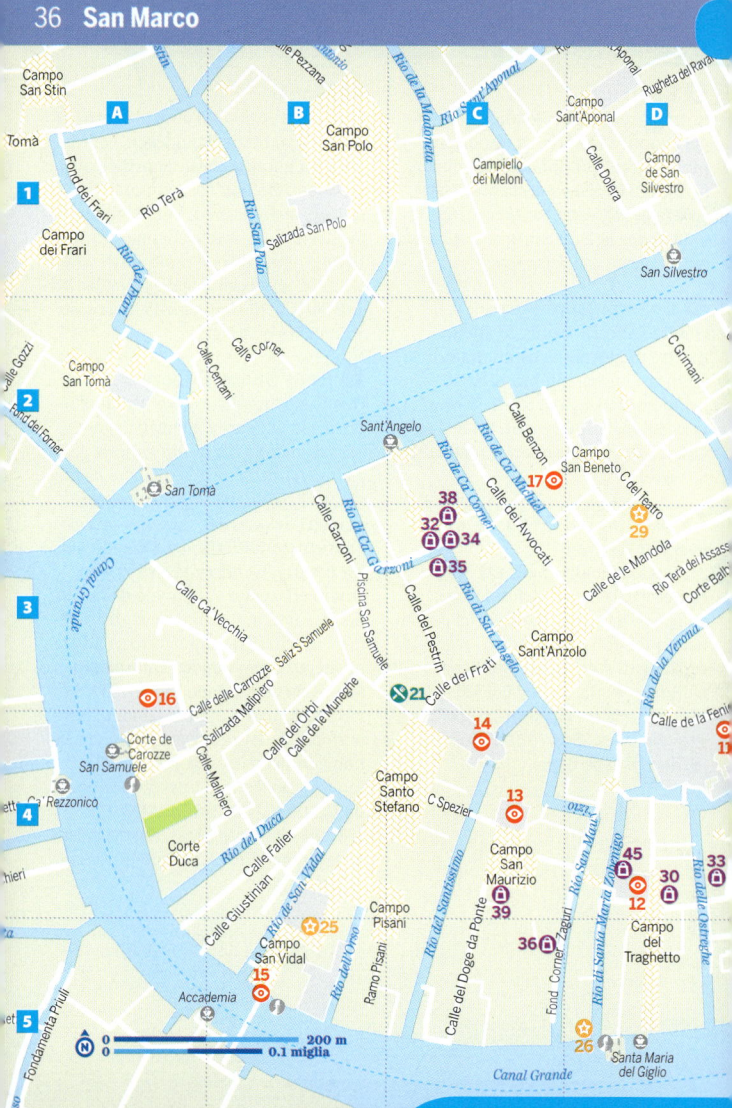

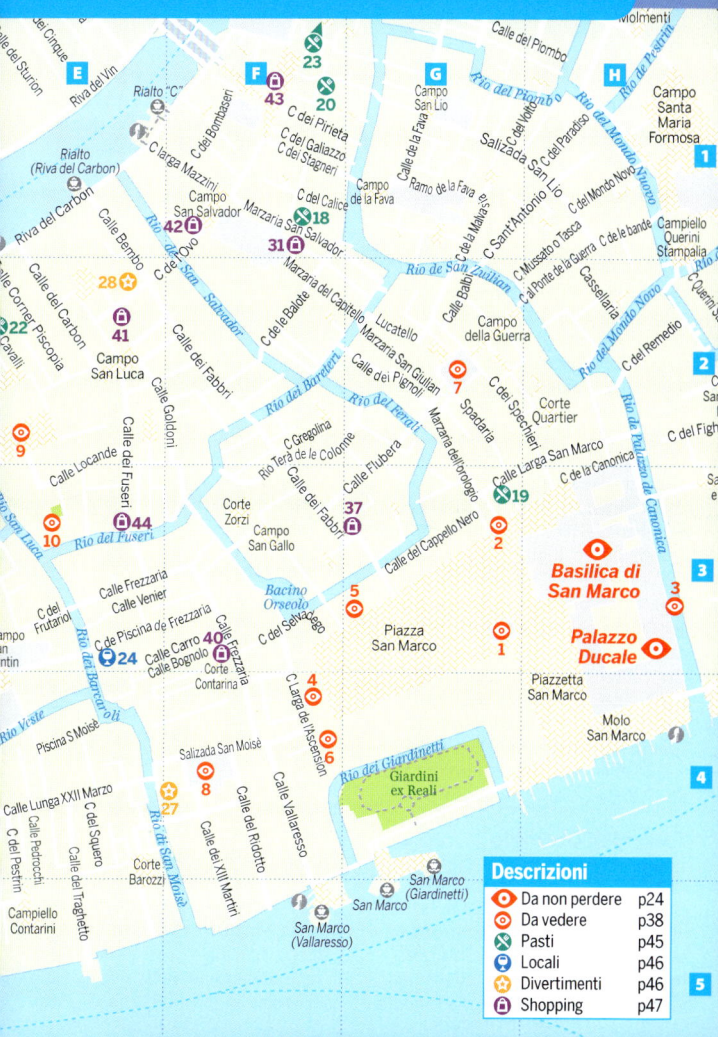

# Da vedere

## Campanile di San Marco
CAMPANILE

**1** Cartina p36, G3

Eretto nell'888 su una preesistente costruzione, forse un faro o una torre di avvistamento (per questo motivo svetta isolato nella piazza e non è accorpato alla basilica), subisce nei secoli vari rimaneggiamenti. Per la sua altezza e per l'ampio impiego di metalli tra i materiali, viene colpito da numerosi fulmini che ne danneggiano la struttura, fino a quando, nel 1902, di buon mattino, la torre crolla su se stessa e tra le macerie viene trovata solo la *marangona* (la campana che la mattina richiamava al lavoro i *marangoni*, i carpentieri dell'arsenale). Dieci anni dopo, tuttavia, il campanile è di nuovo lì, tale e quale era prima del crollo (ma con un parafulmine!). Salite fino in cima (98 m) per ammirare il panorama e vedere da vicino la *marangona*. Alla sua ombra, che si allunga sulla piazza, si beve l'*ombra* (v. lettura p47). (041 270 83 11; www.basilicasanmarco.it; Piazza San Marco; ingresso interi/ridotti €8/4; tutti i giorni 9.30-14.45 nov-feb, 9.30-16.30 marzo-ott, fino alle 19.30 giu-agosto; San Marco)

## Torre dell'Orologio
MUSEO

 Cartina p36, G3

In cima alla torre, le statue in bronzo dei due Mori battono la campana ogni ora, mentre sotto, tra smalti e dorature, l'orologio astronomico segna il giorno, le ore, le fasi lunari e lo zodiaco. Salendo su per la scala a chiocciola potrete vedere i meccanismi. (041 4273 08 92; www.visitmuve.it; Piazza San Marco; interi/ridotti €12/7 o MUVE Museum Pass; visite con prenotazione obbligatoria 12 e 16; San Marco)

## Ponte dei Sospiri
PONTE

**3** Cartina p36, H3

A sospirare erano i prigionieri che attraversavano questo ponte di pietra, costruito nel 1614 per consentire il passaggio da Palazzo Ducale, dove si trovavano gli uffici dei tribunali, alle Prigioni Nuove, scavalcando il Rio di Palazzo. Al ponte si accede dalla Sala del Magistrato alle Leggi al piano delle logge del Palazzo Ducale, che presenta dipinti di Hieronymus Bosch. (San Marco)

## Museo Correr
MUSEO

 Cartina p36, F4

Il museo, costituito nel 1830 riunendo le collezioni d'arte lasciate alla città dal patrizio Teodoro Correr, fu trasferito nella sede attuale nel 1922. Tra le opere più importanti, oltre il mappamondo di Frate Mauro, ci sono manoscritti del Petrarca, la xilografia di Jacopo de' Barbari *Veduta di Venezia*, i santi ritratti da Jacopo Bellini e dai figli Gentile e Giovanni (sala 36), il *San Pietro martire* del Carpaccio (sala 38) e uno splendido ritratto di Maria Boscola, vincitrice di ben cinque regate a remi (sala 47), opera del 1784 di artista anonimo; nella sala da ballo neoclassica è esposto il gruppo scultoreo *Orfeo e Euridice* di Canova (1777). Lo stesso edificio ospita anche un **Museo Archeologico** avviato nel XVI secolo. (📞041 4273 0892; http://correr .visitmuve.it; Piazza San Marco 52; interi/ridotti €19/12 con altri musei civici o MUVE Museum Pass; ⏱tutti i giorni 10-19 apr-ott, fino alle 17 nov-marzo, ultimo ingresso un'ora prima della chiusura; ⛴San Marco)

### Negozio Olivetti MUSEO

 Cartina p36, G3

Il rumore dell'acqua fa da colonna sonora a questo spazio quasi sacro, dedicato alla memoria di Adriano Olivetti (che lo commissionò nel 1957) e a quella dell'architetto Carlo Scarpa (che lo realizzò): una *promenade architecturale* in uno spazio che ha voluto essere fin dall'origine non un negozio, ma una sorta di biglietto da visita di quell'impresa passata alla storia non solo per la diffusione mondiale delle sue macchine da scrivere, ma anche per l'approccio sociale al lavoro. Dal 2011 la gestione del negozio è stata affidata al FAI. (📞041 522 83 87; www.negoziolivetti.it, www.fondoambiente.it; Piazza San Marco 101, Procuratie Vecchie; ingresso libero per i soci FAI, €5 per i non soci; ⏱10.30-17.30 mar-dom nov-marzo, fino alle 18.30 apr-ott, ultimo ingresso 30 min prima della chiusura; ⛴San Marco-San Zaccaria)

### Fondazione Bevilacqua La Masa FONDAZIONE/MUSEO

 Cartina p36, F4

Questa fondazione, che ha due sedi espositive (qui in Piazza San Marco e a Dorsoduro 28/26 presso il Palazzetto Tito), ospita artisti molto noti in estate (quando diventa anche spazio espositivo per la Biennale), mentre in inverno dà spazio agli emergenti. (📞041 523 78 19; www.bevilacqualamasa.it; Galleria di Piazza San Marco 71/C; ⏱10.30-17.30 mer-dom; ⛴San Marco-San Zaccaria)

### Chiesa di San Zulian LUOGO DI CULTO

 Cartina p36, G2

La prima cosa che salta all'occhio di questa chiesa fondata nell'829 è la statua in bronzo che si stacca nettamente dal fondo chiaro in pietra d'Istria e campeggia sopra il portone. Chi sarà mai? Si tratta del committente Tommaso Rangoni, un facoltoso medico della prima metà del XVI secolo che fece fortuna vendendo rimedi contro la sifilide e scrisse, fra le altre cose, un libro di consigli per vivere oltre 100 anni (ricordato con ironia da Leopardi nelle *Operette morali*). Nella metà del Cinquecento l'uomo contribuì al restauro della facciata e del tetto dell'edificio, e in cambio ottenne di erigere la propria statua sulla facciata e di essere sepolto nel presbiterio. Nella mano destra tiene un ramo di *salsapariglia*, ingrediente fondamentale della sua 'miracolosa' cura contro la malattia venerea. Le forme attuali dell'edificio si devono al Sansovino (1553-5). All'interno si conservano opere di Palma il Giovane, e, a destra dell'ingresso, la tela dei *Santi Marco, Rocco e Gerolamo cui appare Cristo morto sostenuto da due angeli* (1528-

88) di Paolo Veronese. (041 523 53 83; Campo San Zulian; 8.30-19.30 tutti i giorni; San Marco)

## Chiesa di San Moisè  LUOGO DI CULTO

**8**  Cartina p36, F4

E pensare che questa facciata del 1660, oggi un tripudio barocco, nel XIX secolo fu alleggerita di qualche statua per scongiurare il rischio di un crollo. Tra le statue sopravvissute ce ne sono alcune dello scultore tedesco Heinrich Meyring (noto in Italia come Enrico Merengo). All'interno, la Cappella del Santissimo Sacramento, a sinistra dell'altare maggiore, ospita *La lavanda dei piedi* del Tintoretto e *L'ultima cena* attribuita a Palma il Giovane. (041 528 58 40; Campo di San Moisè, San Marco; 9.30-12.30 e 15.30-19 lun-sab, 9.30-11 e 14.30-18.30 dom, ma mag e ott le visite terminano alle 18.30; San Marco)

## Campo Manin  CAMPO

**9**  Cartina p36, E2

Qui ci sono la casa (quella rossa tra i due ponticelli gemelli con tanto di targa) e l'enorme statua di un patriota che pensava che non sarebbe bastato abbattere l'antico governo austriaco, ma che bisognava costituirne uno nuovo, 'e il più adatto ci sembra quello della Repubblica': Daniele Manin (1804-57). (Campo Manin; San Silvestro)

---

### Conoscere
### Notti stellate

**Hotel Metropole** Esclusivo albergo-museo con 2000 pezzi esposti (piume, ventagli, sete dipinte, merletti) e camere impreziosite da tessuti Fortuny (p168) e Bevilacqua (p186). Incantevoli il giardino e l'Oriental Bar (p135). (041 520 50 44; www.hotelmetropole.com; Riva degli Schiavoni, Castello 4149; doppie standard €215-800; San Zaccaria)

**Londra Palace** Lussuoso albergo storico, con arredi in stile Biedermeier, tappezzerie in stoffa e stucchi dorati, molto amato da Čajkovskij, D'Annunzio e Borges. (041 520 05 33; www.londrapalace.com; Riva degli Schiavoni 4171, Castello; doppie €250-710; San Zaccaria)

**Hotel Danieli** Fu l'albergo preferito di Ruskin, che ci dormiva in compagnia di Effi (la sposa scozzese), di John Hobbes e di Charlotte Ker, per una spesa complessiva di 16 scellini inglesi (più due pence a testa per il riscaldamento a carbone). (041 522 64 80; www.danielihotelvenice.com; Riva degli Schiavoni 4196, Castello; singole a partire da €250, doppie da €270; San Zaccaria)

**Gritti Palace** Celebre palazzo del doge, cinquecentesco, con divani d'epoca, stucchi, mobili da toeletta e bagni in marmo pregiato. (041 79 46 11; www.thegrittipalace.com; Campo Santa Maria del Giglio, San Marco 2467; doppie €425-1800, suite da €1100; Santa Maria del Giglio)

# Da vedere

Campo Manin (p40)

## Palazzo Contarini del Bovolo
PALAZZO

**10** Cartina p36, E3

Di questo palazzo del XV secolo sono visitabili una sala interna, che ospita opere di Tintoretto, Sebastiano Ricci, Carlotto e Sansovino, e la scala a spirale esterna (il *bovolo* in veneziano è la chiocciola). (Corte Contarini del Bovolo 4299; interi/ridotti €7/6; 10-13.30, 14-18 tutti i giorni; se intendete visitarlo il lunedì telefonate prima)

## Teatro La Fenice
TEATRO

**11** Cartina p36, D4

Si sono dovute (e potute) spegnere per ben due volte le fiamme degli incendi (nel 1836 e nel 1996) che hanno ridotto in cenere questo teatro del 1792. Più forti, infatti, sono state le fiamme che si sono accese nei cuori dei melomani dai tempi degli allestimenti di Rossini (passando per Verdi, Stravinskij, Prokofiev e Britten). Prenotate per tempo un biglietto perché i 900 posti vanno a ruba. (041 78 66 72/041 78 66 75; www.teatrolafenice.it; Campo San Fantin 1965; visite con audioguida interi/ridotti €10/7, biglietti per l'opera a partire da €40; visite guidate 9.30-18; Santa Maria del Giglio)

## Chiesa di Santa Maria del Giglio
LUOGO DI CULTO

**12** Cartina p36, D4

Monumento funebre al famoso 'capitano da mar' Antonio Barbaro, che alla fine del XVII secolo volle fare onore alle glorie sue e della sua famiglia rielaborando l'edificio originario del

> ### Conoscere
> ### Il fondaco
>
> Il fondaco è un edificio che in epoca medievale costituiva l'abitazione, il luogo di lavoro, il magazzino e il ricovero dei mezzi e dei materiali dei mercanti. Come avvenne anche in altre Repubbliche Marinare, a Venezia alcuni spazi furono destinati a ospitare i fondaci di mercanti stranieri, dove, oltre ai magazzini, avevano sede pure gli alloggi. A Rialto c'è ancora il Fondaco dei Tedeschi.

X-XII secolo. Nel registro centrale della facciata si erge la sua statua, affiancata dalle allegorie dell'*Onore* e della *Virtù*; sotto, accanto al portale, ci sono quelle dei suoi fratelli. I piedistalli delle colonne presentano scene della vita del capitano e di battaglie navali, oltre alle planimetrie delle sei città (Zara, Candia, Padova, Roma, Corfù e Spalato) in cui Antonio Barbaro svolse le sue attività: un'iconografia autocelebrativa che aveva indotto John Ruskin a definire questa facciata una 'manifestazione di insolente ateismo'. All'interno, da non perdere, gli *Evangelisti* (1552) del Tintoretto ai lati dell'organo, l'*Ultima cena* di Giulio del Moro sulla controfacciata, l'*Annunciazione* del Salviati nel presbiterio, la *Madonna con Bambino* della Scuola del Veronese, la *Madonna con Bambino e san Giovannino* di Pieter Rubens nella Cappella Molin. (041 275 04 62; www.chorusvenezia.org; Campo Santa Maria del Giglio, San Marco 30125; ingresso €3 o Chorus Pass; 10-17 lun-sab; Santa Maria del Giglio)

## Museo della Musica MUSEO

**13** Cartina p36, C4

Alla viola da gamba, alla lira, alle ghironde, alle arpe piccole e ad altri strumenti della liuteria italiana, o più in generale alla manifattura di strumenti musicali, è dedicato questo museo: tutti tesori sottratti al degrado, custoditi e protetti nelle teche alloggiate in questa neoclassica Chiesa di San Maurizio Martire. Nel chiosco trovate un bel bookshop. A gestire il museo è l'associazione degli Interpreti Veneziani (p46). (041 241 18 40; www.interpretiveneziani.com/museo-della-musica.php; Campo San Maurizio 2603; 9.30-19 tutti i giorni; ingresso gratuito; Santa Maria del Giglio, Accademia)

## Chiesa di Santo Stefano LUOGO DI CULTO

**14** Cartina p36, C4

Edificata a cavallo del XIII e del XIV secolo dagli agostiniani, fu straordinariamente (nel senso che nessun altro intervento di questo tipo è mai stato fatto a Venezia) modificata nel XV secolo, prolungandone la pianta fino a farle passare con le absidi il Rio del Santissimo. Entrateci dal portale marmoreo di Bartolomeo Bon (che spicca su una facciata di mattoni a vista), quindi alzate gli occhi al soffitto ligneo, che è un esempio di volta a carena di nave sorretto da archi acuti.

# Da vedere

Nella Sagrestia Maggiore sono ospitate sculture di Pietro e Tullio Lombardo, quattro pregevoli tele del Tintoretto, opere di Bartolomeo Vivarini, e la *Stele funeraria del senatore Giovanni Falier* di Canova (1808). Il campanile della chiesa ha un'inclinazione di 2 m circa dalla base alla sommità. (www.chorusvenezia.org; Campo Santo Stefano 3825; ingresso €3 o Chorus Pass; ☉museo: 10-17 lun-sab; ⛴Accademia)

## Ponte dell'Accademia          PONTE

 Cartina p36, B5

Questo scenografico ponte di legno, che unisce Campo San Vidal con l'Accademia delle Belle Arti (ossia Dorsoduro con San Marco), è provvisorio dal 1934, da quando ha sostituito quello progettato da Alfredo Neville, un ingegnere inglese specializzato nell'uso del ferro per la costruzione dei ponti. Inaugurato nel 1854, allorquando c'era solo il trionfante, austero e monumentale Ponte di Rialto, il ponte di Neville aveva due difetti: era troppo basso per l'altezza dei vaporetti, introdotti una trentina di anni dopo la sua costruzione, ed essendo in ferro si era rovinato molto presto per via della salsedine. L'attuale ponte di legno catramato, progettato da Eugenio Miozzi, invece resiste e assolve ancora oggi alla sua funzione. (fra Campo di San Vidal e Campo dell'Accademia; ⛴Accademia)

## Palazzo Grassi          PALAZZO

 Cartina p36, A3

Sorprendente è l'esterno, con le sculture di artisti contemporanei che ven-

---

### Conoscere
### I gondolieri, pilastri dell'iconografia cittadina

Nel 1700 il remo dà da vivere a 60.000 persone: i traghetti che fanno la spola da una parte all'altra del canale sono ben 15, mentre altri collegano la Giudecca a Murano. Ci sono i gondolieri *de casada* (al servizio delle famiglie private) e ci sono quelli *de parada* (addetti al servizio pubblico). Hanno sostenitori e detrattori (c'è chi li descrive fedeli e discreti, chi licenziosi e addirittura furfanti), e tra gli ammiratori ci sono i forestieri, affascinati dalle gondole e dagli stazi (i pontili dove i gondolieri attendono i clienti, tra le gondole ormeggiate in fila, con una casetta in legno per il ricovero degli attrezzi, spesso il ritratto di una Madonna e un piccolo e ombroso pergolato). Nel 1881 arriva da Nantes il primo vaporetto, passando per i canali interni della Francia e le coste del Mediterraneo. È lungo 20 m ed è autorizzato a navigare sulla 'strada nazionale' (così è detto il Canal Grande nel linguaggio burocratico del decreto regio). Così, 2000 famiglie di gondolieri si dichiarano in rovina e iniziano un lungo sciopero che si concluderà con un accordo. Riusciranno a sopravvivere, e ancora oggi sono a buon diritto i protagonisti dell'iconografia della città.

## San Marco

Ponte dell'Accademia (p43)

gono di volta in volta esposte davanti alla facciata neoclassica di questo edificio del 1749 progettato da Giorgio Massari; ma ancora più lo è l'interno, ristrutturato fra il 1985 e il 1986 da Gae Aulenti, che tolse l'ornato rococò per far risaltare le linee neoclassiche, e poi da Tadao Ando all'insegna del minimalismo. Il palazzo ospita la collezione d'arte contemporanea del miliardario francese François Pinault e mostre temporanee. Da non perdere il **caffè** con vista sul Canal Grande, riprogettato in occasione di ogni nuova mostra dagli artisti. (⌂ biglietterie 199 13 91 39/041 523 16 80; www.palazzograssi.it; Campo San Samuele 3231; interi/ridotti/bambini €15/10/gratuito, biglietto cumulativo con Punta della Dogana valido 72 h €20/15/gratuito; ⏲ 10-19 mer-lun, ultimo ingresso un'ora prima della chiusura; ⛴ San Samuele)

### Museo Fortuny
MUSEO

 Cartina p36, C2

Entrati in questo enorme palazzo, andate in cerca del *Ritratto di donna in giacca* di Modigliani (matita su carta), dei *Mirrors* di Donzelli e di uno specchio mobile di Christian Megert (1966), di una divina foto delle serie *Soliloquy* di Shirin Neshat (1999) e del video *Man with His Soul* di Bill Viola, e poi delle ciotole egizie, dei vasi coreani, del video *A4 2089* con un corpo che danza lentissimo di Marta dell'Angelo (1970), del *Ritratto di donna* di Botticelli (1485): capirete quanto eclettico e prolifico sia stato Mariano Fortuny (1871-1949), un protagonista della cultura veneziana che espresse il suo genio in diverse discipline artistiche, ma soprattutto nei tessuti. (☏041 4273 0892; http://fortuny.visitmuve.it; Campo San Beneto 3758; interi/ridotti €12/10; ⊗10-18 mer-lun, ultimo ingresso un'ora prima della chiusura; ⊜Sant'Angelo)

# Pasti

### Rosa Salva    PASTICCERIA    €

**18** Cartina p36, F1

Marzapane, caramelle, bottiglie di limoncello, torte, croissant integrali al miele o, per chi preferisce il salato, con prosciutto crudo e brie. Ottimi anche i budini di semolino e i cestini di riso, per non parlare dei tramezzini con salmone e cetriolini o con uova e asparagi. Anche alle **Mercerie di San Salvador 5020** (☏041 522 79 34; ⊗8-20 lun-sab; ⊜Rialto) e a **Castello 6779** (☏041 522 79 49; ⊗8-20 tutti i giorni; ⊜Fondamenta Nuove), dove è aperto anche la domenica. (☏041 521 05 44; www.rosasalva.it; Calle Fiubera, San Marco 950; ⊗8-20 lun-sab; ⊜Vallaresso)

### Osteria da Baba    BACARO/OSTERIA    €/€€

**19** Cartina p36, G3

Rispetto agli 'sfruttaturisti' di San Marco, Teresa e Seba sono un'eccezione, tra scaffali stipati di bottiglie di ottimo vino, formaggi di qualità e salse varie per imbottire i panini (piccoli/grandi €3/6). Dopo le 23 tenete bassi i decibel del chiacchiericcio in strada. (☏041 241 39 38; Calle San Basso, San Marco 308; ⊗15.30-3 mer-dom; ⊜San Marco)

### Gislon    BACARO/RISTORANTE    €€

**20** Cartina p36, F1

Polpette, arancini, croquette, ma soprattutto mozzarella in carrozza con l'acciuga. È per i fritti, infatti, che i veneziani passano di qui fin dagli anni '30. E questo per chi vuole cavarsela con €5. Sempre al piano terra, ma sull'altro lato, ci sono invece il pesce, le insalate di polpo e sedano, il baccalà mantecato e le seppie alla veneziana con la polenta da prendere al bancone e consumare a un tavolino. Un bicchiere di vino alla mescita costa €2. (☏041 522 35 69; Calle della Bissa, San Marco 5424/A; pasti €25; ⊗9-21.30 tutti i giorni; ⊜Rialto)

### Da Fiore    BACARO/OSTERIA    €€

**21** Cartina p36, C3

Simpatica osteria con trattoria annessa, perfetta sia per chi gradisce polpettine, nervetti con cipolla, *folpetti* con sedano, fritti vari, sia per chi desidera qualcosa di più impegnativo. (☏041 523 53 10; www.dafiore.it; Calle delle Botteghe, San Marco 3461; pasti €30 circa; ⊗9-22 mer-lun; ⊜San Samuele)

> ### Conoscere
> ### Le fondamenta
>
> Per 'fondamenta' a Venezia si intendono le banchine che costeggiano i canali o i rii cittadini. Le più lunghe e larghe si trovano a Cannaregio.

### Enoteca Al Volto
BACARO/OSTERIA €€

 Cartina p36, E2

Bacaro e osteria con ottimi *cicheti*: baccalà mantecato, salmone marinato, tagliatelle al tartufo, bigoli in salsa (a pranzo un risottino speciale), fegato alla veneziana con polentine, seppie al nero di seppia, gamberoni saltati. Segni particolari: il soffitto è tappezzato di etichette di vino. (041 522 89 45; Calle Cavalli, San Marco 4081; pasti €35 circa; 10-15 e 18-22 tutti i giorni; Rialto)

### I Rusteghi
OSTERIA/ENOTECA €/€€€

 Cartina p36, fuori cartina F1

Osteria-enoteca amata in eguale misura dai wine lovers e dai beer lovers, dagli estimatori dei paninetti piccoli e morbidi con farciture azzeccate (come baccalà, uova e acciughe del Cantabrico, patè di cinghiale, filetto di trota affumicata), da chi non sa dire di no al prosciutto Patanegra tagliato al coltello e da chi adora Giovanni (non si può non adorarlo, ma è meglio non chiedergli uno spritz!) (338 760 6034; www.airusteghi.com; Campiello del Tentor, San Marco 5513; pasti €15-50; 10-15 e 18-1 tutti i giorni; Rialto)

## Locali

### Caffè Centrale
LOUNGE BAR

 Cartina p36, E3

Lo scelgono gli estimatori delle luci soffuse, chi non sa stare alla larga dai divani in pelle e chi apprezza un drink fatto bene. Per i languorini, buoni piatti in tre quantità (assaggio, piccolo e normale) da ordinare sul tablet. (041 88 76 642; www.caffecentralevenezia.com; Piscina di Frezzaria 1659/B; bevande €5-20, 19-1 tutti i giorni; Rialto, San Marco)

## Divertimenti

### Interpreti Veneziani
MUSICA CLASSICA

 Cartina p36, B5

Per molti rappresenteranno 'la grande scoperta di Vivaldi', perché non capita spesso di ascoltare musica suonata con strumenti del XVIII secolo e perché gli Interpreti Veneziani sono unici al mondo. Ci sono 330 concerti all'anno, quindi non avete scuse. Fate anche un salto al Museo della Musica (p42). (041 277 05 61; www.interpretiveneziani.com; Chiesa di San Vidal, Campo di San Vidal, San Marco 2862; interi/ridotti €28/23; apertura porte 20.30 nov-marzo, 21 apr-ott; Accademia)

### Musica a Palazzo
OPERA

 Cartina p36, D5

Le arie selezionate da Verdi a Rossini cominciano nell'atrio, dove parte l'ouverture, poi proseguono nel salotto, dove si stendono gli acuti del soprano e i fragori del baritono; lo spettacolo procede quindi nella sala da pranzo affrescata dal Tiepolo e si conclude con strazianti finali in camera da letto. Un modo nuovo di pensare l'opera lirica. (340 971 72 72, www.musicapalazzo

.com; Palazzo Barbarigo-Minotto, Fondamenta Duodo o Barbarigo, San Marco 2504; tessera associativa annuale con consumazione €75; ⏰apertura porte 19.45, inizio spettacoli 20.30; tutto l'anno, necessaria prenotazione; 🚤Santa Maria del Giglio)

### Jazz at The Bauers JAZZ

 Cartina p36, F4

Accomodatevi sulla terrazza dell'Hotel Bauer e prestate gli occhi a uno scorcio altrimenti invisibile e le orecchie ai musicisti di fama internazionale. Nella sala interna par d'essere a New York. (📞041 520 70 22; www.bauervenezia .com/jazz; San Marco 1459; supplemento concerti €9 con consumazione obbligatoria; ⏰concerti solo il venerdì: serali 19-20, notturni 22-24; 🚤San Marco, Vallaresso)

### Teatro Goldoni TEATRO

28 Cartina p36, E2

Insieme a Shakespeare, balletti classici, concerti ecc. (📞041 240 20 11, biglietteria 041 240 20 14; www.teatrostabileveneto.it; Calle Teatro Goldoni 4650/B; biglietti €8-29; ⏰centralino 9-13 e 15-17 lun-ven, biglietteria: 10-13 e 15-18.30 lun-ven; 🚤Rialto)

### Multisala Rossini CINEMA

29 Cartina p36, D3

Sala cinematografica che esiste dal primo Novecento e oggi è un moderno multisala con tre schermi, bar, ristorante e supermercato. (📞041 241 72 74; www.comune.venezia.it/cinema; Salizada del Teatro, San Marco 3997/A; interi/ridotti/studenti e family €7,50/7/6, film in 3D

### ⚪ Vita in città
**Cinquantamila ombre al dì**

Non fanno affatto buio a Venezia le cinquantamila *ombre* che vengono consumate ogni giorno nei suoi bacari, bensì convivialità, conversazione, compagnia, pausa e allegria. Perché 100 ml di vino è la quantità giusta per rilassarsi un po'; se preferite anche meno, chiedete un'*ombretta*. Perché si chiama così? Perché pare che un tempo il vino venisse venduto in Piazza San Marco dai venditori ambulanti, che per mantenerlo in fresco si spostavano seguendo l'ombra del campanile. E qual è l'ora giusta? A mezzogiorno o nel tardo pomeriggio, anche se forse è più giusto dire che non c'è un'ora che non sia indicata per un rito storicamente sociale che è una dichiarazione di amicizia e che si rinnova continuamente, di ora in ora, di giorno in giorno.

€10/9,50/9; ⏰proiezioni tutti i giorni; 🚤Rialto, Sant'Angelo)

## Shopping

### L'Armadio di Coco LUXURY VINTAGE

 Cartina p36, D4

Dentro questo armadio ci sono svariati abiti vintage firmati Chanel, Lagarfeld, Hermès, Celine, Gucci. E a fianco creazioni artigianali o di stilisti emergenti. Frequenti i design lab della Repubblica delle Bolle. Anche a Cannaregio. (📞041 241 32 14; www.larmadio

Il laboratorio di Giuliana Longo (p51)

dicoco.it; Campo Santa Maria del Giglio, San Marco 2516/A; ⏲10.30-19 lun-sab, 11-19 dom; 🚣Giglio)

### Materialmente GIOIELLI

**31** 🔒 Cartina p36, F1

Sarebbe utile un'unità di misura della luminosità per descrivere le creazioni di Maddalena Venier e di Alessandro Salvadori: i pannelli per coprire le pareti, le casette per uccellini da appendere al soffitto, le lampade, le sculture, i bracciali a spirale, gli anelli e le collane con cerchi di ogni dimensione. L'**officina** è alla Giudecca, in Calle del Forno 465/C. (📞041 528 68 81; www.materialmentevenezia.com; Merceria San Salvador, San Marco 4850; ⏲10.30-19 lun-sab; 🚣Rialto)

### Sigfrido Cipolato GIOIELLI

**32** 🔒 Cartina p36, C3

Teschietti e sagome africane sono solo alcune delle forme che Sigfrido sceglie per i suoi gioielli, nei quali convergono almeno due dei suoi eccezionali talenti: quello per il disegno e quello per l'incastonatura. (📞041 522 84 37/348 863 25 83; www.sigfridocipolato.com; San Marco 3717/A; ⏲11-20 mar-sab; 🚣Sant'Angelo, 🚣Rialto)

### Venetia Studium ACCESSORI/MODA

**33** 🔒 Cartina p36, D4

Capi di abbigliamento e accessori realizzati con tessuti pregiati, cuscini di velluto e altri complementi di arredo (tra cui lampade originali Fortuny) potrebbero fare la felicità di uno spirito bohemién. (☏041 523 69 53; www.venetiastudium.com; San Marco 2425; ⊗10-19; ⛵Santa Maria del Giglio)

### Venetian Dreams
ACCESSORI ARTIGIANALI

**34** 🔒 Cartina p36, C3

Lui è Maurizio e di lei, Marisa Convento, dice che è 'la boss'. Ovvero un'*impiraressa* che fino agli anni '60-'70 ha lavorato alla Società Veneziana Conterie e ancora oggi infila perline per ricavarne splendidi oggetti. Qui trovate anche le collane in stoffa Mirabilia della Cooperativa Sociale La Giogiandra. (☏041 523 02 92; www.marisaconvento.it; Calle della Mandola, San Marco 3805/A; ⊗10.30-19.30 lun-sab, 11-17 dom; ⛵Sant'Angelo)

### Bortoletti
FONDERIA ARTISTICA

**35** 🔒 Cartina p36, C3

Fin dal 1980 qui si esprime la passione di quattro fratelli per la scultura e per il bronzo. Molte idee souvenir: penne, fermacarte, segnalibri, lenti d'ingrandimento, timbri, agende. (☏041 456 7140; www.bortoletti.com; Campo San Fantin, San Marco 1854; ⊗10-19.30; ⛵Sant'Angelo, Rialto)

### Lab
BOUTIQUE

**36** 🔒 Cartina p36, C5

È decisamente un personaggio eclettico Carlo Sartori, e di certo non un accidioso. Bisogna darsi da fare per produrre un tavolo con la bicicletta antica della mamma, appendere al soffitto aerei ed elicotteri in stile *Apocalypse Now*, ricavare lampade da trombe o ingegnarsi con caffettiere e velieri rovesciati, e per selezionare capi e accessori italiani e di qualità. Un negozio dinamico e futuristico. Lasciate un pensiero nel guestbook. (☏041 522 05 95; www.svlab.it; Campo San Maurizio, San Marco 2663; ⊗10-14 e 15-19.30 tutti i giorni; ⛵Santa Maria del Giglio)

### Charta
ARTIGIANATO DELLA CARTA/LIBRI

**37** 🔒 Cartina p36, G3

Quanto costa l'*Alice in Wonderland* del 1920 illustrato da Bessie Pease? €450. E l'edizione londinese del 1937 dell'*Ulisse* di Joyce? €750. Altrimenti bellissimi biglietti da €8, segnalibri

---

**Il consiglio**

#### Una fiammeggiante spezieria neogotica

Tutto cominciò all'inizio del 1900, con una saponeria che si trovava dove oggi c'è una ex spezieria secentesca ristrutturata dall'architetto Meduna nel 1846, tutta rivestimenti in legno e decorazioni in terracotta e legno. La bottega ospita la linea d'alta profumeria **The Merchant of Venice** (cartina p36, E3; ☏041 296 05 59; Campo San Fantin, San Marco 1895; ⊗10.30-19.30 tutti i giorni, chiuso lun in bassa stagione; ⛵San Moisè, Rialto), un marchio autonomo che si ispira alle *mude* (rotte) dei mercanti veneziani, di cui questo è il primo flagship store.

## San Marco

Il laboratorio di Materialmente (p48)

sfrangiati, rilegature per libri. (☎041 522 98 01; www.chartaonline.com; Calle dei Fabbri, San Marco 831; ⏲10-19 lun-sab; ⛴Rialto)

### Enoteca Millevini ENOTECA

**38** 🔒 Cartina p36, C3

Piccola e disordinata enoteca che ispira fiducia, a soli 50 m dal Ponte di Rialto, in un ramo un po' stretto. Fidatevi dei buoni consigli di Lorenzo. (☎041 520 60 90; Ramo del Fontego dei Tedeschi, San Marco 5362; ⏲10-20 mar-sab, 15-20 lun; ⛴Rialto)

### Arnoldo & Battois MODA E ACCESSORI

**39** 🔒 Cartina p36, C4

Camicette dorate. Gonne fiorite. Borse in cuoio dai colori sgargianti. Fermagli in legno tagliato al laser. L'eccellenza del dettaglio, tra design e alta sartoria. Tutto merito del talento di Massimiliano Battois e Silvano Arnoldo. (☎348 412 37 97; www.arnoldoebattois.com; Calle dei Fuseri, San Marco 4271; ⏲10-13 e 15.30-19 lun-sab; ⛴Rialto)

### Empresa BOUTIQUE UOMO

**40** 🔒 Cartina p36, F3

Brand di lusso che propone articoli realizzati a mano in Italia. Lo stile è quello dei neoglobtrotter urbani, un po' dandy e un po' esteti: ricercato, attento al dettaglio e all'originalità. Tutto è realizzato in pelle, elemento chiave della produzione. (☎041 241 26 87; www.empresa.it; Frezzeria, San Marco 1586; ⏲10-19.30 lun-sab, 11-19.30 dom; ⛴San Marco Vallaresso)

## Shopping

### Malìparmi
BOUTIQUE

**41** Cartina p36, E2

Imperniata su ricamo, colore, stampa e patchwork, questa boutique è protagonista de 'Il Tessuto della Memoria', un progetto nato per sensibilizzare al rispetto dell'ambiente e all'ecologia che contesta alla moda di creare e distruggere continuamente e propone con ironia un'arte del riciclo. Complimenti ad Annalisa e Silvia. (041 528 56 08; www.maliparmi.it; Calle del Teatro, San Marco 4600/A; 10-19 lun-sab, 11-18.30 dom e festivi; Santa Maria del Giglio)

### Giuliana Longo
MODISTERIA

**42** Cartina p36, F1

All'epoca della nostra visita in vetrina c'erano i *montecristi*, perché Giuliana Longo fa importazione diretta, e c'erano anche i *cuenca*. Ma sono molti i cappelli da sogno (e i sogni dentro i cappelli) che si sono succeduti nella vetrina di questo piccolo negozio dal 1901 fino a oggi. (041 522 64 54; www.giulianalongo.com; Campo San Salvador, Calle del Lovo, San Marco 4813; 10-13 e 14-19 lun-sab; Rialto)

### Il Tempio della Musica
NEGOZIO DI MUSICA

**43** Cartina p36, F1

Siete andati a sentire un concerto di Brahms e non volete tornare a casa senza il CD? Allora precipitatevi nel regno di Simone Gabbia. Numerose offerte a €10. (041 523 45 52; Ramo del Fontego dei Tedeschi, San Marco 5368; 9.30-13 e 15-19.30 lun-sab; Rialto)

### Atelier Segalin
SCARPE ARTIGIANALI

**44** Cartina p36, E3

Stivali, scarpe, zeppe, ghette rosso brillante con fiocco e altre con farfalla sul collo, e poi calzature a punta, pitonate o col cinturino, e tronchetti con i bottoncini. Molti articoli sono firmati Daniela Ghezzo, altri Rolando Segalin. Un paio di scarpe da uomo costa €2500 circa, mentre per un paio di quelle da donna ce la si può cavare con circa €1000. (041 522 21 51; www.danielaghezzo.it; Calle dei Fuseri, San Marco 4365; 10-13 e 15-19 lun-ven, 10-13 sab; Rialto, Vallaresso)

### Antica Legatoria Piazzesi
LEGATORIA

**45** Cartina p36, D4

Lavinia si dichiara un po' annoiata dalle domande dei turisti, ma lo fa con simpatia, e non le spiace raccontare la storia di questo *paper shop*, che pare fu il primo in Europa, nel 1851, a rivestire con la carta quaderni da viaggio e altri oggetti d'uso quotidiano. Nel locale attiguo con giardino si tengono esposizioni e incontri d'arte. (333 895 00 95; www.legatoriapiazzesi.it; Campo Santa Maria del Giglio, San Marco 2511/C; lo showroom apre per dimostrazioni su richiesta via sms o WhatsApp; Santa Maria del Giglio)

Scoprire

# Dorsoduro

Intellettuale, frequentato e panoramico: *et voilà* Dorsoduro! Intellettuale, per la quantità di raccolte d'arte che custodisce: le Gallerie dell'Accademia, la Collezione Peggy Guggenheim, Punta della Dogana, i Magazzini del Sale. Frequentato, per la quantità di studenti che alla sera se ne stanno in Campo Santa Margherita a bere uno spritz. Panoramico, perché da un lato si affaccia sul Canal Grande e dall'altra, lungo le Zattere, sul Canale della Giudecca.

# Scoprire

## In un giorno

☀️ Tiratevi su con un croissant della **Pasticceria Tonolo** (p66) prima di affrontare le **Gallerie dell'Accademia** (p54), che vi lasceranno soltanto il tempo di una toccata e fuga al **Ponte dell'Accademia** (p43) e alla **Chiesa dei Gesuati** (p63), prima di svenire sotto un ombrellone del **Chioschetto** (p70) dove potrete bere un aperitivo e stuzzicare qualcosa.

☀️ Il gianduiotto di **Nico** (p66) vi darà la carica per riprendere la vostra passeggiata lungo le **Zattere** (v. lettura p63), entrare ai **Magazzini del Sale** (p62), doppiare **Punta della Dogana** (p62) e infine godervi la tranquilla atmosfera ristoratrice della **Basilica di Santa Maria della Salute** (p56), prima di accelerare il passo verso la **Collezione Peggy Guggenheim** (p58).

🌙 Per una serata vivace scegliete **Campo Santa Margherita** (v. lettura p68) o uno spritz al **Caffè Rosso** (p68) e una cena all'**Osteria alla Bifora** (p67). Per una serata più intima e riservata optate invece per un aperitivo al **Malvasia all'Adriatico Mar** (p69) e una cena all'**Enoteca Ai Artisti** (p69). In chiusura, un po' di swing al **Venice Jazz Club** (p71).

### 👁 Da non perdere

Gallerie dell'Accademia (p54)

Basilica di Santa Maria della Salute (p56)

Collezione Peggy Guggenheim (p58)

###  Vita in città

Andar per bacari (p74)

### ❤️ Il meglio

**Pasti**

Al Bottegon (Cantinone già Schiavi, p66)

Osteria da Codroma (p67)

**Locali**

Malvasia all'Adriatico Mar (p69)

**Shopping**

Bottega d'Arte Gibigiana (p72)

Perlamadredesign (p72)

### Trasporti

🚤 **Vaporetto** I vaporetti n. 1, 2 ed N in servizio sul Canal Grande fermano all'Accademia, a Ca' Rezzonico e alla Salute (n. 1); e alle Zattere e a San Basilio (n. 2, 5.1, 5.2, 8 e linea notturna N).

🚣 **Traghetto** Il traghetto (gondola che fa la spola tra le due sponde) attraversa il Canal Grande tra San Marco e la Basilica di Santa Maria della Salute.

## Da non perdere
# Gallerie dell'Accademia

La più importante collezione d'arte veneziana dal XIV al XVIII secolo non è soltanto sinonimo di cultura accademica, ma offre un quadro accurato dei costumi e degli usi di un'epoca attraverso dipinti del Trecento gotico e bizantino, i capolavori dei più importanti artisti del Rinascimento (Paolo Veronese, Vittore Carpaccio, Giorgione, Giovanni Bellini, Tiziano, Tintoretto) e perle della pittura barocca e rococò (Tiepolo e altri).

- Cartina p60, E4
- 041 520 03 45/522 22 47
- www.gallerieaccademia.it
- Campo della Carità
- interi/ridotti €15/12 (senza mostre €10,50/7,50)
- 8.15-14 lun, fino alle 19.15 mar-dom
- Accademia

Gallerie dell'Accademia

# Gallerie dell'Accademia

## In primo piano

### L'edificio
Prima di essere destinato, nel 1807, a ospitare le opere provenienti dalle chiese e dagli enti ecclesiastici soppressi in epoca napoleonica, l'edificio era stato convento dei Canonici Lateranensi e della Scuola Grande di Santa Maria della Carità. La costruzione è opera di alcuni dei maggiori architetti veneziani: Bartolomeo Bon, Palladio e Carlo Scarpa.

### Le opere da non perdere
Il *Ciclo di Sant'Orsola* del Carpaccio: una composizione di otto tele ricche di storie e di personaggi, realizzate tra il 1490 e il 1495, che possono essere considerate tra le più felici espressioni di un artista riconoscibile per l'utilizzo dei colori tersi e per la quantità di dettagli che derivavano dalla sua attenta e sottile osservazione della realtà quotidiana.

La *Cena a Casa di Levi* di Paolo Veronese: intitolata *L'ultima cena* fino a quando l'Inquisizione non la bollò come sacrilega per la presenza di buffoni, nani, cani, musulmani e tedeschi simpatizzanti con la Riforma che si confondono tra gli apostoli. Veronese si rifiutò di alterare il dipinto, ma accettò di cambiarne il titolo: un gesto di sfida che la città sostenne con fierezza.

*La tempesta* del Giorgione: celeberrimo dipinto che ritrae una donna intenta ad allattare un bambino sullo sfondo di un cielo in tempesta, che chiama l'osservatore a fare un tuffo nell'infinito, dove l'occhio si perde e naufraga nel colore; non manca chi sostiene che il pittore di Castelfranco Veneto abbia disseminato in questo capolavoro vari indizi e simboli nascosti per comunicare significati reconditi.

## ☑ Consigli

▶ Il lunedì l'ultimo ingresso è alle 13, dal martedì alla domenica è alle 18.15.

▶ Per via di ampliamenti, riallestimenti, restauri e svariati altri lavori in corso, da anni ormai la situazione delle Gallerie dell'Accademia è piuttosto dinamica: sappiate dunque che non tutte le sale sono aperte al pubblico e che gli spostamenti delle opere sono all'ordine del giorno.

▶ Le borse voluminose dovranno essere depositate nel **guardaroba** (€0,50 per collo); l'audioguida (€6) è prevalentemente descrittiva e non indispensabile: meglio evitare la coda per il noleggio e leggere i testi affissi alle pareti. I bagni sono impeccabili, quindi non è il caso di spendere €1 nei servizi igienici esterni.

## ✕ Una pausa
Al Bottegon (Cantinone Già Schiavi, p66).

### Da non perdere
# Basilica di Santa Maria della Salute

Collocata sulla Punta della Dogana, la basilica ha una mole raccolta eppur maestosa, ed è un capolavoro d'arte barocca e un monumento di devozione. Fu eretta per adempiere a un voto espresso dal Senato della Serenissima durante un'epidemia di peste. A progettarla fu Baldassare Longhena, che nella circostanza espresse il meglio del suo genio ingegneristico e probabilmente andò persino oltre, se è vero, come pare, che questa chiesa sia legata a eventi miracolosi.

- Cartina p60, H4
- 041 241 10 18
- http://basilicasalutevenezia.it
- Campo della Salute 1/B
- Ingresso libero, sacrestia interi/ridotti €4/2
- 9-12 e 15-17.30
- Salute

La Basilica di Santa Maria della Salute

# Basilica di Santa Maria della Salute

## In primo piano

### L'edificio
Quando nel 1630 un'epidemia di peste mieté 80.000 vittime in città, il Senato promise alla Madonna che avrebbe costruito una chiesa senza badare a spese in cambio della sua intercessione a favore di Venezia. Seppure dedicata alla Madonna, la Basilica di Santa Maria della Salute trae tuttavia la sua forza strutturale dalla commistione di varie tradizioni architettoniche e spirituali: studiosi di architettura hanno individuato spiccate somiglianze tra l'insolita pianta ottagonale del Longhena, le piante dei templi antichi dedicati alle divinità femminili e i diagrammi della cabala ebraica. Le linee dell'edificio convergono sotto la cupola formando un ideale vortice che prende forma nel pavimento di marmo intarsiato, con al centro un punto nero che si dice emani un'energia curativa.

### Le opere
La **sacrestia** ospita: *Le nozze di Cana* (1561) del Tintoretto, che raffigura non tanto l'episodio biblico quanto un matrimonio dell'epoca; *San Marco in trono con i santi Cosma e Damiano, San Marco e San Sebastiano* di Tiziano (si noti il cromatismo denso e compatto che illumina san Marco vestito di fucsia e di turchese, in contrasto con il drappo verde); l'enorme tavola del Salviati, divisa in due, con *Davide trionfante con la testa di Golia* e l'*Accoglienza di Davide da parte delle giovani israelite*, e, ai lati, *Melchisedek* e *Giosuè*; e infine, sul soffitto, di nuovo Tiziano, stavolta in piena e sorprendente crisi manieristica (a imitazione di Michelangelo). Gli otto medaglioni laterali sono però stati rifatti, quindi solo i tre affreschi quadrati (*Caino e Abele, Sacrificio di Isacco* e *Davide e Golia*) sono originali.

## ☑ Consigli

▶ La sacrestia chiude alle 17.

▶ Nel **chiostro** della basilica, o meglio del palazzo del seminario che fu il convento dei padri comaschi fino al 1810 e poi dal 1817, ha sede la **Pinacoteca Manfrediniana** (☎041 274 39 73; www.seminario venezia.it; Dorsoduro 1; ⏱10-13 lun e mer, 15-18 gio e ven, 10-18 sab; visite guidate su richiesta), che raccoglie varie opere donate da ecclesiastici illustri, tra le quali dipinti e sculture datati dal XIII al XIX secolo che il Seminario Patriarcale ha ricevuto in eredità dal marchese Federico Manfredini (1743-1829). Anche questo complesso porta la firma del Longhena.

## ✕ Una pausa

**Corner Pub** (☎349 45 76 739; San Vio, Calle della Chiesa 684, Dorsoduro; ⏱8-24 mer-lun).

## Da non perdere
# Collezione Peggy Guggenheim

Questa universalmente nota esposizione museale offre l'occasione di ammirare opere di Dalì, Fontana, Kandinskji, Magritte, Picasso, Man Ray, Rothko, Mondrian e numerosi altri esponenti dell'arte moderna e contemporanea. Negli ultimi anni, inoltre, si è arricchita della collezione Mattioli, che conta svariati capolavori del futurismo.

- Cartina p60, F4
- 041 240 54 11
- www.guggenheim-venice.it
- Dorsoduro 704
- Interi/ridotti/studenti under 26 €15/12/9
- 10-18 mer-lun
- Accademia

Palazzo Venier dei Leoni, sede della Collezione Peggy Guggenheim

# Collezione Peggy Guggenheim

## In primo piano

### Le origini
Sessantamila dollari erano una cifra tutto sommato esigua per il Palazzo Venier dei Leoni, di certo bellissimo benché incompiuto, battezzato da sempre in più modi: per Henry James era simile a 'un castello di carte', per D'Annunzio a 'una cortigiana decrepita sotto la pompa dei suoi monili', per i veneziani era più semplicemente il 'palazzo non finito'. Proprietaria era la famiglia Venier, una delle più potenti di Venezia, nonché delle più misteriose, specie considerando la questione di quella strana associazione del suo nome ai leoni (si vociferava che ne tenessero uno in giardino). Pare che a opporsi alla realizzazione del palazzo fosse stata la famiglia Corner, proprietaria del palazzo sulla riva opposta del Canal Grande, preoccupata che il proprio edificio potesse essere superato in bellezza e in altezza (e che il panorama potesse essere oscurato).

### La storia più recente
Nel 1949, all'indomani della seconda guerra mondiale, una giovane ereditiera americana figlia di un ricco uomo d'affari morto a bordo del *Titanic* comprò il palazzo, ristrutturò gli interni e il giardino, e ne fece sia il luogo di ritrovo di una serie di artisti sia lo spazio espositivo della sua collezione, che nel giro di breve tempo divenne la più importante raccolta delle avanguardie europee. Nel 1962, la 'dogaressa con i cani' fu proclamata veneziana *ad honorem* (cosa che in seguito non le impedì comunque di donare la sua collezione alla Fondazione Solomon Guggenheim e non alla Città di Venezia).

## ☑ Il consiglio

▶ Da non perdere il **Giardino delle Sculture**, dove nel 1979 la città di Venezia acconsentì che Peggy fosse sepolta insieme ai suoi amatissimi cani. Da non perdere anche i due **museum shop** (quello esterno lo trovate dietro l'angolo del palazzo, in Fondamenta Venier dei Leoni), dove, oltre a oggetti e gioielli di design e ai libri d'arte (anche per i bambini), ci sono i famosi occhiali che l'artista Edward Melcarth aveva creato per Peggy Guggenheim – quelli con la 'montatura alata', oggi prodotti da Safilo (€179).

## ✗ Una pausa

Oltre il padiglione con un soleggiato **caffè**, trovate anche una biblioteca e due museum shop, i servizi igienici e spazi espositivi per le mostre temporanee.

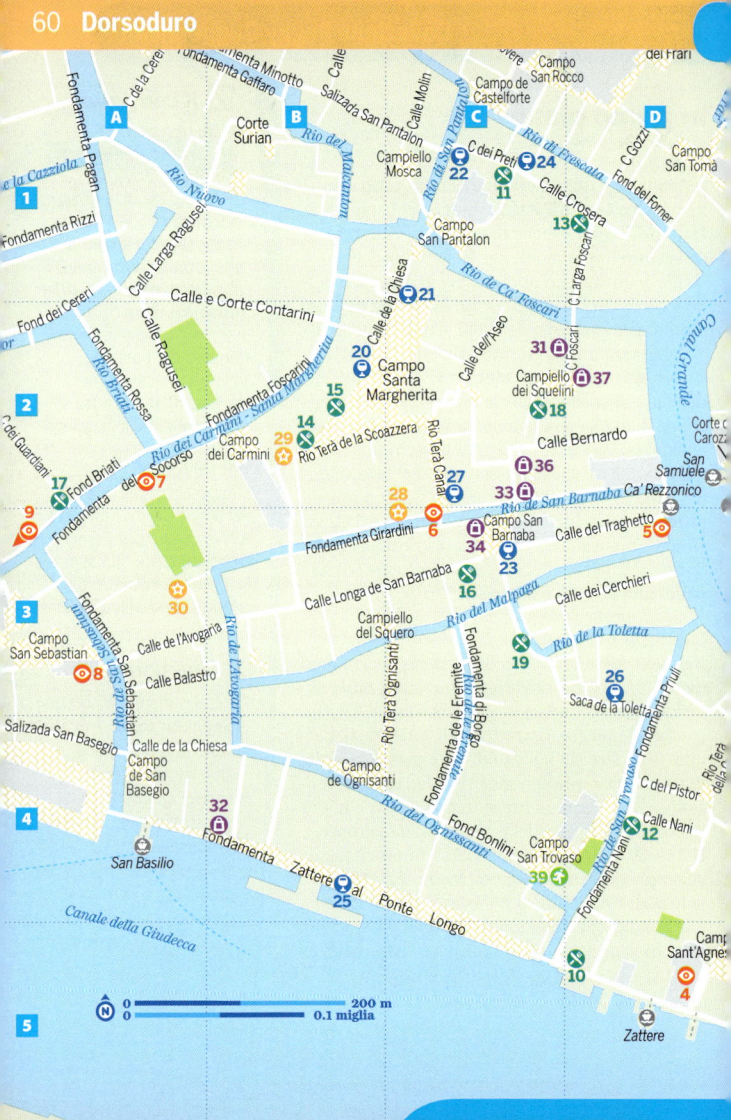

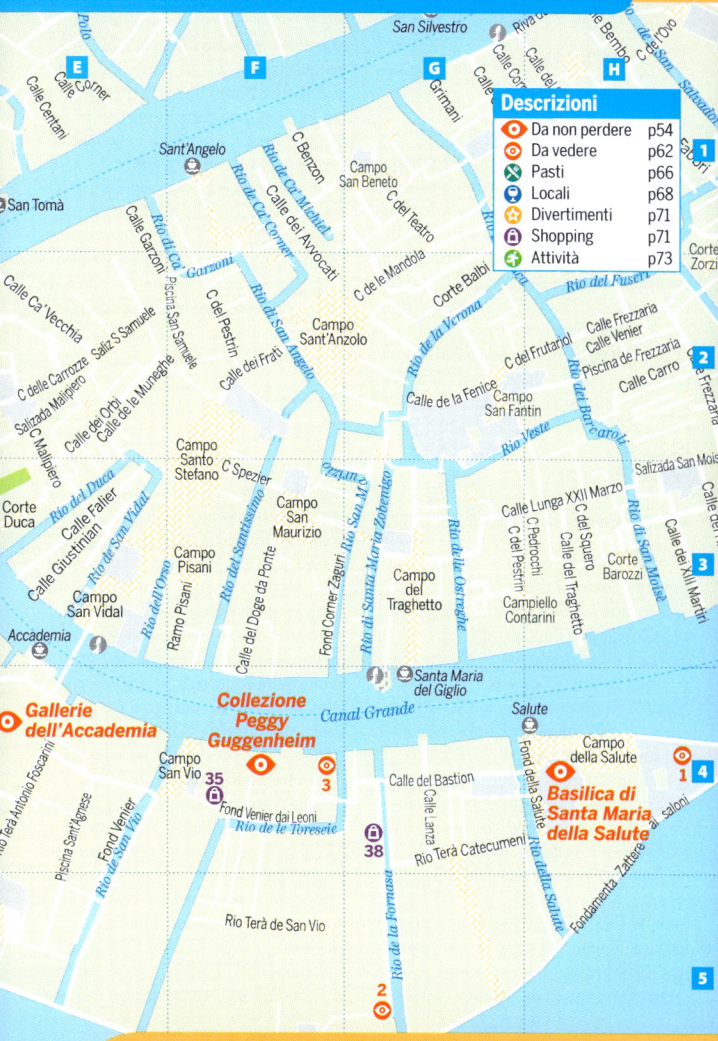

# Da vedere

### Punta della Dogana — EDIFICIO STORICO

**1** Cartina p60, H4

La Fortuna gira a seconda del vento in cima alla sfera in bronzo dorato sostenuta dai due Atlanti; e la fortuna ha girato per Venezia nel 2005, quando il collezionista François Pinault ha scelto come sede della sua fondazione i Magazzini della Dogana, costruiti nel XIV secolo ma rifatti nel XVII, che oggi ospitano imponenti installazioni (esposte a rotazione). (041 271 90 39/ 041 523 16 80; www.palazzograssi.it; interi/ridotti/bambini €15/10/gratuito, con Palazzo Grassi €20/15/gratuito; 10-19 mer-lun; Salute)

### Magazzini del Sale — MUSEO

**2** Cartina p60, G5

Ampie navate di mattoncini rossi con soffitti in legno caratterizzano il grande edificio nascosto dietro una facciata neoclassica del 1830, ma che esisteva fin dal XIV secolo. Prima del frigorifero una diffusa tecnica di conservazione alimentare era la salagione: dal momento che i cibi conservati erano indispensabili per i lunghi viaggi oltremare, il sale era un prodotto importantissimo per il commercio marittimo. A riattare questi spazi ci ha pensato Renzo Piano, incaricato di ripensarli perché divenissero la sede della **Fondazione Emilio e Annabianca Vedova**, creata per valorizzare l'opera di uno dei principali esponenti dell'astrattismo informale, Emilio Vedova, che aveva a cuore l'idea che la sua opera dovesse 'camminare nello spazio'. Renzo Piano ha sapientemente tradotto questo concetto creando un binario fissato al soffitto lungo il quale si muovono 10 navette robotizzate, alimentate da energia rinnovabile e dotate di bracci mobili che prelevano le opere dall'archivio e le posizionano nel punto previsto. (041 522 66 26; www.fondazionevedova.org; Zattere, Dorsoduro 266; ingresso variabile a seconda della mostra in corso; aperto solo in occasione delle mostre temporanee 10.30-18 mer-lun; Zattere)

### Ca' Dario — PALAZZO

**3** Cartina p60, F4

A dispetto della facciata, che sembra una tavolozza, questo palazzo non ha mai proiettato colori sulla città, ma soltanto ombre. Sono tante, infatti, le sventure che si sono abbattute sui proprietari. La prima vittima è l'ambasciatore della Serenissima per il quale intorno al 1479 il palazzo viene costruito, Giovanni Dario, caduto in disgrazia, la cui figlia muore di crepacuore per la bancarotta del marito; il figlio di lei, Giacomo Barbaro, viene assassinato sull'isola di Creta; il mercante Arbit Abdol finisce in miseria; Rawdon Brown si suicida; Charles Briggs resta vedovo del suo amante suicidatosi in Messico; il tenore Mario del Monaco desiste dall'acquisto del palazzo dopo essere stato vittima di un grave incidente mentre si recava alla firma del contratto; il conte torinese Filippo Giordano delle Lanze viene assassinato dal suo amante croato, ucciso a sua

## Da vedere

### Conoscere
**Passeggiando per le Zattere**

Si va alle Zattere per il sole del tardo pomeriggio, per spingere lo sguardo fino a San Giorgio Maggiore e al Molino Stucky e per memorizzare i quattro segmenti in cui si suddividono: **Zattere ai Saloni**, lo **Spirito Santo**, ai **Gesuati**, al **Ponte Lungo**. Quindi si prova a immaginare come dovevano essere le antiche Zattere che i veneziani associavano all'**Ospedale degli Incurabili** (al civico 423, sede dal 2003 dell'Accademia delle Belle Arti), costruito nel XVI secolo per combattere la sifilide che aveva contagiato molti abitanti di Venezia, dove si contavano 12.000 prostitute registrate. Poiché all'epoca non esistevano cure e i malati finivano spesso per impazzire o diventare ciechi, i veneziani avevano chiesto alle autorità che fosse istituito un ospedale riservato agli incurabili e ai figli rimasti orfani. A sollecitare l'iniziativa erano state prostitute e tenutarie di bordelli che si impegnavano a finanziare parte del progetto. Utilizzando fondi statali per la realizzazione di un'impresa a favore della salute pubblica, Venezia si rivelò così ancora una volta in anticipo sui tempi. Quando poi fu scoperto che era possibile curare la malattia con la penicillina, la struttura divenne felicemente obsoleta. Cercate la lapide in italiano e in russo che ricorda Josif Brodskji, il poeta russo naturalizzato statunitense e premio Nobel per la letteratura del 1987, che amava questa riva. L'iscrizione recita: 'Amò e cantò questo luogo'. L'artista morì a New York nel 1996 ma, per sua volontà, è sepolto nell'Isola di San Michele (p142).

---

volta a Londra; il manager degli *Who* cade in rovina; sul finire degli anni '80 il palazzo viene acquistato da Raul Gardini, che nel 1993 si suicida, e nel 2002 il bassista John Entwistle muore d'infarto dopo averlo affittato. Forse il trucco è non svelarsi, e infatti la società americana proprietaria dal 2006 è rimasta anonima. (Ramo Ca' Dario, Dorsoduro 352; Salute)

### Chiesa dei Gesuati   LUOGO DI CULTO
 Cartina p60, D5

Sono quattro gli artisti cui si deve l'importanza della Chiesa dei Gesuati, ufficialmente Chiesa di Santa Maria del Rosario: l'architetto Giorgio Massari, per l'audacia necessaria a costruire un edificio di fronte a tre esemplari architetture del Palladio (San Giorgio Maggiore, Le Zitelle e il Redentore); il Tintoretto, per la *Crocifissione* lungo la navata sinistra; il Tiepolo, per il dipinto *Rosa da Lima, Agnese da Montepulciano e Caterina da Siena* e soprattutto per il soffitto affrescato con scene della vita di san Domenico; e infine il Piazzetta, per il *San Domenico e Visione dei santi Ludovico Bertrando, Vincenzo Ferreri e Giacinto*. (www.chorusvenezia.org; Fondamenta delle Zattere,

Squero San Trovaso (p65)

Dorsoduro 918; ingresso €3 o Chorus Pass; ⏲10-17 lun-sab; 🚏Zattere)

## Ca' Rezzonico  MUSEO

**5** 🎯 Cartina p60, D3

La costruzione dell'edificio che ospita il Museo del Settecento Veneziano fu avviata dal Longhena e proseguita nel 1750 da Giambattista Tiepolo e Giorgio Massari nel rispetto delle concezioni del predecessore, che volle un'insolita planimetria con cortile interno per creare una successione di luce e ombre che dilata lo spazio e guida lo sguardo verso lo stemma di famiglia (un tempo policromo, oggi bianco). Lo scalone principale porta al piano nobile, dove si susseguono una serie di sale tra le quali spicca il **Salone del Ballo**, che non ha rivali in città per dimensioni e per decorazione, la **Sala dell'Allegoria Nuziale**, dedicata al matrimonio tra Ludovico Rezzonico e Faustina Savorgnan, la **Sala del Trono**, con il soffitto del Tiepolo che raffigura l'*Allegoria del Merito tra Nobiltà e Virtù*. Nel **Portego dei Dipinti** al secondo piano si trovano due capolavori di un giovane Canaletto e alcuni affreschi di un Tiepolo intimo e sarcastico, nella **Sala del Parlatoio** due vedute d'interni di Francesco Guardi. L'ultimo piano ospita la **Pinacoteca di Egidio Martini**, con dipinti di scuola principalmente veneziana che vanno dal 1400 ai primi del 1900. (📞041 241 01 00; www.visitmuve.it; Fondamenta Rezzonico, Dorsoduro 3136; interi/ridotti €10/7,50 o MUVE Museum Pass; ⏲10-18 mer-lun apr-ott, fino alle 17 nov-marzo, ma la biglietteria chiude un'ora prima; 🚏Ca' Rezzonico)

## Da vedere

### Ponte dei Pugni
PONTE

**6** Cartina p60, C3

Che l'impronta del piede sul pavimento a fianco del ponte servisse a stabilire le postazioni dei contendenti è quasi ovvio. Per capire invece chi prendesse parte alla sfida pugilistica bisogna sapere che all'origine di quest'usanza c'era la grande rivalità tra la fazione dei Nicolotti (pescatori del quartiere di San Nicolò dei Mendicoli, vestiti con cintura e berretto neri) e i Castellani (pescatori della parte opposta della città, con berretto e cintura rossi). Il combattimento durava ore e si disputava una volta all'anno; la vittoria consentiva di piantare le proprie insegne sul ponte. La battaglia si trasformava spesso in una rissa colossale, e non c'era volta in cui alla fine non si contasse almeno una decina di vittime, in gran parte cadute in acqua. Dopodiché i due quartieri ritornavano ai loro consueti rapporti di cordialità. (Fondamenta Gherardini, Dorsoduro; Ca' Rezzonico)

### Palazzo Zenobio
EDIFICIO STORICO

**7** Cartina p60, A2

Se non lo trovate, chiedete del Collegio Armeno. Eretto alla fine del XVII secolo dai 'nobili per soldo' Zenobio, presenta una forma innovativa, voluta da Antonio Gaspari, allievo e collaboratore del Longhena. Da non perdere il **Salone da Ballo** (dove nel 1984 fu girato il video di *Like a Virgin* di Madonna) e il giardino. (041 522 87 70; www.collegioarmeno.com; Fondamenta del Soccorso 2597; ingresso variabile; 10-17 lun-sab; Ca' Rezzonico)

### Chiesa di San Sebastiano
LUOGO DI CULTO

**8** Cartina p60, A3

Straniante la sobria facciata che lo Scarpagnino ha realizzato storta e attaccata al rio. Ricco e articolato l'interno, un unicum nella città lagunare perché decorato interamente da Paolo Veronese (sepolto nella sacrestia) con un grandioso ciclo il cui tema è quello dell'allegoria del trionfo della fede sull'eresia. Da notare la *Crocifissione* nella cappella centrale a destra della navata e le *Storie di Esther* sul soffitto a cassettoni. (www.chorusvenezia.org; Campo San Sebastiano, Dorsoduro 1687;

> ### Vita in città
> **Squero San Trovaso**
> Di tutti gli antichi squeri della città i superstiti oggi sono soltanto tre, tra i quali il **San Trovaso** (cartina p60, C4), dove si possono vedere sandali, pupparini e altre barche della tradizione lagunare. Lo squero è infatti il tipico cantiere veneziano dove vengono costruite e riparate le imbarcazioni lagunari. Se trovate la porta aperta durante l'orario di lavoro potete sbirciare all'interno in cambio di un'offerta libera. Per non disturbare gli artigiani al lavoro, spesso intenti a maneggiare utensili molto affilati, non è permesso scattare fotografie con il flash.

ingresso €3 o Chorus Pass; ⏱10-17 lun-sab; 🚢San Basilio)

### Chiesa di San Nicolò dei Mendicoli
LUOGO DI CULTO

 Cartina p60, fuori cartina A3

A Venezia si raccontava che per permettersi un interno così sontuoso (nel XII secolo) il parroco avesse trovato un tesoro sepolto nella chiesa. Il sospetto era tale che l'uomo fu accusato di furto e condotto a giudizio. In tribunale, però, il religioso giurò che avrebbe portato il segreto nella tomba, e infatti incise i motti 'Sine labe concepta' sulla Vergine sul fronte della chiesa, e 'Si queris miracula' e 'Dixit secretum meum mihi' sui santi laterali Antonio e Giovanni. Il chiostro del XV secolo offriva riparo a donne pie e poveri. Il campanile in stile veneto bizantino risale alla fine del XII secolo. (📞041 275 03 82/347 065 49 00; www.anzolomendicoli.it; Campo San Niccolò 1907; ⏱10-12 e 15-17.30 lun-sab, 9-12 dom; 🚢San Basilio)

## Pasti

### Gelateria da Nico
GELATERIA €

 Cartina p60, D5

Si viene qui per il gianduiotto, un parallelepipedo di gelato al gianduia che viene affettato da una mega forma e adagiato verticalmente dentro un bicchiere per essere affogato nella panna montata. (📞041 522 52 93; www.gelaterianico.com; Fondamenta Zattere al Pontelongo, Dorsoduro 922; ⏱7-21, chiuso gio in inverno; 🚢Zattere)

### Pasticceria Tonolo
PASTICCERIA €

 Cartina p60, C1

La pasticceria di Tullio vende i pasticcini a €1: questo contribuisce a riconoscerle (dal 1886) lo status di 'luogo culto della colazione', grazie anche ai bignè allo zabaione, ai croissant al cioccolato o alla nocciola, agli strudel di mele. Ottima la focaccia, per chi predilige il salato. (📞041 523 72 09; Calle dei Preti, Dorsoduro 3764; ⏱7.45-20 mar-sab, fino alle 13 dom; 🚢San Tomà)

### Al Bottegon (Cantinone già Schiavi)
BACARO €

 Cartina p60, D4

La grande insegna erosa dall'umidità recita 'Cantine del Vino già Schiavi'. Le vetrine sono colme di bottiglie. All'interno le botti servono da tavoli e la lavagna elenca più di 30 etichette. All'esterno c'è sempre un buon numero di habitué e nella vetrinetta fanno bella mostra di sé crostini (€1,50) con uova tartufo e funghi, brie e salsa di ortiche, gamberetti *in saor*, zucca con ricotta e parmigiano, baccalà mantecato, crema di pistacchio. (📞041 523 0034; Fondamenta Nani, Dorsoduro 992; ⏱8.30-20.30 lun-sab; 🚢Zattere)

### Orient Experience
GASTRONOMIA/TAKE AWAY €

 Cartina p60, D1

Oltre che una tavola calda orientale dove sedersi su uno sgabello e fermarsi a gustare (o ad acchiappare al volo e scappar via) un'appetitosissima varietà di piatti risultati da una sapiente mescolanza di diverse tradizioni, Orient Experience è anche un progetto intrapreso dall'audace Amed e dai suoi compagni di squadra: chi volesse saperne di più consulti il sito web. C'è un locale gemello al 1847/B di Cannaregio. (☎041 520 02 17; www.cibodistrada.it/locali/orient-experience; Campo Santa Margherita, Dorsoduro 2920; pasti €15; ⏱11.30-23 tutti i giorni; 🚤Ca' Rezzonico)

### Bone Robe     SELF SERVICE/TAKE AWAY €€

 Cartina p60, B2

Scegliete fra le proposte di Alvise, Betti e Andrea – finger food di verdura fresca, frittura di pesce e verdure, tagliatelle al ragù di pesce (€7), insalate (€5-7), tiella o rombo con patate e tegoline (€15); quindi prendete qualcosa dal frigo (una birretta o un vino, disponibile anche in piccolo formato), mangiate su uno sgabello davanti alla cucina a vista e pagate un conto onesto. (☎348 492 57 67; Campo Santa Margherita, Dorsoduro 2919; ⏱12-16 e 18-22.30 mar-sab; 🚤Ca' Rezzonico)

### Osteria alla Bifora     OSTERIA €€

 Cartina p60, B2

Sarde *in saor* (€7), carpacci vari (€15), assaggio di *cichetteria* veneziana (€20). Scegliete quello che volete ma non perdete una serata tra i tavoloni lunghi in legno della splendida sala illuminata da lampadari veneziani; oppure, se preferite, all'esterno, in uno dei punti più ambiti della cornice di questo storico campo. Va benissimo anche se si è molto affamati: i taglieri di formaggi e salumi sono abbondanti. (☎041 523 61 19; Campo Santa Margherita, Dorsoduro 2930; pasti €25-30; ⏱12-15 e 18-24; 🚤Ca' Rezzonico)

### La Bitta     RISTORANTE €€

 Cartina p60, C3

In un'accogliente saletta (ottima quando piove) e in un piccolo cortile interno (nella bella stagione) si gustano gli interessanti piatti di terra e di stagione che vanno dai porcini ai carciofi crudi, dalla porchetta trevigiana alle linguine con ragù di carni bianche, dall'oca in umido all'ossocollo con melone. Golosa anche la selezione di formaggi serviti con mostarda, per non parlare dei dolci della casa. Non si accettano carte di credito. (☎041 523 05 31; Calle Lunga San Barnaba, Dorsoduro 2753; pasti €35-40; ⏱19-23 lun-sab; 🚤Ca' Rezzonico)

### Osteria da Codroma     OSTERIA €€

17 Cartina p60, A2

La tentazione di fare prima aperitivo in Campo Santa Margherita è forte, ma non fatevi ingannare dallo specchio in fondo alla sala: i tavoli, qui, non sono tanti quanti lo specchio vuole farvi credere e si riempiono in fretta. Fuori il menu in italiano e inglese, dentro in veneziano: sarde *in saor*, *folpetti* lessi, baccalà mantecato, spaghettini freschi alla bottarga, linguine al nero di seppia. Molto ambiti i tavoli lungo il canale. (☎041 524 67 89; Fondamenta Briati, Dorsoduro 2540; pasti €35-40; ⏱10-15.30 e 18-23 mar-sab; 🚤San Basilio)

## Ai Do Farai

RISTORANTE €€/€€€

 Cartina p60, C2

Dino si occupa del menu venezianissimo: polenta e *schie*, bigoli in salsa, *sépe* in nero. Ai carpacci di tonno e branzino ci pensa Stefano, il re del crudo. Le tagliate di angus hanno deciso insieme di inserirle nel menu. E anche sul fatto di proporre il salame di cioccolato con gli amaretti si sono trovati d'accordo. (041 277 03 69; Dorsoduro 3278, Calle del Cappeller; pasti €30-50; chiuso dom; Ca' Rezzonico, San Tomà)

## Enoteca Ai Artisti

ENOTECA/OSTERIA €€€

 Cartina p60, C3

Selezionati sono i vini (ottimi anche quelli al bicchiere), gli ingredienti del territorio che lo chef Robert assembla nei piatti, realizzati e presentati con cura (come la tartara di branzino, la pasta con triglie e spinacetti, il filetto di san pietro con carciofi), e in un certo senso anche i clienti, considerato che lo spazio è limitato. Per chi viaggia in coppia è perfetto. (041 523 89 44; Fondamenta della Toletta, Dorsoduro 1169/A; pasti €45-50; 12-14.30 e 19-22.30 lun-sab; Ca' Rezzonico)

# Locali

## Caffè Rosso

CAFFÈ

 Cartina p60, B2

Rosso per via del colore dell'insegna e rosso per via degli spritz (v. lettura p71), che dalle 18 qui prendono il posto dei caffè serviti dalle 7 di mattina, dissetando una inimmaginabile quantità di gente. (041 528 79 98; Campo Santa Margherita; Dorsoduro 2963; 7-1 lun-sab; Ca' Rezzonico)

## Ai Do Draghi

ENOTECA/CAFFÈ

 Cartina p60, C1

Il fatto che la nuova veste luminosa (molte lampadine al soffitto), lignea

---

> ### Vita in città
> **Due campi a confronto**
> Uno è enorme, l'altro misurato. Uno è vivace, l'altro quieto. Uno è sinonimo di 'movida', l'altro di 'tranquillità'. Uno è confidenziale, l'altro più timido. Ma abbondano entrambi di bar e locali. Sono rispettivamente **Campo Santa Margherita** e **Campo San Barnaba**. Il primo è oggi territorio degli studenti squattrinati che se ne stanno seduti per terra con un bicchiere e gli amici, ma ha alle spalle una lunga storia segnata da una spiccata identità mercantile; a testimoniarlo ci sono, per esempio, le botteghe con piccola vetrina e porta contornata di pietra d'Istria e una targa marmorea che fissa le misure minime di vendita dei diversi tipi di pescato. L'altro, invece, è dominato dalla facciata dell'omonima chiesa e centro dell'*insula* omonima che si allunga tra i rii del Malpaga e di San Barnaba; da qui, spingetevi fino alle Fondamenta Gherardini per raggiungere il Ponte dei Pugni (p65).

(per via degli arredi) e vinosa (per via dei grappoli di tappi di sughero sparsi qua e là e soprattutto della selezione di una cinquantina di etichette della penisola) abbia tolto le ombre scure del fumo stratificato alle pareti non significa che i Do Draghi abbia perso identità. Ai birraioli si suggerisce la Morgana (ottima artigianale locale). Ma alla fine 'i do draghi' dove sono? Lì sul muro di fronte. (Campo Santa Margherita, Dorsoduro 3665; ◎9-1 tutti i giorni; ⛴Ca' Rezzonico)

### Malvasia all'Adriatico Mar  BACARO/ENOTECA

**22** 🚌 Cartina p60, C1

Francesco è un architetto che si è letteralmente votato a questo fantastico *bacareto* (con tanto di pontiletto da sogno). Inventore di squisiti *cicheti* (preparati al momento, con salumi tagliati al coltello, uova sode e crema di carciofi, formaggi, testa in cassetta, baccalà mantecato, formaggio e acciughine in salamoia), è anche un ingegnoso barman che ha scoperto che la somma di vodka, succo di pomodoro e cetriolino, bevuti e mangiati in tale ordine, dà come risultato il *moscovita*. (📞041 476 43 22; www.adriaticomar.com; Calle dei Preti, Ponte dei Vinanti, Dorsoduro 3771; ◎10-22 lun-sab; ⛴San Tomà)

### Ai Artisti  CAFFÈ/BAR

**23** 🚌 Cartina p60, C3

Chi dissente dal detto locale secondo il quale 'co se sta ben, se more' (cioè quando si comincia a stare bene allora

Clienti del Malvasia all'Adriatico Mar (p69)

si muore), spesso si gode una sosta nei tavolini del bel Campo San Barnaba. Da non confondere con l'enoteca omonima (p68). (📞393 968 01 35; Campo San Barnaba, Dorsoduro 2771; ◎7-24 lun-ven, 8-24 sab, 9-24 dom e festivi; ⛴Ca' Rezzonico)

### Cafè Noir  CAFFÈ/BAR

**24** 🚌 Cartina p60, C1

Sulla lavagna fuori dal caffè ci sono scritti svariati drink. E, quando lo stomaco comincia a brontolare, all'interno non mancano pizzette, piadine e insalatone. Un pilastro (in senso metaforico) ornato da travi e mattoni a vista (in senso letterale) tra i punti di ritrovo dei giovani della città. (📞041 200 78 93; Calle dei Preti, Dorsoduro 3805; ◎11-2 lun-ven, 19-2 sab e dom; ⛴San Tomà)

ELENA FERRARESE ©

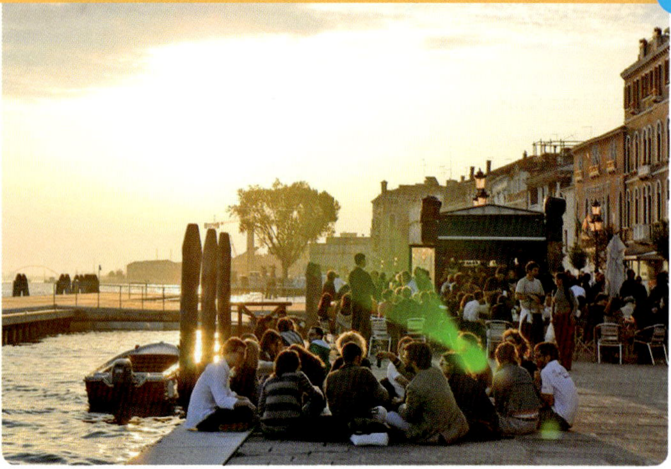

El Chioschetto (p70)

## El Chioschetto

CAFFÈ/BAR

25 Cartina p60, B4

È l'aperitivo più da battaglia di Venezia, al punto che si fa fatica a trovare un tavolino libero. Peccato che non di rado sia ormeggiato lì davanti qualche yacht di dimensioni esagerate, perché in caso contrario il panorama è mozzafiato. (348 396 84 66; Dorsoduro 1406/A; 9-1 in estate, in inverno si chiude prima, e del tutto a dic e gen; Zattere)

## Bar alla Toletta

SNACK BAR

26 Cartina p60, D3

Siccome 'co i se vien veci, se perde la virtù: la pansa se retira, la chitarra non sona più', tanto vale, almeno finché si è giovani, rimpinzarsi la pancia dei tramezzini e dei panini della Toletta, perfetti per rimettersi in marcia carburati e soddisfatti. (041 520 01 96; Dorsoduro 1191; 7-20 tutti i giorni; Zattere)

## Imagina Café

CAFFÈ/BAR

27 Cartina p60, C2

Il rumore costante è quello dello shaker, che si agita su un tappeto sonoro fatto delle voci allegre della gente creativa e tendenzialmente gay-friendly che frequenta questo bar. I pochi tavoli all'aperto in genere vengono conquistati dagli habitué. (041 241 06 25; www.imaginacafe.it; Rio Terà Canal, Dorsoduro 3126; 7-21 dom-gio, fino all'1 ven e sab; Ca' Rezzonico)

# Divertimenti

## Venice Jazz Club
JAZZ

**28** Cartina p60, C3

I concerti si tengono sempre dal lunedì al mercoledì, il venerdì e il sabato; tranne ad agosto, quando capitano serate di riposo. I musicisti che vi si esibiscono, salvo eccezioni, sono quelli del Venice Jazz Club Quartet. (📞0431 523 20 56; www.venicejazzclub.com; Ponte dei Pugni 3102; ingresso con consumazione €20; ⏰dalle 19, concerti alle 21; chiuso gio e dom; 🚤Ca' Rezzonico)

## Musica in Maschera
CONCERTI

 Cartina p60, B2

Presso la Scuola Grande dei Carmini (p90) non dimenticate di informarvi su questi concerti eseguiti da cantanti d'opera e ballerini classici vestiti in stile settecentesco. (📞041 528 76 67; www.musicainmaschera.it; biglietti €20-50; ⏰21 tutto l'anno; 🚤Ca' Rezzonico)

## Teatro a l'Avogaria
TEATRO

 Cartina p60, A3

È il più piccolo teatro per capienza di Venezia, ragion per cui vale la pena di pensarci per tempo ad acquistare un biglietto per uno spettacolo sperimentale delle varie compagnie nazionali che transitano da qui. (📞041 099 19 67; www.teatro-avogaria.it; Corte Zoppa, Dorsoduro 1617; 🚤San Basilio, Ca' Rezzonico)

# Shopping

## Paolo Olbi
CARTOLERIA ARTIGIANALE

**31** Cartina p60, C2

Paolo ha appeso al muro il ritratto di Manuzio (famosissimo editore veneziano di fine Quattrocento) perché 'noi stampiamo ancora a mano, nel senso che l'inchiostratura viene fatta a mano, e quindi siamo fuori dal mondo'. Lasciate che vi mostri agende, rubriche e album per fotografie. (📞041 522 40 57; olbi.atspace.com; Ponte Ca' Foscari 3253, Dorsoduro; ⏰10.30-12.40 e 15.30-19.30 lun-sab; 🚤Fondamenta Nuove)

---

### Vita in città
### Il rito dello spritz

La parola 'spritz' deriva dall'austriaco 'spritzen', termine che risale al tempo della dominazione austriaca, quando i soldati di stanza in città erano soliti allungare i vini locali con l'acqua frizzante. La ricetta attualmente più diffusa prevede tre parti di Prosecco DOC, due parti di Aperol e una parte di Soda. Per prepararlo si prende un bicchiere basso con del ghiaccio, si versano Prosecco e Aperol, quindi la Soda, e si mescola. A seconda dei gusti si aggiunge una fetta d'arancia o un'oliva. Lo spritz lo bevono i giovani in piazza, o nei bacari, nel tradizionale bicchiere arancione che è diventato il simbolo dell'aperitivo allegrotto. Solo i puristi dei vini nobili inorridiscono davanti alla sua chimica.

### Bottega d'Arte Gibigiana
CREAZIONI ARTISTICHE

**32** Cartina p60, B4

Qui ci sono Mirko (che si dedica ai lavori in ferro) e Serena, che creano sculture e oggetti di arredamento con materiale di recupero e ciclicamente aprono le porte ad altri artisti con i quali si contaminano volentieri. (338 616 50 74; www.gibigiana.com; Zattere, Dorsoduro 1487; 10-16 mar-sab oppure su appuntamento; Zattere)

### Ca' Macana
MASCHERE, COSTUMI

**33** Cartina p60, C2

Maschere, conferenze e corsi teorico-pratici nel negozio in cui Stanley Kubrick ordinò un quantitativo esagerato di maschere per il suo ultimo film, *Eyes Wide Shut*. (041 277 61 42; www.camacana.com; Calle delle Botteghe, Dorsoduro 3172; laboratori di maschere di un'ora compresi un libro sulla storia e le tecniche e una maschera a scelta tra circa 50 modelli, €49 individuale, €44 a testa per due, €39 a testa per gruppi da tre a più partecipanti, infine anche corsi per famiglie di due ore da definire preventivamente; negozio: 10-19.30 in alta stagione, fino alle 18.30 in bassa stagione; laboratori: 10-13 e 14-18 lun-sab, per i laboratori non è necessaria la prenotazione; Ca' Rezzonico)

### Signor Blum
GIOCATTOLI ARTIGIANALI

**34** Cartina p60, C3

Animali, giostre, pagliacci, magneti, segnalibri, orologi, architetture veneziane e puzzle, tutti coloratissimi e tutti scomponibili, tutti tagliati e dipinti rigorosamente a mano. Pensati dal 1980 per i più piccoli, ma anche per i più grandi. (041 522 63 67; www.signorblum.com; Dorsoduro 2840; 10-13.30 e 15-19 tutti i giorni; Ca' Rezzonico)

### Marina e Susanna Sent
GIOIELLI IN VETRO

 **35** Cartina p60, F4

I loro sofisticati gioielli in vetro soffiato in stile minimal si trovano nei *gift shop* di tutto il mondo, e anche a **San Marco** (Ponte San Moisè 2090), **San Polo 70** (Sotoportego dei Oresi), **Dorsoduro 669** (041 520 81 36; Campo San Vio; 10-13 e 13.30-18.30 tutti i giorni; Accademia) e **Murano**, in Fondamenta Serenella 20, dove c'è il punto vendita e sede principale (041 527 46 65; www.marinaesusannasent.com; 10-17 lun-ven set-lug; Colonna), che con la sua diffusa luce bianca mette ben in risalto le creazioni della collezione.

### Perlamadredesign
GIOIELLI IN VETRO

**36** Cartina p60, C2

Incoraggiate dal premio ottenuto nel 2012 con la collezione Butterfly, Patrizia ed Evelina continuano a esprimere nelle loro creazioni una spiccata vocazione per il design e un profondo rispetto della lavorazione tradizionale del vetro. Fatevi spiegare l'incantevole tecnica del *sommerso*. (340 844 91 12; www.perlamadredesign.com; Calle delle Botteghe, Dorsoduro 3182; 10.30-13 e 15.30-18.30 lun-sab; Ca' Rezzonico)

## Danghyra
CERAMICHE ARTIGIANALI

**37** Cartina p60, D2

Il colore che va per la maggiore è l'oro, che decora vasi, lampade, tazze, piatti, tazzine. Ma non mancano i colori tenui. La tazzina da caffè dorata e gialla (o dorata e verde, se preferite) potrebbe essere un bel souvenir (€9), così come quella da tè (€11). (041 522 41 95/338 354 39 44; www.danghyra; Dorsoduro 3220; 10-13.30 e 14.30-19 mer-lun; Ca' Rezzonico, San Tomà)

## Le Forcole di Saverio Pastor
FORCOLE

**38** Cartina p60, G4

Qui il maestro *remer* Saverio realizza alberi per vele al terzo, oggetti da regalo e soprattutto forcole, gli scalmi per la voga veneta, dalla forma differente a seconda del tipo di imbarcazione e della posizione e delle caratteristiche fisiche del vogatore. Il legno utilizzato è generalmente quello di noce, lavorato con la sega a nastro e l'ascia, rifinito e lisciato con raschietto e carta vetrata, e infine firmato e numerato. Un'arte, insomma, rimasta inalterata dal XVI secolo. (041 522 56 99/329 090 35 28; www.forcole.com; Dorsoduro 341; 8.30-12.30 e 14.30-18 lun-ven, talvolta anche sab, ingresso libero; Salute)

Signor Blum

## Attività

### Terra & Acqua
GITE IN BRAGOZZO

**39** Cartina p60, C4

Il *bragozzo* è un'imbarcazione lagunare tradizionale tra le più caratteristiche. Rivolgetevi a Cristina della Toffola per organizzare un'uscita, nel corso della quale potrete degustare il vino in una cantina di Sant'Erasmo, visitare l'Isola del Lazzaretto Nuovo, esplorare il Forte di Sant'Andrea e, sulla via del ritorno, ammirare i colori del tramonto che incorniciano i campanili di Venezia. (347 420 50 04; www.veneziainbarca.it; Squero San Trovaso, Dorsoduro 3485/A; noleggio dell'imbarcazione, ideale per gruppi fino a nove persone, €380-420, con pranzo a bordo €25 a testa in più)

## Vita in città
# Andar per bacari

Andare per bacari a Venezia vuol dire gustare qualche sfizioso *cicheto*, ma anche fare una sorta di cena itinerante o stare in compagnia, al bancone e un po' in strada. Ogni veneziano ha i suoi bacari di fiducia. Qui di seguito una sintetica rassegna; prima un'avvertenza, però: i bacari si rinnovano spesso, perciò potreste riscontrare qualche cambiamento nei posti elencati o trovarne di nuovi sul vostro cammino.

### ❶ El Refolo
(p132) Quelli che fanno qui potrebbero diventare i vostri paninetti preferiti.

### ❷ Osteria da Baba
(p45) Un'alternativa ai locali più turistici.

### ❸ Al Bottegon (Cantinone già Schiavi)
(p66) Un'istituzione tra i bacari della città, con abili osti da due generazioni.

# Andar per bacari

### ❹ Da Fiore
(p45) Ha anche sgabelli all'esterno, per chi lo spritz lo gusta di più 'in calle'.

### ❺ Enoteca Al Volto
(p46) Atmosfera unica che rievoca gli antichi e tradizionali bacari veneziani.

### ❻ Al Portego
(p132) Al banco *cicheti* veramente di classe (i tavoli sono riservati alla cucina).

### ❼ Trattoria Ca' d'Oro 'Alla Vedova'
(p110) È un bacaro elegante, colmo di storia, vecchie cose, stampe, pentole di rame, luce soffusa, antiche mappe alle pareti e libri sulle mensole.

### ❽ Cantina Vecia Carbonera
(p109) In una calda giornata estiva, una pausa qui all'ora di pranzo è quel che ci vuole per rimettersi in sesto. La penombra e il fresco, insieme a qualche *cicheto*, vi ristoreranno senz'altro.

### ❾ Al Timon
(p110) *Cicheti* da urlo, tra baccalà alla vicentina, paté di fegato, formaggi ricercati, acciughe con burro, verdure sott'olio, affettati e formaggi vari.

### ❿ Enoteca Do Colonne
(p110) Merita anche il vino della casa.

### ⓫ Da Luca e Fred
(p110) C'è il bacaro che va forte sui crostini, quello che spinge sui panini, quello che cucina più degli altri, quello che ha vini come si deve. Qui vanno forte i fritti.

### ⓬ Osteria Al Mercà
(p92) Molti più paninetti e polpette che non centimetri quadrati.

### ⓭ All'Arco
(p174) Tappa d'obbligo nelle ore della spesa al mercato, per veneziani e non.

### ⓮ Cantina Do Mori
(p92) Per sentirsi parte della storia dei bacari e anche della città.

### ⓯ Ai Nomboli
(p91) Nella bella stagione si può sperare di conquistare un tavolo.

### ⓰ Rivetta
(p93) Autentico bacaro di quartiere.

### ⓱ Hostaria Vecio Biavarol
(p93) Una novità a Santa Croce. Solo un paio di sgabelli, per una gran varietà di paninetti.

### ⓲ Da Lele
(p93) Questo buco di bacaro (per molti un 'bacareto') è un posto davvero adorabile.

**Scoprire**

# San Polo e Santa Croce

San Polo, il sestiere più piccolo della città, confina con l'eterogeneo Santa Croce. Il primo pulsa tra le bancarelle dei Mercati di Rialto, nel gotico dei Frari, nello stile rinascimentale della Scuola Grande di San Marco; il secondo nel trafficato Piazzale Roma, nei dialoghi tra le opere d'arte collezionate a Ca' Pesaro, nei dinosauri del Museo di Storia Naturale e nell'allegria dei bacari.

# In un giorno

La giornata inizia presto con una scivolata lungo il **Canal Grande** (p78) fino ai **Frari** (p80) e alla **Scuola Grande di San Rocco** (p90). Prosegue quindi con una passeggiata per le calli secondarie piene di botteghe (p82), da esplorare in lungo e in largo fino a quando non sentirete il richiamo irresistibile di un 'francobollo' della **Cantina Do Mori** (p92) e a seguire del pescato freschissimo della **Trattoria alla Madonna** (p94), se si tratta di fame, o di uno *scartoccio* di  **Acqua & Mais** (p91), se si tratta di appetito.

Per il pomeriggio mettete in programma una visita a **Ca' Pesaro** (p89) e a **Palazzo Mocenigo** (p88), prima di immergervi in una sessione di **shopping** (p96).

Per una una fantastica cena puntate all'**Osteria La Zucca** (p93); se invece preferite un concerto di musica romantica francese dirigetevi verso il **Palazzetto Bru Zane** (p95).

## Da non perdere
Il Canal Grande (p78)

I Frari (p80)

## Vita in città

Mercati di Rialto (p82)

## Il meglio
**Pasti**
Osteria La Zucca (p93)

**Cibo di strada**
Acqua & Mais (p91)

**Arte moderna**
Ca' Pesaro (p89)

**Shopping**
Attombri (p97)

## Trasporti

**Vaporetto** A San Polo, la fermata di Rialto è servita dal n. 1, 2 ed N. Il n. 1 ferma anche a Riva De Biasio, San Stae (dove ferma anche la linea N), San Silvestro e San Tomà (qui fermano anche le linee n. 2 ed N). La maggior parte dei vaporetti ferma a Piazzale Roma o alla Ferrovia, nell'angolo nord-occidentale di Santa Croce.

**A piedi** Riferitevi a Campo San Polo o cercate i cartelli gialli per Rialto o Ferrovia e rossi e bianchi per Scuola Grande di San Rocco.

## Da non perdere
# Il Canal Grande

Scivolate sull'acqua, in una direzione e nell'altra, lungo il canale che nel Medioevo aveva assunto diverse denominazioni a seconda delle zone e dei monasteri che lambiva: Rio della Zirada, Canale di Luprio, Canale di San Isaia, Canale di Rivoalto. Una S rovesciata lunga 3 km e 800 m, larga da 30 a 70 m, con una profondità massima di 5 m, che taglia in due la città di Venezia e che probabilmente era un alveo fluviale utilizzato in origine come porto canale.

- Cartina p84, G2
- I vaporetti n. 1, 2, N e A effettuano varie fermate lungo il Canal Grande

Il Canal Grande

# Il Canal Grande

## In primo piano

### La via d'acqua
Lasciatevi incantare dai circa duecento edifici, dai campi e campielli, dagli approdi per le barche, dalle alte mura che proteggono giardini, dalla candida pietra d'Istria, dai rossi fiammeggianti degli edifici in mattone, dalle architetture gotiche, dall'eleganza rinascimentale, dai *liagò* tradizionali (logge esterne costruite a somiglianza dei chioschi orientali), dalle balaustre ottocentesche, dai sapienti giochi di chiaroscuri che gli architetti non si sono mai stancati di creare affinché il Canal Grande incantasse chiunque vi posasse lo sguardo.

### La storia
Provate a pensare al tempo in cui, nel Quattrocento, molte delle facciate erano decorate da affreschi. Approfittando del fascino che il canale esercitava sugli stranieri in visita, i veneziani non tardarono a farsi pragmatici: cominciarono ad affittare le case ai 'zentilhomeni' che venivano da fuori, soprattutto artisti e scrittori, musicisti e personaggi famosi, che intrecciavano le loro vite a quelle delle famiglie del patriziato veneziano. Dall'affitto dei palazzi si guadagnava non poco, dal momento che gli edifici si affacciavano non solo su una 'via' particolarissima della città, ma anche su quella delle uscite ufficiali del doge (tant'è vero che era persino vietato alle cortigiane di affacciarsi alle finestre). Nei secoli, sull'acqua del canale si sono svolte le manifestazioni e le feste più importanti, sono passate le barche dei condannati a morte, tra torture e fustigazioni, con la funzione di ammonire il popolo che dalle sponde li guardava passare, e i barconi carichi di cadaveri delle vittime della peste, flagello di Venezia tra il 1510 e il 1630.

### ☑ Il consiglio
▶ Percorretelo almeno una volta all'alba e una al tramonto.

### ✕ Una pausa
A San Marco c'è il bar della Biennale, l'**Ombra del Leone** (☎041 241 3519; Calle Tredici Martiri, 1364; ◷9-21 chiuso dom in inverno).

## Da non perdere
## I Frari

Intitolata a Santa Maria Gloriosa (per i frati minori francescani figura vittoriosa sul male), è uno dei più vitali centri della fede di Venezia. La sua costruzione terminò nel 1428, regalando alla città un'altissima espressione del gotico veneziano (senza archi rampanti né pinnacoli né doccioni, tipici del gotico internazionale, ma con un altissimo soffitto a volta e pianta a croce latina con tre navate e un transetto), tutta in cotto, luminosa, imponente e ricca della spiritualità francescana. La basilica si trova sulla direttrice Rialto–San Marco.

- Cartina p84, C4
- 041 275 04 62
- www.chorusvenezia.org, www.basilicadeifrari.it
- Campo dei Frari, San Polo 3072
- €3/1,50 o Chorus Pass
- 9-18 lun-sab e 13-18 dom
- San Tomà

I Frari

# In primo piano

### La chiesa preferita del Tiziano

I cosiddetti 'Frari' era la chiesa che il Tiziano amava più di tutte e per la quale aveva realizzato tre opere: la sfolgorante e monumentale *Pala dell'Assunta* (1516-8), sopra l'altare maggiore; la rivoluzionaria *Madonna di Ca' Pesaro*, con un ragazzino in basso a destra che in un moderno gioco di sguardi osserva lo spettatore; *La pietà*, oggi alle Gallerie dell'Accademia. L'artista è sepolto qui, celebrato da un monumento funebre del Canova realizzato tre secoli dopo la sua morte: una struttura ad arco di trionfo, sormontata da un leone e con un rilievo che riproduce la *Pala dell'Assunta* alle spalle dell'artista.

### Il monumento funebre ad Antonio Canova

Tra il 1822 e il 1827 alcuni allievi del Canova realizzarono nella chiesa la tomba del loro maestro (di cui però qui è conservato solo il cuore: il resto delle spoglie si trova nel Tempio di Possagno, città natale dello scultore): un'immacolata e monumentale piramide in marmo di Carrara, con una porta verso cui paiono dirette le varie figure scultoree che ornano il mausoleo, che con la sua densità metafisica vuole essere un'occasione per meditare sul mistero della morte. Il leone simboleggia la città che partecipa al dolore.

### Il San Giovanni di Donatello

È una figura scarna, con il volto teso, le mani ossute, il corpo nervoso, rappresentato nell'atto di parlare, ha uno sguardo espressivo e una gestualità eloquente: è il *San Giovanni* di Donatello (1438, in legno), che contiene in sé tutta la ricerca naturalistica di un artista che amava definirsi *florentinus*, perché a Firenze aveva maturato il linguaggio rinascimentale, mentre ancora la Serenissima si attardava nelle forme gotiche.

## ✅ Consigli

▶ L'ultimo ingresso è alle 17.30.

▶ Osservate la grande maestria e l'abilità tecnica con cui nel 1468 Marco e Francesco Cozzi realizzarono il **coro ligneo**. Passate poi alla *Madonna* di Giovanni Bellini della sacrestia.

▶ Raggiungete la trecentesca lunetta con la *Madonna con Bambino* di Paolo Veneziano.

## 🍴 Una pausa

Il **Malvasia all'Adriatico Mar** (p69) è molto vicino ed è uno dei bacareti più interessanti della città per un bicchiere di vino o un *cicheto*. Di certo valido anche soltanto per un caffè, da accompagnare magari con un dolcino della **Pasticceria Tonolo** (p66), che si trova proprio lì accanto.

## Vita in città
# Mercati di Rialto

Tappa imperdibile in città, mai troppo battuta dai turisti né mai disertata dai veneziani. Armatevi di una borsa della spesa e di una macchina fotografica e trascorrete una mattinata nel luogo in cui, nel 1097, fu trasferito il mercato che riforniva Venezia, nel 1500 una delle aree più popolate d'Europa con i suoi quasi 300.000 abitanti.

### ❶ Ruga degli Oresi
Dopo l'incendio di Rialto del 10 gennaio 1514 (v. lettura p86), lo Scarpagnino realizzò un portico ad archi ai quali corrispondono altrettante botteghe con magazzini e inserì una strada di servizio, la calle coperta che oggi si percorre. 'Oresi' significa 'orefici', e infatti sotto i portici ci sono le ultime botteghe di oreficeria superstiti.

# Mercati di Rialto

### ❷ Banco Giro
Qui si trovava la 'banca pubblica' di Venezia. Fondata nel 1524, garantiva liquidità ai mercanti di Rialto.

### ❸ Erbarìa
Si sviluppa su una sponda un tempo di legno e poi, nel 1398, lastricata in pietra d'Istria. Un tempo era il mercato della frutta, come dice il toponimo. Altri toponimi nei paraggi specificano il tipo di merce venduta, come Naranzaria (arance) e Casaria (formaggi).

### ❹ Fabbriche Nuove
Sorta di 'capannoni' ante litteram, dall'aspetto monumentale, furono realizzate dal Sansovino tra il 1553 e il 1555 sul modello delle Fabbriche Vecchie, costruite 30 anni prima. Il piano terreno ospitava le botteghe, mentre in quelli superiori trovavano posto gli uffici delle magistrature che sovrintendevano ai commerci; attualmente è sede del Tribunale e della Pretura. Riconoscibile dalle 25 arcate, ha un lato affacciato sul Canal Grande e l'altro sul Campo Cesare Battisti, già Campo Bella Vienna, oggi occupato dalle bancarelle di souvenir.

### ❺ Ruga Rialto
Un tempo era detta Ruga Vecchia questa lunghissima calle con le strette traverse a pettine, nei cui edifici in origine si smistavano e depositavano le merci. Siccome però lo spazio non bastava mai, succedeva che si costruissero in facciata alcune sporgenze sorrette dai cosiddetti 'barbacani' (travature emergenti in legno o in pietra), uno dei quali si trova ancora oggi in Calle della Madonna: è in pietra d'Istria e lo si riconosce dall'iscrizione 'per la ivridiciom di barbacani'. Per motivi di sicurezza, infatti, la Repubblica di Venezia aveva fissato un limite massimo alla loro sporgenza.

### ❻ Campo della Pescaria
È la zona aperta del mercato del pesce, che però oggi ospita il mercato della frutta e della verdura.

### ❼ Mercato del Pesce
Se ne ha notizia fin dal 1332 ed è la parte più famosa dei mercati di Rialto. Qui, infatti, il pesce veniva venduto non sulle barche dei pescatori (come nel resto della città), ma su banchi di legno poggiati su cavalletti. Andate in cerca di gamberetti grigi, *folpetti*, *gò*, *masonete* e di altri pesci della Laguna e delle isole. E non esitate a farvi dare qualche ricetta dai pescivendoli.

### ❽ Campo de le Becarie
Vicino a quello che dal 1339 fu il macello pubblico con le antiche *becherie*, un tempo ospitava il mercato della carne.

# 84 San Polo e Santa Croce

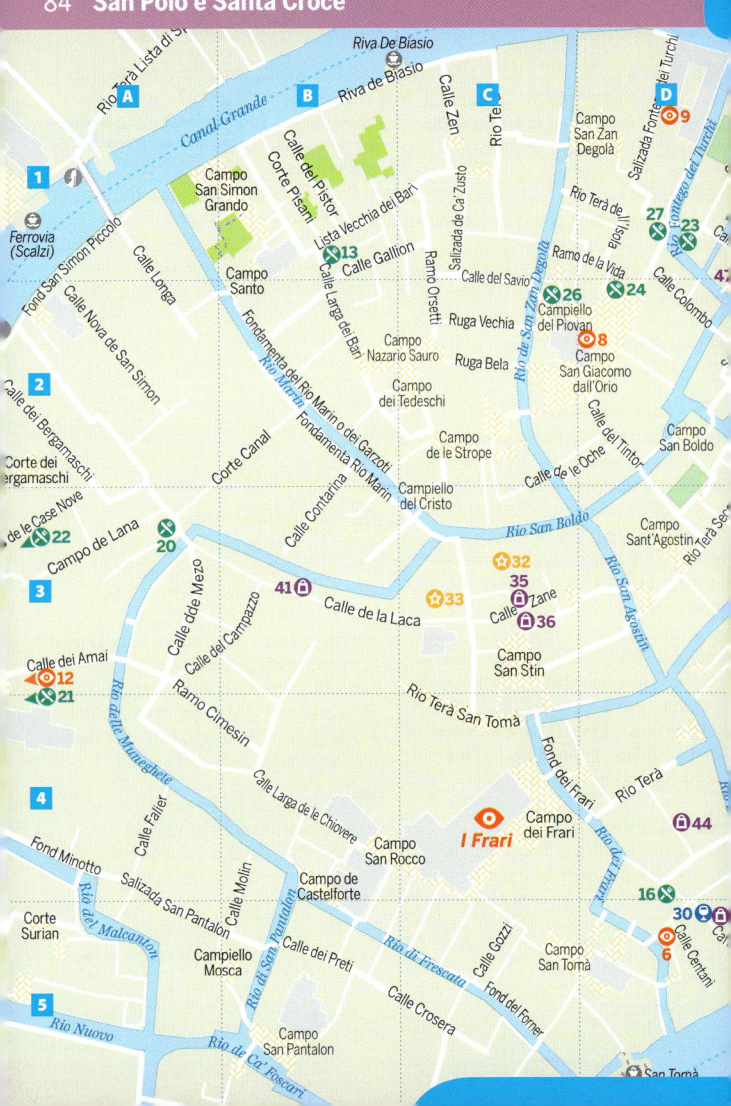

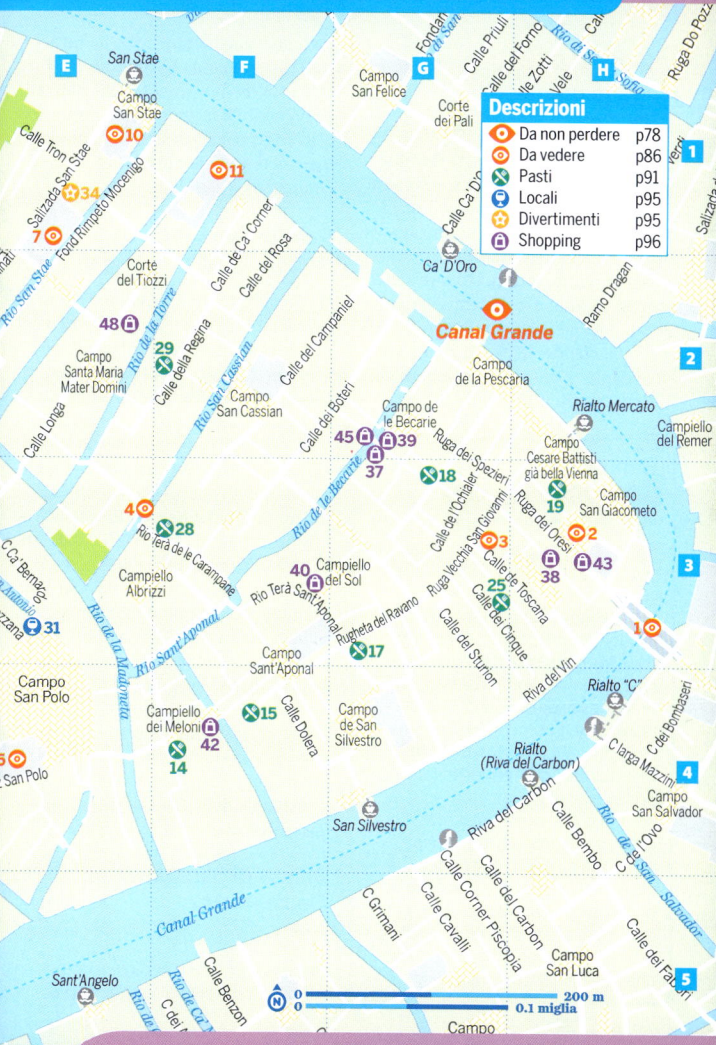

# Da vedere

**Ponte di Rialto**  PONTE

1 Cartina p84, H3

Se la leggenda racconta che durante la costruzione fu Lucifero a sostenere il lavoro di muratori e scalpellini, si deduce che la comunità non riponeva alcuna fiducia nell'audacia di questo possente ponte, sottoposto a restauri ogni 20-25 anni e a rifacimenti ogni 40-50, nonché infamato dal crollo della rampa che nel 1524 causò due vittime e danni incalcolabili alle botteghe. Ricostruito fra il 1588 e il 1591, per fortuna è ancora in piedi e ha un'arcata di 28 m e due file di botteghe collegate da due grandi archi centrali; è percorribile in tre modi: all'interno e all'esterno su ciascuno dei lati, dai quali ci si gode doppiamente il Canal Grande. (Rialto-Mercato)

**Campo San Giacomo**  CAMPO

2 Cartina p84, H3

Ha forma quadrata, pavimentazione in trachite con disegno geometrico e quattro elementi caratterizzanti: la **fontana** al centro, la **Chiesa di San Giacomo di Rialto**, affettuosamente detta San Giacometto, con orologio sulla facciata, campanile a vela e iscrizione sull'abside esterna che richiama i mercanti all'onestà e alla lealtà, il **Sottoportico del Banco Giro**, dove venivano sistemati i tavoli dei banchieri, e infine il **Gobbo**, una colonna datata 1541 e firmata Pietro da Salò. Quest'ultima rappresenta un uomo con la schiena curva sotto il peso di una scala, la quale conduce alla colonna dove il *comandador* leggeva le sentenze della Repubblica. Si dice che i ladri e i delinquenti vi arrivassero in catene, dopo essere stati picchiati e frustati fin da San Marco, e che lo baciassero per la gioia della fine del supplizio. (Campo San Giacomo; Rialto-Mercato)

**Chiesa di San Giovanni Elemosinario**  LUOGO DI CULTO

3 Cartina p84, G3

Inserita così com'è nella densa cortina edilizia di quest'area commerciale,

---

## Conoscere
### Un terribile incendio

Era la notte del 10 gennaio 1514, quando la scintilla di un lume a olio cadde sulle tele di una bottega di Rialto e innescò un finimondo: di lì in pochi istanti, infatti, alimentato dalla tramontana e dal legno delle costruzioni e favorito dal fatto che le acque gelide del Canal Grande rallentavano i soccorsi, un enorme incendio scoppiò, si espanse in meno di sei ore e mandò in fumo la prima 'city' d'Europa. Una volta raccolta la coltre di cenere, si passò a esaminare i progetti per la ricostruzione, dai più logici e razionalisti ai più estrosi. E ad avere la meglio fu quello dello Scarpagnino, che tra le altre cose aveva promesso anche di spendere poco. Il risultato fu ciò che è visibile ancora oggi.

## Da vedere

non avrebbe potuto avere un interno meno decorato, perché erano numerose le devote confraternite di arti e mestieri che commissionavano opere per i loro altari. L'architettura di questa chiesa a croce greca risale alla ricostruzione seguita all'incendio del 1514 (v. lettura p86). Sopravvisse al fuoco invece il campanile, dotato di un orologio che scandisce ancora oggi i ritmi dei bottegai. (www.chorusvenezia.org; Ruga Vecchia di San Giovanni 479, San Polo; ingresso €3 o Chorus Pass; ⊙10-17 lun-sab; ⛴Rialto-Mercato)

### Ponte delle Tette — PONTE

**4** Cartina p84, E3

Nessuno sa come si chiamasse in origine il Ponte delle Tette, così ribattezzato quando un'ordinanza stabilì che le prostitute del quartiere a luci rosse, esteso nei dintorni del ponte, dovessero affacciarsi a seno nudo alle finestre per esporre la loro 'merce', piuttosto che adescare i clienti in strada calzando vertiginose zeppe. Altre misure restrittive impedivano alle prostitute di attirare i clienti con i travestimenti (corrispettivo della moderna pubblicità ingannevole) e di salire a bordo di imbarcazioni a due remi. (⛴San Silvestro)

### Chiesa di San Polo — LUOGO DI CULTO

**5** Cartina p84, E4

Dietro un sobrio esterno in mattoncini si nascondono sorprendenti decorazioni e un pregevole soffitto in legno a carena di nave. Da non perdere la sacrestia, dove Giandomenico Tiepolo

> #### Conoscere
> #### Le carampane
>
> 'Carampane' a Venezia erano le meretrici un po' avanti con gli anni, ormai volgari e trasandate, che la Serenissima alloggiava in Casa Rampani, da cui il nome. A ricordarle oggi il nome di una calle e una nota trattoria (p95).

(figlio di Giambattista) ha mostrato il lato oscuro dell'umanità con la *Via Crucis*. Sulla parete sinistra della controfacciata c'è invece un'*Ultima cena* del Tintoretto. All'uscita si ammiri uno dei campi più caratteristici e grandi della città (in passato spesso teatro di feste popolari e giochi). Al civico 2168 c'è l'insegna a mosaico di un'ex fabbrica di birra. (www.chorusvenezia.org; Campo San Polo 2118, San Polo; ingresso €3 o Chorus Pass; ⊙10-17 lun-sab; ⛴San Tomà)

### Casa di Carlo Goldoni — CASA MUSEO

**6** Cartina p84, D5

Quando è ormai a Parigi da 25 anni, all'inizio dei *Memoires* il grande commediografo racconta di essere nato a Venezia nel 1707 in una 'grande e bella casa, situata tra il Ponte dei Nomboli e quello della Donna Onesta, all'angolo della Calle di Ca' Centanni'. Questo palazzetto quattrocentesco, con tutte le caratteristiche di una scenografica architettura gotica, oggi è adibito a **Museo Goldoniano** (con una raccolta di documenti e reperti, immagini e

Una bancarella ai Mercati di Rialto (p82)

ritratti) e a **Biblioteca di Studi Teatrali** (con più di 30.000 opere d'arte teatrale). (041 275 93 25, 848 082 000; San Polo 2794; interi/ridotti €5/3,50; 10-17 apr-ott, 10-16 nov-marzo, chiuso mer; San Tomà)

### Palazzo Mocenigo   MUSEO

 Cartina p84, E1

La tovaglia sul tavolo della sala 3 è in merletto di Burano; i mobili della 4 sono veneziani; il lampadario della 5 con le appliques a mazzi di fiori policromi è firmato Giuseppe Briati (all'epoca la più importante officina vetraria di Murano); gli abiti della 6 sono stati confezionati in città (annesso al museo c'è un **Centro Studi di Storia del Tessuto e del Costume** dedicato proprio alla virtuosistica e decorativa moda settecentesca); le coppe, le alzate e i piatti della 7 sono di fattura locale, e lo erano persino i profumi dei quali vi svela tutta la storia il **Museo del Profumo**, con annesso un bookshop che vende le seducenti fragranze di The Merchant of Venice (v. lettura p49). Solo una cosa fa eccezione a questo km0 ante litteram: i vasi cinesi. (041 72 17 98; http://mocenigo.visitmuve.it; Salizada di San Stae 1992, Santa Croce; interi/ridotti €8/5,50 o MUVE Museum Pass; 10-17 mar-dom apr-ott, fino alle 16 nov-marzo; San Stae)

### Chiesa di San Giacomo dall'Orio   LUOGO DI CULTO

8 Cartina p84, D2

Si chiama San Giacomo perché da qui passavano i pellegrini diretti a Santiago de Compostela e dall'Orio forse perché all'epoca della sua edificazione (IX-X secolo) la zona era detta 'luprio' (che significa 'suolo paludoso'). Oltre alle opere sono degni di nota l'acquasantiera quadrilobata (probabilmente arrivata a Venezia nel 1204), la colonna in marmo verde giunta forse di Bisanzio nel VI secolo e ricordata sia da Ruskin sia da D'Annunzio, e il pulpito cinquecentesco a calice. (www.chorusvenezia.org; Campo San Giacomo dall'Orio, Santa Croce 1547; ingresso €3 o Chorus Pass; ◎10-17 lun-sab; ⛴Riva de Biasio)

## Museo di Storia Naturale  MUSEO

**9** ◎ Cartina p84, D1

Qui si viene per due motivi. Il primo sono gli scheletri di due dinosauri. Il secondo è la Laguna, a cui è dedicata la sezione di biologia marina. La straordinaria *Wunderkammer* del XIX secolo comprende squali, pesci velenosi e altri spaventosi animali marini. Qui, coralli e stelle marine ondeggiano dentro colonne di vetro, introducendo a una sala blu con 'bolle' di vetro contenenti esemplari delle profondità marine. (Fondaco dei Turchi; ☎041 275 02 06; http://msn.visitmuve.it; Salizada del Fontego dei Turchi 1730, Santa Croce; interi/ridotti €8/5,50 o MUVE Museum Pass; ◎10-18 mar-dom giu-ott, 9-17 mar-ven e 10-18 sab e dom nov-mag; ⛴San Stae)

## Chiesa di San Stae  LUOGO DI CULTO

**10** ◎ Cartina p84, E1

La grandiosa facciata, scandita da quattro grandi colonne montate su basamento marmoreo che sorreggono un timpano e ornata da nicchie, statue e angeli, non lascia indifferenti. Da non perdere il *San Giacomo condotto al martirio* del Piazzetta e il *Martirio di San Bartolomeo* (1721) del giovane Giambattista Tiepolo. (www.chorusvenezia.org; Campo San Stae, Santa Croce 1981; ingresso €3 o Chorus Pass; ◎10-17 lun-sab; ⛴San Stae)

## Ca' Pesaro  MUSEO

**11**  Cartina p84, F1

Sono davvero imperdibili le 10 sale di questa **Galleria Internazionale d'Arte Moderna** dedicata al panorama italiano e straniero dalla fine del 1800 ai giorni nostri: Rodin, Medardo Rosso, Wildt, Kandinskij, Sironi, De Pisis,

### Il consiglio

**Tragicomica**

Trovare il **negozio** (cartina p84, D5; ☎041 72 11 02; www.tragicomica.it; San Tomà, San Polo 2800; dimostrazioni teoriche di un'ora in gruppi da 1-40 persone €120/150, laboratori di decorazione con costi e modalità variabili; ◎su appuntamento) è facilissimo, perché è proprio di fronte alla Casa di Goldoni (p87). Meno facile, ma divertente, è decorare una maschera: si sceglie quest'ultima da un range di 25 modelli, dopodiché, con la fornitura necessaria offerta dalla fabbrica (ciuffi di piume, nastrini, passamanerie, bigiotteria, bastoncini ecc.), ci si cimenta in questa venezianissima arte.

## Conoscere

### Le 'scuole' di Venezia

Sorte fra il 1250 e il 1500, erano confraternite o associazioni di cittadini laici dedite all'assistenza materiale e spirituale secondo i principi della carità cristiana: soccorrevano gli infermi, prestavano sostegno psicologico ai carcerati, concedevano sussidi ai poveri ecc. C'erano le minori, legate alle arti, che accoglievano artigiani e commercianti dei ceti popolari e borghesi, e le Grandi, più ricche, a cui aderivano anche i patrizi. Nel XVI secolo se ne contavano circa 215, di cui sette Grandi. Ogni scuola aveva un patrono, un patrimonio, uno statuto, un presidente, una sede e vari artisti al seguito.

#### Scuola Grande di San Rocco
La sua costruzione (1517) fu affidata a Bartolomeo Bon, Sante Lombardo, allo Scarpagnino e, nel 1558, a Giangiacomo de' Grigi; la decorazione al Tintoretto. (041 523 48 64; www.scuolagrandesanrocco.it; Campo San Rocco 3054, San Polo; interi/ridotti €10/8; 9.30-17.30 tutti i giorni, Tesoro fino alle 17.15; San Tomà).

#### Scuola Grande dei Carmini
Al Longhena si deve lo scalone, a Giambattista Tiepolo le nove tele del soffitto. Oggi vi si tengono **concerti** (€22-50, online il prezzo aumenta del 30%; 21 mar e sab). (041 528 94 20; www.scuolagrandecarmini.it, Campo Santa Margherita, Dorsoduro 2617; interi/ridotti €5/4; 11-17, fino alle 16 in inverno; Ca' Rezzonico)

#### Scuola Grande di San Giovanni Evangelista
Architetti e scultori: Pietro Lombardo, Codussi e Massari; pittori: Giandomenico Tiepolo, Marieschi e Palma il Giovane. (041 71 82 34/041 71 81 58; www.scuolasangiovanni.it; San Polo 2454, Santa Croce; interi/ridotti Scuola €5/3, Scuola e Chiesa €8/5; orari variabili, consultare il sito; Ferrovia, Piazzale Roma, San Tomà)

#### Scuola di San Giorgio degli Schiavoni
Nel 1500 i dalmati (o schiavoni, cioè 'slavi') immigrati a Venezia affidano la decorazione al Carpaccio. (041 520 84 46; Calle dei Furlani, Castello 3259/A; interi/ridotti €5/3; 13.30-17.30 lun, 9.30-17.30 mar-sab, 9.30-13.30 dom; Pietà)

#### Scuola Grande di San Marco
Di Pietro Lombardo, Codussi e Bon (1494). Oggi è l'Ospedale Civile. (041 529 43 23/041 529 41 11; www.scuolagrandesanmarco.it; Campo Santi Giovanni e Paolo, Cannaregio 6777 ; ingresso interi/ridotti €5/3; 9.30-17.30 mar-sab; Ospedale)

Moore, De Chirico. Al terzo piano c'è il **Museo d'Arte Orientale**, con pregevoli oggetti d'arte giapponesi del Periodo Edo, porcellane e giade cinesi, e poi armi, stoffe e figure del teatro delle ombre indonesiano. Il contenitore è un grandioso e imponente palazzo barocco, la cui facciata ricca di statue si può apprezzare al meglio dal Canal Grande. (041 72 11 27; www.visitmuve.it; Fondamenta di Ca' Pesaro, Santa Croce 2070; interi/ridotti €10/7,50 o MUVE Museum Pass; 10-18 mar-dom apr-ott, fino alle 17 nov-marzo; San Stae)

### Piazzale Roma PIAZZALE

12 Cartina p84, fuori cartina A3

Qui non è ancora propriamente Venezia, perché ci sono i rumori del traffico, il parcheggio multipiano del modernista Garage Comunale di Eugenio Mingozzi, le autostazioni; e perché è un'area protoindustriale che connette la città lagunare a Marghera e a Mestre tramite i 4 km del ponte chiamato Littorio dal 1933, poi ribattezzato della Libertà nel 1945. Qui inizia e finisce il tentativo di Venezia di allacciarsi alla vita moderna. (Piazzale Roma)

# Pasti

### Alaska GELATERIA €

 Cartina p84, B1

Strani gusti, uno più sfizioso dell'altro: zenzero, pistacchio, cardamomo, arancia e rucola, cipolle di tropea, carciofo di Sant'Erasmo. Tutti solo stagionali, perché Carlo è un paladino del gelato artigianale e biologico. (041 71 52 11; Lista dei Bari, Santa Croce 1159; 12-22.30 tutti i giorni Pasqua-metà nov; Riva de Biasio)

### Rizzardini PASTICCERIA/BAR €

14 Cartina p84, F4

Per scoprire il segreto della longevità di questa pasticceria (dal 1742), si osservi la vetrina: ci sono il *moro*, un dolce al cacao rotondo e piatto di colore scuro, lo strudel e le tortine di marzapane, ma non mancano né gli *zoleti* (biscottoni con uva passa), né i *bussolai*, né le tortine alle mandorle; infine ci sono i *golosesso*, con noci e cacao: quali effetti collaterali daranno, oltre a un discreto apporto calorico? (041 522 38 35; Campiello dei Meloni, San Polo 1415;  7-20 mer-lun; San Silvestro)

### Acqua & Mais GASTRONOMIA €

15 Cartina p84, F4

Alvise ha avuto la brillante idea di proporre *scartocci* traboccanti di calamari fritti, frittura mista, insalata di piovra, riso con gamberi, seppie e polenta... che fame! (041 296 05 30; Campiello dei Meloni, San Polo 1411; 9.30-20; Rialto)

### Ai Nomboli BACARO €

*Spàresi*, porchetta, gorgonzola, carciofi, casatella, salsiccia, roast beef, soppressata e coppa calabrese, melanzane e radicchio ai ferri, salsa di ortiche: solo per dare l'idea dell'estro con cui Francesco si diletta in tramezzini e panini.

> **Conoscere**
> **I nizioleti più curiosi**
>
> Letteralmente 'nizioleti' vuol dire 'lenzuolini'. Sono le targhe con i toponimi di Venezia, che sono tante e soprattutto fantasiose: suggeriscono echi di vicende lontane, personaggi illustri (non molti) e nomi di santi (moltissimi), uomini e donne realmente vissuti o leggendari (malcontente, zitelle, donne oneste...), comunità straniere presenti nella Repubblica (albanesi, armeni, greci, turchi...), mestieri (fabbri, boteri, baratteri...), cognomi di famiglie nobili. Tra tutti, solo due esempi: il **Sotoportego della Scrimia**, vicino a Calle dei Boteri, a San Polo, così chiamato perché nel 1700 qui c'era una scuola di scherma; e le **Fondamenta de la Stua**, ossia della stufa: termine con il quale al tempo della Serenissima si indicavano gli 'istituti di bellezza' ante litteram, dove si trovavano bagni turchi, manicure e massaggi per le mercantesse d'amore, e che non mancavano di essere anche luoghi di incontri clandestini.

Chiedete il menu alla gentile Mirella. (041 523 09 95; Rio Terà dei Nomboli, San Polo 2717/C; 7-21 lun-ven; San Tomà)

## Dai Zemei  OSTERIA €

 Cartina p84, G3

Le fotografie di gemelli (*zemei*) appese alle pareti invitano a gemellare un fantasioso paninetto con un azzeccato vino al bicchiere, un crostino con una birra fresca, uno spritz con una polpetta. Anche se, con una scelta di *cicheti* come questa, e i vari Valpolicella, Ribolla ecc., le possibilità sono infinite. (041 520 85 96; www.ostariadaizemei.it; San Polo 1045; 8.30-20.30 lun-sab, 9-19 dom; San Silvestro)

## Cantina Do Mori  BACARO €

 Cartina p84, G3

Curiosità storica: è una delle più antiche osterie dei mercati di Rialto (lo dimostrano le pentole di rame al soffitto, la penombra dickensiana e il fatto che l'abitudine dell'*ombra* qui sia un rito). Curiosità gastronomica: il *francobollo* è un microscopico tramezzino farcito con granchi o gamberi, o gorgonzola e speck ecc. Curiosità leggendaria: Casanova era un habitué. (041 522 54 01; Calle dei Do Mori, San Polo 429; 8-19.30 lun-sab; Rialto-Mercato)

## Al Mercà  BACARO/PANINI €

Cartina p84, H3

Sono 10 mq di negozio (approssimando per eccesso) da esporre all'ennesima potenza per ottenere il numero di tutti coloro che dal mattino alla sera si fermano davanti al bancone per un paninetto (€1-2) o una polpetta melanzane e tonno da innaffiare con svariate etichette di vini (soprattutto venete) o una birretta fresca. (346 834 06 60;

Campo Bella Vienna, San Polo 213; ◷10-14.30 e 18-21 lun-sab; ⊕Rialto)

### Rivetta
BACARO €

 Cartina p84, A3

Qui si condivide un'*ombra* con gli osti e con la 'fauna' locale, insieme a un *mexo vovo*, un crostino con baccalà o gorgonzola, un paninetto caldo con soppressa, salame, melanzane, zucchine alla piastra... (Calle Sechera, Santa Croce 637/A; ◷9.30-21.30 lun-sab; ⊕Ferrovia)

### Da Lele
BACARO €

 Cartina p84, fuori cartina A4

Unitevi a studenti, docenti e impiegati della vicina Facoltà di Architettura per gustare un paninetto (lardo valdostano, salame e asiago, pancetta e carciofini) e sorseggiare un bicchiere di Merlot, Cabernet o Raboso. Il Clintòn (in veneto anche Crinto o Grintòn) arriva a novembre: se non vi attarderete troppo, Fabio ve ne conserverà qualche goccia. (☎347 846 97 28; Campo dei Tolentini, Santa Croce 183; ◷6-20 lun-ven, fino alle 14 sab, chiuso dom e festivi; ⊕Piazzale Roma)

### Hostaria Vecio Biavarol
BACARO €

 Cartina p84, fuori cartina A3

Dove c'era un vecchio *biavarol* ('biadaiuolo', cioè colui che vende biada, che nell'uso comune significa 'drogheria'), ora c'è la miniosteria di Andrea, che prepara ottimi paninetti, polpette carne e zucca, polenta con baccalà, e altri *cicheti* pensati dal Puppa per voi. Deliziosi i formaggi. E non male la selezione di vini al calice e delle birre veneziane Redentor (www.redentorbeer.com). (☎041 522 56 15; Fondamenta dei Tolentini, Santa Croce 225; ◷10-14.30 e 17-21 ma fino alle 23 ven e sab; ⊕Piazzale Roma, Stazione)

### Osteria La Zucca
OSTERIA €€

 Cartina p84, D1

Il nome suggerisce subito che qui *in saor* non sono le sarde ma è la zucca: ecco la chiave per aprire la cucina di questa magica osteria. Patate al limone con erba cipollina, fondi di carciofo alla veneziana, albicocche con caprino alle erbe, tagliatelle con ragù di anatra allo zibibbo, coscette di anatra... E prezzi onestissimi. Ottima scelta anche per i vegetariani. Ricercata la carta dei vini. Meglio prenotare con anticipo. (☎041 524 15 70; www.lazucca.it; Ponte del Megio, Santa Croce 1762; pasti €25-30; ◷chiuso dom; ⊕Riva de Biasio, San Stae)

### Al Prosecco
OSTERIA €€

 Cartina p84, D2

Che quadro: un campo dalla geometria insolita e suggestiva, un campanile in cotto, pochi piccioni, qualche alberello, bambini che corrono e qualche tavolino dove gustare in santa pace quello che Stefano e Davide hanno pensato per voi: formaggi e salumi, pesce affumicato, insalate, crostini caldi e persino una sorta di sushi mediterraneo. (☎041 524 02 22; www.alpro

Trattoria alla Madonna (p94)

secco.com; Campo San Giacomo dall'Orio, Santa Croce 1503; pasti €25-30; ⏱8-20 in inverno, 8-21 in estate, chiuso dom; 🍴; 🚤Riva de Biasio, San Stae)

## Trattoria alla Madonna  TRATTORIA €€

**25** Cartina p84, G3

C'è qualcosa di partenopeo nella scanzonata accoglienza della folla di camerieri, in giacca bianca e papillon nero, che non la smettono di giocare a fare un po' i gradassi mentre trafficano in questa trattoria (bisogna dirlo: pittoresca) sempre affollata, portando di qua e di là profumati piatti di pesce (in bella vista lì all'ingresso). (☎041 522 38 24; Calle della Madonna, San Polo 594; pasti €35-40; ⏱chiuso mer; 🚤Rialto-Mercato)

## Il Refolo  OSTERIA/PIZZERIA €€

**26**  Cartina p84, C2

I prezzi delle pizze sono più alti della norma perché le suddette sono speciali ed elaborate. Piccola ma notevole la carta dei vini. Buone le birre alla spina. E poi uno sfizioso menu, con pesce e carne. Ma la cosa più speciale è la location, con tanto di ponte, fontana, canale e chiesa (San Giacomo dall'Orio) nei pressi. (☎041 524 00 16; Campiello del Piovan, Santa Croce 1459; pasti €40; ⏱tutti i giorni tranne nov-dic-gen; 🚤Santa Croce)

## Al Ponte del Megio  TRATTORIA €€€

**27**  Cartina p84, D1

Cucina casalinga, specialità pesce, piatti tipici veneziani. Ecco l'estrema sintesi di quel che si fa nel locale di

Milly e Paolo, che si sono conquistati uno degli scorci più belli della città. Più nel dettaglio: un menu che spazia dagli spaghetti al pomodoro a quelli al nero di seppia, dalla cotoletta alla milanese al fritto misto di pesce freschissimo. (041 71 97 77; Santa Croce 1666; pasti €45-50; 8-15 e 18-22; San Stae)

### Antiche Carampane TRATTORIA €€€

 28  Cartina p84, F3

Centenaria istituzione ubicata nell'antica zona 'a luci rosse', rimasta nel tempo fedele al genere (trattoria), alla cucina (veneziana), alle proposte ittiche (spaghetti in *cassopìpa*, cioè con sugo di molluschi e crostacei, coda di rospo al cartoccio con crosta di parmigiano, fritture miste di pesce e altro freschissimo pesce proveniente dal mercato di Rialto lì a pochi passi) e alle primizie (degli orti della Laguna). Per concludere meringhe, mousse e bavaresi con frutta di stagione. O il gelato al gianduiotto. (041 524 01 65; www.antichecarampane.com; Rio Terà delle Carampane, San Polo 1911, Calle de le Carampane; pasti €60; chiuso dom e lun; San Stae)

### Vecio Fritolin TRATTORIA €€€

 29  Cartina p84, F2

Crostatine di acciughe, stracciatella e fiori di zucca, linguine al kamut mantecate al nero di seppia, tiramisù. Questi sono stati i piatti che abbiamo scelto per poter sottoscrivere le plurisegnalazioni che il Vecio vanta in varie guide. Per non interrompere la passeggiata si può optare per un croccantissimo *scartosso de pesse fritto*. (041 522 28 81; www.veciofritolin.it; Calle della Regina, Santa Croce 2262; menu tradizionale €42, alla carta €65 circa; 12-14.30 e 19-22.30, chiuso mar a pranzo e lun; San Stae)

## Locali

### Caffè dei Frari CAFFÈ/BAR

 30  Cartina p84, D5

Per riprendersi un po' dalla tempesta sensoriale dei Frari con un gustoso panino e un bicchiere di vino. Si può scegliere tra il piano terra e il balcone di ferro battuto in stile liberty. (Fondamenta dei Frari 2564, San Polo; 8-21 lun-sab; San Tomà)

### Birraria La Corte BIRRERIA CON CUCINA

 31  Cartina p84, E3

Chi ama Campo San Polo può fermarsi a sorseggiare una birra del pluripremiato BAV (Birrificio Artigianale Veneziano, www.bavsrl.it). Se poi viene appetito si mangiano pizze, insalatone, primi piatti e carne. (041 275 05 70; www.birrarialacorte.it; Campo San Polo, San Polo 2168; cucina e pizzeria 12-15 e 18-22.30; San Tomà)

## Divertimenti

### Palazzetto Bru Zane MUSICA CLASSICA

 32  Cartina p84, C3

Per immergersi nella musica romantica francese non c'è niente di meglio che sprofondare in una delle 75 poltrone allineate sotto i soffitti affrescati da Sebastiano Ricci e tra gli stucchi dell'artista ticinese Abbondio Stazio. Il giovedì pomeriggio si tengono visite guidate gratuite. (Centre du Musique Romantique Française; ☎041 521 10 05; www.bru-zane.com; Palazzetto Bru Zane; Campiello del Forner o Marangon, San Polo 2368; interi/ridotti €15/5; biglietteria ⏰14.30-17.30 lun-ven; ⛴San Tomà)

### Concerti presso la Scuola Grande di San Giovanni Evangelista
CONCERTI

 Cartina p84, C3

Il cartellone prevede concerti talvolta gratuiti. V. anche lettura p90. (☎041 71 82 34; www.scuolasangiovanni.it; San Polo 2454, Santa Croce; ⛴Ferrovia, Piazzale Roma, San Tomà)

### Casa del Cinema
CINEMA

34 ⭐ Cartina p84, E1

Questo archivio cinematografico e centro di ricerca proietta film d'autore nella nuova sala proiezioni dal soffitto con travi a vista e 50 posti a sedere. (☎041 524 13 20; www.comune.venezia.it/cinema; Salizada San Stae, Santa Croce 1990; tessera annuale associativa interi/ridotti €35/30; proiezioni pomeridiane lun-ven; ⛴San Stae)

# Shopping

### Franco Furlanetto
REMI E FORCOLE

35 🔒 Cartina p84, C3

Franco crea (da blocchi di legno di noce, ciliegio e pero) eleganti e artistiche forcole (gli scalmi delle gondole) ispirandosi a maschere e violini. E costruisce remi, lunghi da 2,5 a 5 m, ricavandoli da una sola stela di faggio (giovane, e quindi elastica e robusta). (☎041 520 95 44; www.ffurlanetto.com; San Polo 2768/B; ⏰9-19 lun, mer e ven e 9-17.30 mar, gio e sab; ⛴San Tomà)

### Nicotra di San Giacomo
GIOIELLI

 Cartina p84, C3

Il *manin* è una tradizionale catenella sottile (ce ne sono esemplari di 50 m), dalla lavorazione complessa, che un tempo faceva parte della dote delle signore veneziane. Veniva attorcigliata al decolletté per una vita e poi spezzata per dividerla tra le figlie. Questa gioielleria riprende, nelle sue collezioni, l'antica lavorazione del *manin*. (☎041 275 94 32; www.ndsg.it; Calle del Tagliapietra, San Polo 2587; ⏰11-19; ⛴San Tomà)

### Il Gufo Artigiano
CUOIO

 Cartina p84, G2

Spesso incontrare un maestro può dare alla vita una svolta decisiva: è quel che è successo a Raffaella Murra, che ha imparato da un bravissimo decoratore la tecnica che ancora oggi utilizza per realizzare i suoi oggetti. Anche in **Salizada San Lio a Castello** (☎041 241 08 07; ⏰10-20). (☎041 523 40 30; Ruga dei Spezieri, San Polo 299; ⏰9.30-19.30; ⛴Rialto-Mercato)

## Attombri

GIOIELLI

**38** Cartina p84, H3

Sono due fratelli, Stefano e Daniele, specializzati rispettivamente nell'uso ornamentale del vetro e del metallo. Fanno gli orafi da 28 anni e lavorano con perle di Murano degli anni '20 e '30. Soffermatevi sugli accessori-scultura più importanti, simili a veri e propri capi di abbigliamento. (041 521 25 24; www.attombri.com; Sottoportico di Rialto, San Polo 65; 10-13 e 14.30-19 lun-sab; Rialto-Mercato)

## Style Shoes

BORSE

**39** Cartina p84, G2

Sono agili, sapienti ed estrose le mani di Monica Bravin, che nel suo piccolo negozio espone soprattutto borse: tutte pezzi unici (anche quando vi sembra che ce ne siano di gemelle) e tutte particolarissime, nel manico, nei decori, persino nella fodera. (041 522 88 99; Ruga Rialto, San Polo 409; 10-12.30 e 15-19 lun-sab; Rialto-Mercato)

## Gmeiner

SCARPE

**40** Cartina p84, F3

Considerato che i piedi a un certo punto smettono di crescere, vale la pena di farsi confezionare un paio di scarpe su misura da Gabriele (che ha affinato la sua tecnica da Hermès e John Lobb): costano ma sono belle come poche altre al mondo. (338 896 21 89; www.gabrielegmeiner.com; Campiello del Sol, San Polo 951; 9-13 e 14-18 lun-ven; Rialto-Mercato)

## Laberintho

GIOIELLI ARTIGIANALI

**41** Cartina p84, B3

Versatile atelier di orafi che possono creare oggetti su richiesta. Anche se forse è meglio lasciar fare a loro: chi sarebbe capace, infatti, di inventarsi un anello ispirato a un nautilo con inserti a mosaico di opale e turchese? (041 71 00 17; www.laberintho.it; Calle del Scaleter, San Polo 2236; 10-13 e 15-18.30 lun-sab; San Stae, San Tomà)

### Il consiglio

#### Dove i fili di seta diventano tessuti

Vi ricordate la scena di *Anonimo veneziano* in cui Florinda Bolkan sta misurando alcune stole di broccato e Tony Musante, guardandola, cita Flaubert: 'Tutto in una donna, anche il dolore più grande, fa capo alla messa in prova di un abito nuovo'? È stata girata nella **Tessitura Luigi Bevilacqua** (cartina p84, C1; 041 72 15 66; www.luigi-bevilacqua.com; Campiello della Comare, Santa Croce 1320, accesso anche da taxi d'acqua; suonare per lo showroom, per la visita guidata di 45 minuti circa meglio invece prendere appuntamento), una fabbrica fondata nel 1875, dove oggi non si fa solo vendita diretta dei tessuti, ma anche dei prodotti finiti esposti nello **Showroom Bevilacqua Pizzinato** accanto all'ingresso, nato dalla partnership con Chiara Pizzinato Atelier.

> ### Conoscere
> ### Il 48 si fa solo su ordinazione
>
> La suola impermeabile e resistente è fatta con vecchie ruote di bicicletta, l'imbottitura della suola con iuta di vecchi sacchi, la tomaia di stoffe e stracci (oggi anche velluto e sete ricamate). Sono le *papusse* che alla fine della seconda guerra mondiale le contadine friulane cominciarono a produrre in casa. Delicate, comode, e soprattutto economiche, essendo fatte di materiali di riciclo (a differenza delle costose scarpe di cuoio), erano poi vendute porta a porta; a Venezia riscossero un successo particolare, soprattutto tra i gondolieri (perché non rigavano la vernice delle gondole). Fu così che il Comune concesse a un friulano il posto per la prima bancarella, ai piedi del Ponte di Rialto, proprio lì dove ancora oggi queste scarpe si possono acquistare, in 12 modelli, dal numero 18 al 47: nel *concept store* **Pied à Terre** (cartina p84, G2; 041 528 55 13; www.piedaterre-venice.com; San Polo 60, sotto i portici di Rialto); da €42 in su; 10-19.30 tutti i giorni; Rialto-Mercato).

## Il Pavone di Paolo Pelosin — CARTOLERIA ARTIGIANALE

**42** Cartina p84, F4

Paolo lo conoscono tutti a Venezia: instancabile, confeziona artigianalmente album, agende, set di penne e una quantità di altri oggetti preziosi, tra i quali il suo preferito è la scatola magica a scomparsa. ( 041 522 42 96; Campiello dei Meoni, San Polo 1478; 10-19 gio-mar; San Silvestro)

## La Bottega dei Mascareri — MASCHERE

**43** Cartina p84, H3

A fare eccezione ci sono le fotografie di vari personaggi dello spettacolo che si sono fermati in questo negozietto ad ammirare le creazioni di Sergio e Massimo Boldrin. Per il resto soltanto maschere. Anche al 2720 di San Polo. ( 041 522 38 57; www.mascarer.com; Ponte di Rialto, San Polo 80; 9-18; Rialto)

## Gilberto Penzo — ARTIGIANATO

**44** Cartina p84, D4

Raffinati, in legno, fatti a mano, ispirati alle imbarcazioni tradizionali: sono i modellini che possono persino navigare (l'ideale sono i mari chiusi, ovvero le vasche da bagno). Ma si può anche acquistare un kit e cimentarsi nella costruzione. ( 041 71 93 72; www.veniceboats.com; Calle Seconda dei Saoneri, San Polo 2681; 9-12.30 e 15-18 lun-sab; San Tomà)

## Càrte — ARTICOLI ARTIGIANALI IN CARTA

**45** Cartina p84, G2

Rosanna Corro è una maestra che ha nella testa lo studio del restauro di libri e di 'reliures', e nelle mani la realizzazione di cartelle rilegate, anelli da cocktail, scatole portagioie in stile optical, borsette, collane di carta, spille (da €10), orecchini (da €13), album di foto (da €30), agende (da €18). (📞320 024 87 76; www.cartevenezia.com; Calle dei Cristi 1731, San Polo; ⏰11-17.30 tutti i giorni; 🚏Rialto Mercato)

### Sabbie e Nebbie CERAMICA

**46**  Cartina p84, D5

Raffinata la selezione di oggetti che Maria Teresa Laghi sceglie con accuratezza, gusto e competenza, e che diventano tappe di un viaggio tra Occidente e Oriente: vasi in grès, teiere giapponesi, eleganti sciarpe, gioielli di ceramica raku, quaderni nepalesi. (📞041 71 90 73; Calle dei Nomboli, San Polo 2768/A; ⏰10-12.30 e 16-19.30 lun-sab; 🚏San Tomà)

### Sartoria dei Dogi SCIALLI

**47**  Cartina p84, D1

La donna veneziana del 1700 per sedurre si serviva del ventaglio, nel 1800 invece dello scialle, divenuto uno strumento incantatore che si adagiava sulle spalle e che all'occasione diventava una fatale esca: se fatto maliziosamente svolazzare al momento giusto, una frangia poteva impigliarsi a un bottone dell'uomo desiderato, per non farlo più andare via: da qui l'espressione 'tacar botòn' (📞041 71 38 38; www.sartoriadeidogi.it; Calle del Tentor, Santa Croce 1840-1842; ⏰10-19, un'ora di pausa per pranzo; 🚏San Stae)

Càrte (p98)

### Veneziastampa TIPOGRAFIA

**48**  Cartina p84, E2

Il cigolio e lo stridore della vecchia stampatrice Heidelberg è un elettrizzante ritorno ai tempi in cui le cartoline erano litografate e i casanova invitavano le ragazze in questo laboratorio per 'guardare le acqueforti'. Originali gli articoli di cartoleria, i menu e gli *ex libris* stampati a mano con ampia scelta di simboli. (📞041 71 54 55; www.veneziastampa.com; Campo Santa Maria Mater Domini 2173, Santa Croce 2173; ⏰8.30-13 e 14-19 lun-ven e 9-17 sab; 🚏San Stae)

Scoprire

# Cannaregio

Prende il nome dal canale denominato Regio (oggi 'di Cannaregio') e il fascino dalla trama di lunghe fondamenta parallele e luminose, dove si combinano la vista di languide barchette e silenzi lagunari rarefatti, dove si nascondono orti e giardini, e incantevoli campi preludono a chiese ricche di tesori d'arte, ma dove non mancano bar e locali. Episodio a sé, infine, in senso non solo urbanistico, è il Ghetto.

# In un giorno

☀️ Cominciate la visita dalla piccola chiesa che ha segnato una svolta nella storia dell'arte veneziana, la **Chiesa di Santa Maria dei Miracoli** (p106), poi, passando per le **Fondamenta Nuove** (p107) e buttando un occhio nella **Chiesa dei Gesuiti** (p107), dirigetevi verso l'isoletta che ha offerto un rifugio agli ebrei, il **Ghetto** (p102), e battetelo palmo a palmo, dai campi alle sinagoghe al museo, coronando la visita con la cucina ebraica del **Ghimel Garden Restaurant** (p112).

☀️ Il pomeriggio potete passeggiare in tutta tranquillità tra le fondamenta più lunghe della città, facendo tappa nella **Chiesa di Sant'Alvise** (p108) e in quella della **Madonna dell'Orto** (p108). Concludete la giornata con un salto in **Campo dei Mori** (p108).

🌙 Nella luce del tramonto, sedetevi sull'orlo del Rio della Misericordia con in mano un bicchiere di **Vino Vero** (p113), poi puntate all'eccellenza gastronomica dell'**Ostaria Da Rioba** (p117). Fate le ore piccole al **Paradiso Perduto** (p111) e infine tuffatevi in un letto dell'**Hotel Giorgione** (p114).

## Scoprire

### 👁 Da non perdere
Il Ghetto (p102)

### 🔍 Vita in città
Le giovanissime realtà gastronomiche (p116)

### ❤ Il meglio

**Pasti**

Cantina Vecia Carbonera (p109)

Enoteca Do Colonne (p110)

Trattoria Ca' d'Oro 'Alla Vedova' (p110)

Anice Stellato (p112)

Ostaria Da Rioba (p117)

**Divertimenti**

Teatro Fondamenta Nuove (p114)

### Trasporti

 **Vaporetto** Oltre la fermata Ferrovia, ce ne sono due sul Canal Grande a Cannaregio: San Marcuola (linee 1, 2 ed N) e Ca' d'Oro (linee 1 ed N). Le linee n. 4.1, 4.2, 5.1 e 5.2, in partenza da Ferrovia, percorrono il Canale di Cannaregio e il Canale delle Fondamenta Nuove. Dalla fermata Fondamenta Nuove partono i vaporetti per le isole settentrionali, tra le quali Murano e Burano.

## Da non perdere
## Il Ghetto

Episodio a sé, in senso non solo urbanistico, è il Ghetto, dove nel 1516 si andò costituendo il quartiere degli ebrei di Venezia: un'area che non mancherà di affascinarvi, ispirare il vostro pensiero e toccare la vostra sensibilità. Il Ghetto ha festeggiato nel 2016 i 500 anni dalla sua fondazione con una serie di iniziative che hanno contribuito ancora una volta a stimolare il passaggio di genti e culture, in particolare con il restauro del Museo Ebraico e delle Sinagoghe, e con l'organizzazione di vari appuntamenti sociali e religiosi.

- Cartina p104, C2
- Ghetto

Il Ghetto

# Il Ghetto

## In primo piano

### Campo del Ghetto Nuovo
Era il centro del mondo per la grande comunità ebraica che abitava le case piccole, altissime (per supplire alla ristrettezza degli spazi disponibili, qui gli edifici si svilupparono in verticale, arrivando anche fino a nove piani) e popolari (ma senza poterle acquistare, dal momento che ogni 10 anni i giudei rischiavano l'espulsione).

### Museo Ebraico
Dal 1955 occupa le due stanze al primo piano dell'edificio della Scola Tedesca ed è diviso in due sezioni: la prima racconta le festività e la liturgia ebraiche attraverso gli oggetti rituali, la seconda la storia degli ebrei veneziani attraverso immagini e oggetti. (041 71 53 59; www.museoebraico.it; Campo di Ghetto Nuovo, Cannaregio 2902/B; interi/ridotti €10/8 cumulativi con le sinagoghe, 10-19 giu-set, 10-17.30 ott-mag, chiuso sab e festività ebraiche; Guglie)

### Sinagoghe
Le sinagoghe sono cinque, sono incluse in edifici preesistenti, sono in alto (per principio, senza niente sopra la testa e il più possibile vicine a Dio) e si visitano in inverno per sei mesi quella **Spagnola** e in estate per sei mesi quella **Levantina**. Sono invece aperte tutto l'anno la **Scola Grande Tedesca** e la **Scola Canton**, perché non sono frequentate per il culto. La quinta e ultima è la **Scola Italiana**, che si visita solo con tour privati. (tra Campo di Ghetto Vecchio e Campo di Ghetto Nuovo; interi/ridotti cumulativi con il Museo Ebraico €10/8; visite guidate in partenza dal museo ogni ora dalle 10.30, ultima visita alle 17.30 giu-set, alle 16.30 ott-mag; Guglie)

## ☑ Consigli

▶ Date un'occhiata agli scaffali pieni di libri nel bookshop del Museo Ebraico.

▶ Soffermatevi sulle cinque pietre d'inciampo di Gunter Demning e sui sette pannelli in bronzo del Campo del Ghetto Nuovo di Arbit Blatas (l'ottavo è nel muro che cinge il giardino dell'ex casa di riposo). Ricordano le vittime della Shoah.

▶ Il Banco Rosso è il più antico banco dei pegni del Ghetto, quello da cui prese spunto William Shakespeare per *Il mercante di Venezia* e da cui ha avuto origine l'espressione 'andare in rosso'. Di recente è stato riaperto al pubblico. (041 74 03 17; www.bancorosso.org; interi/ridotti €2/1,50; 10-18.30 mag-set, 10-17 ott-apr; Guglie)

## ✗ Una pausa

La **caffetteria** (stessi orari del museo) del Museo Ebraico serve ottimi dolci di produzione propria, naturalmente kasher.

# 104 Cannaregio

## A
- Fond de la Secca San Girolamo
- Calle Ferau
- Calle Le Forner
- Fond Moro o Coletti
- Fondamenta San Girolamo
- Fondamenta del Battello
- 19, 21
- Fond San Giobbe
- Campo San Giobbe
- Crea
- Fondamenta De Cannaregio
- Canale di Cannaregio
- C del Camin
- Calle Saffa
- Calle Rielo
- Campo Saffa
- C de la Misericordia
- C Priuli dei Cavaletti
- Ferrovia (Scalzi)
- 4
- Ferrovia (S. Lucia)
- Fond San Simon Piccolo
- 3

## B
- Fond Savognan
- Guglie
- Rio Terà Lista di Spagna
- 33
- Riva De Biasio
- Campo San Simon Grando
- C Longa
- C dei Bergamaschi
- Rio Marin
- Corte Canal

## C
- C de/a Forn'a Vecia
- C San Girolamo
- Fond Ormesini
- 22
- **Il Ghetto**
- Rio del Ghetto Nuovo
- C del Forno
- 10
- C il Ghetto Vecchio
- Campo San Geremia
- Calle Erno
- Campiello del Remer
- Canal Grande
- Riva de Biasio
- C del Pistor
- C Gallion
- Campo Nazario Sauro
- Campo de le Strope
- Rio San Boldo

## D
- Fond dei Riformati
- Campo di Sant'Alvise 7
- Fondamenta de la Sensa
- 23
- Rio di San Girolamo
- 14
- Rio Terà Farsetti
- C del Pistor
- 16, 11
- 15, 25, 34
- Rio Terà
- San Marcuola
- 30
- Rio Terà
- SANTA CROCE
- Campo San Zan Degolà
- Rio de San Zan Degolà
- Rio Fontego dei Turchi
- Rio Ca' Tron
- Campo San Giacomo dall'Orio
- Campo San Boldo
- Campo Sant'Agostin

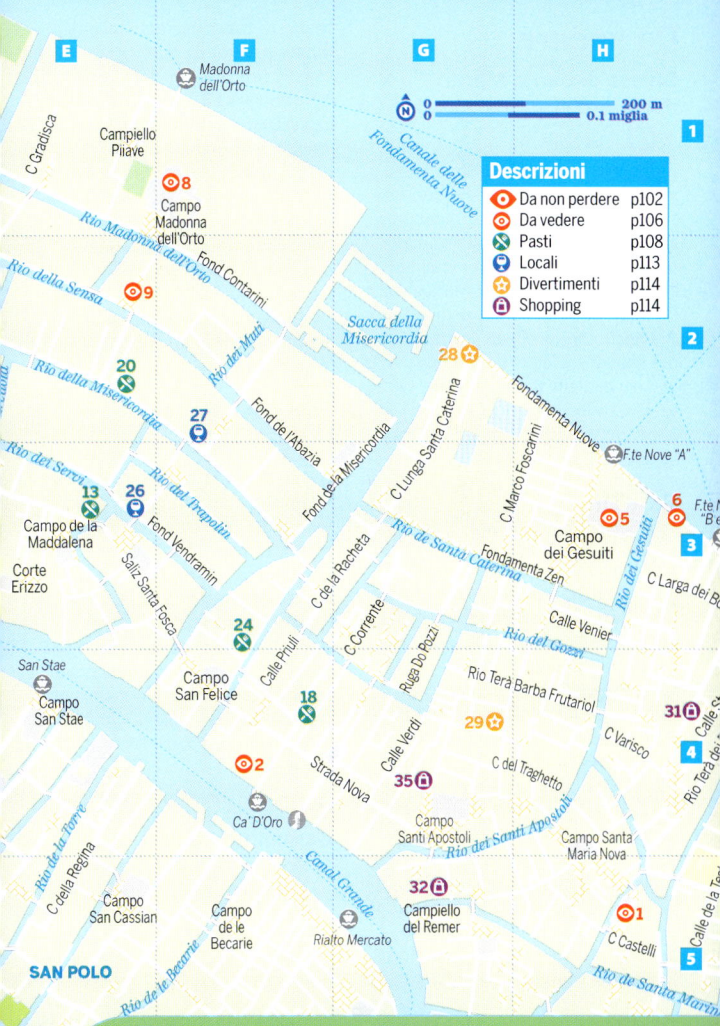

# Da vedere

## Chiesa di Santa Maria dei Miracoli
LUOGO DI CULTO

 Cartina p104, H5

A dirigere i lavori di questo scrigno marmoreo, capolavoro dell'arte rinascimentale, furono Pietro Lombardo e figli dal 1481 al 1489, allorquando, nella notte di Capodanno, vi fu trasferita una pala ritenuta miracolosa (la *Madonna con Bambino* di Zanino di Pietro). Ammirate la policromia dei marmi parietali, il coro ligneo e la geometria della facciata. (041 275 04 62; www.chorusvenezia.org, Campo dei Miracoli, Cannaregio 6074; ingresso €3 o Chorus Pass; 10-17 lun-sab; Ca' d'Oro)

## Ca' d'Oro
PALAZZO

 Cartina p104, F4

Ispirata all'Oriente e rappresentativo esempio dello stile gotico veneziano, la si cominciò a costruire intorno al 1412 e ci vollero circa 400 anni per completarla: il tempo per lasciar lavorare i migliori artigiani e artisti del momento, chiamati a realizzare colonne, marmi, fiori un tempo ricoperti d'oro (da cui il nome), foglie di marmo, merlature, loggiati a cinque arcate al pianoterra e monofore sormontate da archi quadrilobati nei due piani nobili superiori. Nei secoli il palazzo cadde in rovina; a salvarlo fu il mecenate, collezionista e barone Giorgio Franchetti, che le donò allo Stato assieme alla collezione oggi ospitata, la **Galleria Giorgio Franchetti**, con bronzetti rinascimentali, medaglie, dipinti e statuaria minore, tra cui spiccano la *Crocifissione* della cerchia di Jan van Eyck (XV secolo), il *Polittico della Passione* di Antonio Vivarini (XV secolo), il drammatico *San Sebastiano* del Mantegna, due *Vedute di Venezia* di Francesco Guardi e il *Ritratto di Niccolò Priuli* del Tintoretto. Nelle sale adiacenti alla loggia è esposta una collezione di ceramiche (XII-XIX secolo). (041 520 03 45; www.cadoro.org; Calle di Ca' d'Oro, Cannaregio 3932; interi/ridotti €6/3; 8.15-19 mar-dom, 8.15-14 lun; Ca' d'Oro)

## Ponte di Calatrava
PONTE

 Cartina p104, A5

Quello che al principio era stato salutato come un avveniristico, sinuoso ponte sul Canal Grande è diventato bersaglio di (fondate) polemiche che non hanno risparmiato l'artefice, l'architetto valenciano Santiago Calatrava. Il ponte ha gradini in vetro e struttura in acciaio e pietra d'Istria; unisce Piazzale Roma alle Fondamenta di Santa Lucia e il suo nome ufficiale è Ponte della Costituzione. Quando piove è scivoloso. (Piazzale Roma; Piazzale Roma)

## Chiesa dei Carmelitani Scalzi
LUOGO DI CULTO

4 Cartina p104, A4

Trattasi di magnificenza barocca delicatissima, perché si sporca subito, essendo in marmo di Carrara al 98% di purezza. Ciò detto, nascosta dietro al telone del restauro interminabile si nasconde una splendida facciata con portale di bronzo ricca di colonne, capitelli e nicchie con statue di santi. L'interno ospita due tombe: quella dell'ultimo doge, Ludovico Manin, e quella di un sogno: il grande affresco di Giambattista Tiepolo che decorava il soffitto, distrutto da una bomba austriaca nel 1915, i cui resti sono custoditi all'Accademia di Belle Arti. Un altro affresco del Tiepolo (opera giovanile del 1724) rappresenta l'*Apoteosi di santa Teresa* (sulla volta della seconda cappella a destra). Al lato della chiesa c'è il **Giardino Mistico**: un orto ispirato ai giardini monastici medievali, inaugurato il 20 maggio del 2015 con alte mura per proteggere la terra dalla salinità. Nello shop i prodotti con il copyright dei carmelitani. (Chiesa: Fondamenta degli Scalzi, Cannaregio 54; ⏱7.30-11.50 e 16-19 orari soggetti a variazioni, durata visita 1 h 40 min; 🚤Ferrovia; Giardino Mistico; ☎348 772 84 30; Fondamenta degli Scalzi, Cannaregio 54; ingresso €5; ⏱il fine settimana su appuntamento scrivendo a info@giardinomistico.it, durata visita 1 h; 🚤Ferrovia)

## Chiesa dei Gesuiti   LUOGO DI CULTO

5 🎯 Cartina p104, H3

Una volta superata la monumentale ma classica facciata, l'interno è decisamente insolito: intarsi marmorei bianchi e verdi, stucchi dorati, sfere in marmo, colonne tortili. Cercate l'*Assunzione della Vergine* del Tintoretto sul transetto sinistro e la tela di Palma il Giovane *Angelo custode e angeli che trasportano le anime* (a destra dopo l'entrata), poi tornate nel campo dall'insolita forma allungata e andate in cerca del civico 4881: sull'architrave di due piccole finestre, un paio di forbici scolpite sulla pietra testimoniano la presenza della Scuola dei Tessitori di Seta e dei Sarti ospitata nella Chiesa dei Gesuiti fin dal 1643. (☎041 528 65 79; Campo dei Gesuiti, Cannaregio 4885; ⏱10-12 e 16-18; 🚤Fondamenta Nuove)

## Fondamenta Nuove

6 🎯 Cartina p104, H3

Si tratta di un lungo camminamento in pietra d'Istria che scorre sul limite settentrionale di Venezia, costruito al temine di un secolare processo d'interramento delle aree barenose avvenuto nel XVI secolo. Le Fondamenta sono panoramiche perché da qui ci si affaccia verso le isole settentrionali. Sono ventose. Sono lunghe (quasi 1 km dalla Sacca della Misericordia al Rio di Santa Giustina). Sono una mescolanza di antichi depositi e magazzini e di pa-

---

✅ **Il consiglio**

### Bottega del Tintoretto

In quello che fu l'**atelier del pittore** (cartina p104, E2; ☎041 72 20 81; www.tintorettovenezia.it; Fondamenta dei Mori, Cannaregio 3400; corsi €410, materiali e pranzi compresi; ⏱10-17; Madonna dell'Orto), in estate si organizzano corsi settimanali di disegno, incisione, acquerello, arte del libro, litografia.

lazzi e dimore gentilizie secentesche. (⌂Fondamenta Nuove)

### Chiesa di Sant'Alvise
LUOGO DI CULTO

 Cartina p104, D1

La semplice facciata ha un profilo abbastanza unico a Venezia: è scandita da sei lesene, coronata da archetti sospesi e nella lunetta del portale gotico sfoggia la statua quattrocentesca di san Luigi, vescovo di Tolosa, cui la chiesa è dedicata. All'interno, a catturare lo sguardo sono le illusioni prospettiche del soffitto, il coro pensile – il barco – riservato alle monache del convento e le tre opere di Tiepolo, dall'impostazione decisamente drammatica, l'*Incoronazione di spine*, la *Flagellazione* e la *Salita al Calvario* – in quegli anni il pittore era attratto dai melodrammi rappresentati in città (si notino i costumi e i visi espressivi dei personaggi). (☏041 275 04 62; www.chorusvenezia.org; Campo Sant'Alvise, Cannaregio 3282; ingresso €3 o Chorus Pass; ⊙10-17 lun-sab; ⌂Sant'Alvise)

### Chiesa della Madonna dell'Orto
LUOGO DI CULTO

 Cartina p104, F1

In questa chiesa del 1365 caratterizzata da un'armonica facciata, il Tintoretto trascorse 30 anni e lasciò alcuni capolavori tra i quali la dorata *Presentazione al Tempio* e un tenebroso *Giudizio universale* (1546). Meritano anche la pala di Cima da Conegliano sul primo altare della navata destra e il *San Giovanni Battista tra i Santi Pietro, Marco, Girolamo e Paolo* (1495) a destra dell'ingresso. Alle pareti laterali del presbiterio, ai lati dell'*Annunciazione* di Palma il Giovane, ci sono la *Decollazione di san Paolo* e l'*Apparizione della croce a san Pietro*, ancora del Tintoretto. (☏041 71 99 33; www.madonnadellorto.org; Campo della Madonna dell'Orto; ingresso €3; ⊙10-17 lun-sab, 12-17 dom; ⌂Madonna dell'Orto)

### Campo dei Mori
CAMPO

 Cartina p104, E2

È il campo in cui si affaccia il Palazzo Mastelli, caratterizzato da tre figure con turbante che rappresentano tre fratelli di una ricca famiglia della Morea (toponimo veneziano per il Peloponneso), i quali avevano fama di essere mercanti disonesti e di avere partecipato con efferatezza al sacco di Costantinopoli. Secondo la leggenda, le statue rappresenterebbero gli stessi mercanti tramutati in pietra da una religiosa veneziana che pregò santa Maria di punirli per i loro loschi affari. La quarta statua vicino al cammello sarebbe quella del loro servitore. Uno dei mori si chiama Sior Rioba, come il ristorante lì vicino (p117). (Campo dei Mori; ⌂Madonna dell'Orto)

## Pasti

### Panificio Volpe
PANIFICIO/PASTICCERIA €

 Cartina p104, C2

Ha mantenuto fede ai dolci tipici della Pasqua ebraica (tutti non lievitati),

Panificio Volpe (p108)

come le *impade*, gli zuccherini, le azzime dolci, le *orecchie di Aman*. Vende anche salumi ebraici. Si trova all'imbocco del Ghetto dal 1950. (☎041 71 51 78; Cannaregio 1143; ◎6-19.30 lun-sab, talvolta 8.30-12.30 dom; 🚆Guglie)

## Pasticceria Nobile
BAR/PASTICCERIA €

**11**  Cartina p104, D3

Torte, crostate, *pincia*, biscotti e meringoni, baci di gondola; e poi torroni, salami di cioccolato, gli immancabili *baicoli*, i babà e, naturalmente, le paste da colazione. Da bere centrifughe di frutta e verdura fresca (☎041 72 07 31; www.pasticcerianobile.it; Rio Terà San Leonardo, Cannaregio 1818; ◎6.30-20.30; 🚆Ferrovia)

## Arte della Pizza
PIZZERIA €

**12**  Cartina p104, D2

Da Maurizio si viene *de sbrizzon* (di sfuggita) per comprare un pezzo di pizza (€2 al trancio, €2,50 se farcita), una pagnotta da imbottire in qualche gastronomia (€1,50) o altre minuterie (come i *senapini*). Irrinunciabili le focaccine (€2,20) con la farina ai cereali. (☎041 524 65 20; Calle dell'Aseo; ◎11-21 mar-dom; 🚆San Marcuola, Casinò)

## Cantina Vecia Carbonera
BACARO €

**13**  Cartina p104, E3

Per una volta i *cicheti* non dovrete gustarli gomito a gomito con qualcuno, ma presso il grande tavolo di un vasto *bacaro* dall'aria antica ma dall'anima giovane, tutto soffitti bassi, travi, botti, paioli appesi, pezzi di barche e damigiane, e un pianoforte che potrete suonare. (Rio Terà della Maddalena, Cannaregio 2329; ⏱10-22 mar-dom; 🚏Ca' d'Oro, San Marcuola)

### Al Timon  BACARO/ENOTECA €

**14** Cartina p104, D2

Bel locale dalla doppia anima di *bacaro* e ristorante, con piatti sostanziosi che offrono l'occasione di stappare una buona bottiglia di vino naturale (per i quali il locale ha una predilezione). E quando tutti i tavoli sono occupati, ci si accomoda sul barcone ormeggiato sul canale. (☎041 524 60 66; Fondamenta degli Ormesini, Cannaregio 2754; ⏱18-1; 🚏Guglie)

### Da Luca e Fred BACARO €

**15** Cartina p104, C3

Luca e Fred hanno investito sui fritti, ovvero qualsiasi cosa si possa panare e buttare nell'olio bollente: spiedini (detti *steghetti*) di totani, polpette, gamberoni, 'dischi volanti' di melanzane e mortadella, crocchette provola e cotto, baccalà... (☎041 71 61 70; Rio Terà San Leonardo, Cannaregio 1518; ⏱9-21 mer-lun; 🚏Guglie, San Marcuola)

### Enoteca Do Colonne  BACARO €

**16** Cartina p104, D3

Imponente il maxibancone che trabocca di *cicheti* di ogni tipo: rosettine, spighe e pane alle olive farciti di ogni bontà, baccalà fritto, tramezzini, mozzarelle all'acciuga, pizzelle al granchio, fiori di zucca fritti, sarde panate, crespelle, arancini al pomodoro e formaggio. Anche il vino della casa è piacevole. (☎041 524 04 53; www.docolonne.it; Rio Terà San Leonardo, Cannaregio 1814/C; ⏱10-21.30 tutti i giorni; 🚏Guglie, San Marcuola)

### Iguana  BAR & CUCINA MESSICANA €/€€

**17** Cartina p104, D2

Se per una sera non volete neanche sentir parlare di cicheti, bigoli, baccalà e nero di seppia, c'è questo messicano sempre strapieno, perché Dante prepara ogni giorno le tortillas di mais che si trasformano in nachos, tacos, tostadas bianche per burritos, fajitas. (☎041 476 37 49; www.iguanavenezia.com; Calle de L'Aseo, Cannaregio 1885; ⏱chiuso mar; pasti €18-20; 🚏San Marcuola)

### Trattoria Ca' d'Oro 'Alla Vedova'  BACARO/TRATTORIA €/€€

**18** Cartina p104, F4

Il *cicheto* più sublime di questo bacaro? Le polpette, che qui non si tengono in vetrina per scaldarle al microonde ma arrivano appena fritte. In vetrina: totani alla piastra, fagioli con cipolle, polpette di baccalà, cozze, *folpeti*. Oppure ci si siede a tavola. (☎041 528 53 24; Ramo Ca' d'Oro, Cannaregio 3912; polpette €1,50, pasti €30-35; ⏱11.30-14.30 e 18.30-22.30 chiuso gio e dom mattina; 🚏Ca' d'Oro)

CoVino (p117)

### Dalla Marisa
TRATTORIA €/€€

19 Cartina p104, A2

Ruspante osteria con veraci piatti di pesce e soprattutto di carne (i gestori sono *bechèri*, macellai da generazioni): tagliatelle con sugo d'anatra, risotti con le *sècoe*, bolliti misti, fegato alla veneziana, salmì di cervo e capriolo. Prenotare è opportuno, ed è l'occasione per scoprire se è previsto un menu di pesce, carne o cacciagione. (041 72 02 11; Fondamenta di San Giobbe, Cannaregio 652/B; chiuso a cena dom, lun e mer; menu €15 a pranzo, €30-40 a cena; Crea)

### Paradiso Perduto
OSTERIA €€

20 Cartina p104, E2

Un paradiso sempre più vivo, animato, chiassoso, eterogeneo (qui se ne stanno beati giovani e meno giovani, innamorati, amici e colleghi, no global e architetti, musicisti e capelloni). E poi c'è Maurizio, che dirige il traffico di crostacei e molluschi, fritti e bigoli, vini della casa e non. A volte c'è musica dal vivo, magari jazz. (041 72 05 81; Fondamenta della Misericordia, Cannaregio 2540; pasti €35 circa; 11-1, ma lun e gio dalle 18, chiuso mar e mer; Madonna dell'Orto, Ca' d'Oro)

### Da Bepi
TRATTORIA €€

21 Cartina p104, A2

È un piacere lasciarsi coccolare dalla gentilezza dei camerieri, che servono granseola al vapore con valeriana, spaghetti al nero di seppia, sarde *in saor*, seppie o fegato alla veneziana, baccalà mantecato; e per finire un

Enoteca Do Colonne (p110)

tortino al cioccolato fondente sulla frolla e un vino dolce. (☏041 528 50 31; Santi Apostoli, Cannaregio 4550; pasti €35-40; ⏾chiuso gio; Ca' d'Oro)

## Ghimel Garden Restaurant
CUCINA KASHER €€

**22** ✗ Cartina p104, C2

Rispetta le regole alimentari ebraiche e ha la certificazione del rabbino capo di Venezia (Rav Scialom Bahbout); utilizza un fondo della comunità, ma è gestito da Bruno e Sylvie, propone la cucina kosher così come la tradizione veneziana l'ha acquisita (piatti di pesce e vegetariani e alternative vegane e senza glutine) ed è legato a un progetto di accoglienza ebraica. In estate serve i pasti nel giardino della Kosher House Giardino dei Melograni (p197). (☏041 243 07 11, 392 248 39 93/ 346 473 50 61; Campo del Ghetto Nuovo, Cannaregio 2873/C; pasti €35-40; ⏾9.30-23 tutti i giorni, ven a cena e sab a pranzo pasti di shabbat solo su prenotazione; ✦; Guglie)

## Anice Stellato
RISTORANTE €€€

**23** ✗ Cartina p104, D1

Deliziosi la frittura di pesce e di verdure, i bocconcini di salmone con soia e zenzero o di razza con nocciole e mandorle, il nodino di agnello con panatura di pistacchi e il gelato al caffè. Senza prenotare si rischia di doversi accontentare di un bicchiere di Prosecco e una polpetta al bancone. (☏041 72 07 44; www.osterianicestellato.com; Fondamenta della Sensa, Cannaregio 3272; pasti €45-50; ⏾chiuso lun e mar in inverno, solo lun e mar a pranzo in estate; Sant'Alvise, San Marcuola, Madonna dell'Orto)

## Vini da Gigio
TRATTORIA €€€

**24** ✗ Cartina p104, F3

Trattoria conviviale e quasi intima, dei fratelli Laura e Paolo. Servizio puntuale e attento, ma slow, che permette di chiacchierare in tranquillità tra piatti ben fatti con prodotti di prima qualità e abbinamenti indovinati. Non esitate a farvi dare dei consigli su cucina, vini (nazionali e internazionali), birre artigianali, grappe e whisky. (☏041 528 51 40; www.vinidagigio.com; Fondamenta San Felice, Cannaregio 3628/A; pasti €50 circa; ⏾chiuso lun e mar; Ca' d'Oro)

# Locali

### Torrefazione Cannaregio  CAFFÈ

**25** Cartina p104, C3

Torrefazione storica nata nel 1930 (Torrefazione Marchi) a opera della signora Antonietta, che la gestì fino a quando, nel 1941, la guerra la costrinse a chiudere per mancanza di materia prima. Fu poi la figlia, Emilia, a riaprire i battenti. La miscela più pregiata (la cui proporzione è rigorosamente segreta) è quella 'della sposa' Niretta: fatevi raccontare la storia. (041 71 63 71; www.torrefazionecannaregio.it; Rio Terà San Leonardo, Cannaregio 1337; 7-19.30 lun-sab, 9.30-18.30 dom; Guglie, San Marcuola)

### Il Santo Bevitore  PUB

 Cartina p104, E3

Ci sono due frigoriferi: uno per le bottiglie di birra grandi (circa 25-30 tipi) e uno per quelle piccole (circa 30 tipi). Ci sono spillatori con 20 ulteriori birre (Oyster, Blanche de Namur, Chimay, qualcuna del Birrificio Italiano, Trappe Dubbel...). E ci sono sette tavoli in un plateatico. (www.ilsantobevitorepub.com; Ponte Santa Fosca, Cannaregio 2393/A; 16-2; San Marcuola, Ca' d'Oro)

### Vino Vero  ENOTECA

 Cartina p104, F2

Massimiliano vi consiglierà buoni vini naturali italiani, o magari sloveni o spagnoli (e qualche bollicina francese), da accompagnare con un formaggio locale adagiato su una fetta di pane dell'Arte della Pizza (p109). Dopodiché, prendete una tovaglietta e andate a sedervi per terra lungo il bordo del canale, lasciando ciondolare le gambe sopra il rio. (041 275 00 44; www.facebook.com/vinovero venezia; Fondamenta della Misericordia, Cannaregio 2497; 18-24 lun, 11-24 mar-gio e dom, 11-1 ven e sab; Ca d'Oro, Madonna dell'Orto)

---

### Conoscere
### Corte le Impiraresse

Le *impiraresse* o *impiraperle* (da 'impilar', 'infilare') sono le donne che da secoli infilano perline di vetro nei fili, creando così le collane colorate che vedrete nelle vetrine di Venezia. Luisa Conventi è una di loro e la potrete conoscere da **Ferenaz** (cartina p104, A3; 041 524 28 22; www.ferenaz.it; Cannaregio 100, Calle Priuli; visite su appuntamento; Ferrovia), un regno delle perline da 25 anni. Notate i lampadari con le frange, le cartelle incorniciate, i bustoni di conterie (le perle che si ricavano dal taglio della canna forata) stipati negli scaffali e, appeso al muro, il *nizioleto* con la scritta Corte de le Impiraresse.

## Divertimenti

### Teatro Fondamenta Nuove   TEATRO

28  Cartina p104, G2

La struttura, affascinante, ospita 200 spettatori. V. anche p107. (041 522 44 98; www.teatrofondamentanuove.it; Fondamenta Nuove, Cannaregio 5013; interi/over 65/studenti €15/12/10; Fondamenta Nuove)

### Cinema Giorgione Movie d'Essai   CINEMA

29  Cartina p104, G4

Proietta film vincitori di premi internazionali, classici restaurati, film d'animazione, opere di repertorio. Dispone di due sale: la A, la più capiente, e la B, più piccolina. (041 522 62 98; Rio Terà di Franceschi, Cannaregio 4612; interi/ridotti/studenti €7,50/7/6; proiezioni a partire dalle 17; chiuso mar; Ca' d'Oro)

### Casinò di Venezia   CASINÒ

30  Cartina p104, D3

Le finestre binate ad arco a tutto sesto e i medaglioni di marmo sono caratteristiche inconfondibili dello stile di Codussi. L'edificio fu dimora di Wagner (che vi morì nel 1883). Oggi è sede del Casinò della città. (041 529 71 11; www.casinovenezia.it; Palazzo Vendramin Calergi 2040; ingresso €10 con gettone omaggio da €10 da utilizzare ai tavoli da gioco, solo ingresso €5; slot machine 11-2.45, fino alle 3.15 sab e prefestivi, tavoli set-14 giu 15.30-2.45, fino alle 3.15 sab e prefestivi, 15 giu-agosto a partire dalle 16; San Marcuola)

## Shopping

### Gianni Basso   TIPOGRAFIA

31  Cartina p104, H4

Bottega attiva dal 1984, dove alla nobile arte della stampa si dedicano padre e figlio, che tra le altre cose stampano biglietti da visita esclusivi, con decori tipicamente veneziani o di stile bizantino, o gotico, e realizzano *ex libris* e coordinati da scrittura. Si effettuano spedizioni a domicilio. (041 523 46 81; Calle del Fumo, Cannaregio 5306; 9-13 e 14-18 lun-ven, 9-13 sab; Fondamenta Nuove)

### Elitre   CONCEPT STORE

32  Cartina p104, G5

'Unconventional fashion': abiti stravaganti, scarpe antidepressive, cicloni di colori (come quelli di Agatha Ruiz de la Prada), strepitose fantasie (come quelle di Fiorucci), un pizzico di ironia e una spruzzata abbondante di *joie de vivre*. Anche a **Dorsoduro 3949-50**. (041 877 82 29; www.elitre.it; Cannaregio 5665-6; 10.30-14 e 15-19.30 tutti i giorni; Rialto, Ca' d'Oro)

### Gibigiana   GIOIELLI

33  Cartina p104, B3

La 'gibigiana' è l'effetto luminoso dei raggi del sole che rimbalzano sull'acqua dei canali per andare a incastrarsi tra le persiane e riflettersi sui soffitti delle case sotto forma di striscioline di luce. I gioielli in argento e in vetro di Murano di questo negozio non sono meno magici di tali effetti. (041 524

# Shopping

Ostaria Da Rioba (p117)

28 97; Lista di Spagna 159, Cannaregio; ⏱10-19, fino alle 20 in estate; 🛥Ferrovia)

## Roberta di Camerino  ATELIER

**34** Cartina p104, C3

Cercate l'atelier nella corte del Palazzo Loredan Grifalconi, quindi visitate la parte museale (dove le tele sartoriali degli abiti e i capi originali in poliestere trilobato testimoniano la ricerca grafica e cromatica della stilista) e quella espositiva (con borse, foulard e piccola pelletteria). Sappiate che Grace di Monaco, Joan Crawford, Farrah Fawcett, Isabella Rossellini e, più recentemente, Madonna si sono innamorate delle borse con il marchio 'R' prima di voi. (📞041 523 75 43; www.robertadicamerino.com; Calle della Testa, Cannaregio 6359; ⏱10-18 lun-ven; 🛥Rialto, Fondamenta Nuove)

## FallaniVenezia  CENTER FOR THE ARTS

**35** Cartina p104, G4

Si comincia apprezzando un quaderno nero con decori veneziani o una stampa del Canal Grande su carta dorata (€5) e le serigrafie a colori su carta stampata (€5-15). Poi si finisce per visitare l'archivio storico e voler scoprire i segreti della serigrafia e ci si iscrive a un workshop. (📞041 523 57 72; www.fallanivenezia.com; Cannaregio 4875; workshop €40-100; ⏱9.30-12.30 e 15-19 lun-sab; 🛥Ca' d'Oro, Fondamenta Nuove)

## Vita in città
# Le giovanissime realtà gastronomiche

Nel campo della ristorazione veneziana, all'epoca della stesura della guida, erano sorte alcune realtà culinarie molto promettenti. Vi invitiamo ad andare ad assaporare le loro cucine e a scommettere sul loro futuro. Saranno ben felici di accettare questa sfida. Perché sono tutte molto audaci, appassionate e piene di speranze.

### ❶ Estro – Vino e Cucina
Enoteca con cucina dei fratelli muranesi Dario e Alberto Spezzamonte: circa 700 etichette di vini esclusivamente naturali, focaccia a lievitazione naturale (€16) con ingredienti del territorio, selezioni di salumi e formaggi (€15), pesce dell'Adriatico crudo o cotto (€18), hamburger (€14). Infine, nel menu, 10 portate che cambiano settimanalmente. (041 476 49 14; www.estrovenezia.com; Salizada San Pan-

# Le giovanissime realtà gastronomiche

talon, Dorsoduro 3778; menu a pranzo €17,50; menu degustazione €33; ⏱11-24, chiuso mar; 🚇San Tomà)

## ❷ Osteria Trefanti

'Trefanti', ossia tre volte '8', il numero che per chi gioca a briscola è il fante, è il nome di questo locale al civico 888 di Santa Croce che serve oltre i piatti a tavola anche qualche *cicheto* al banco. La carta dei vini tradisce la passione di Sam. Umberto, invece, pensa al menu. Da non perdere la *rosàda*, cioè la panna cotta dei veneti (una via di mezzo tra una crema pasticcera e un budino). (📞041 520 17 89; www.osteriatrefanti.it; Rio Marin, Santa Croce 888; ⏱chiuso lun; 🚇Ferrovia)

## ❸ Ostaria Da Rioba

Sulla fondamenta non solo più lunga ma (non abbiamo quasi dubbi al proposito) anche più bella di Venezia c'è una delle realtà gastronomiche considerate da qualche tempo tra le più interessanti della città. Fra le proposte: scampi *in saor* di cipolla di Tropea e mela verde, gnocchi fatti in casa con granchio, carciofi e bottarga, risotto al nero di seppia al profumo di agrumi e coda di rospo in crosta di frutta secca su insalata di spinacetti, cipolla marinata e pomodori secchi. Carta dei vini con 500 etichette, 180 referenze di distillati. Non dimenticherete facilmente. Che cosa? Tutto. (📞041 524 43 79/348 769 64 80; www.darioba.com; Fondamenta della Misericordia, Cannaregio 2553; pasti €55-60; ⏱chiuso lun; 🚇Madonna dell'Orto, Ca' d'Oro)

## ❹ Local

Questa nuova e interessante realtà gastronomica è... variabile: non nel senso che il suo rendimento subisca oscillazioni (quello è sempre ad altissimi livelli), ma nel senso che la cucina si affida agli ingredienti freschi e stagionalmente disponibili. Forti gli abbinamenti tra pesce e legumi, come nello scampo con la crema di fagioli. Favolosi certi primi, come gli gnocchi con le seppie. Unico il pesce fresco. Originali i dessert. Sarebbe difficile scegliere in quale stagione augurarvi di capitarci. (📞041 241 11 28; www.ristorantelocal.com; Salizada dei Greci, Castello 3303; menu degustazione da 5 portate €65, 2 portate dal menu più dessert €48; a pranzo selezione di cicheti e piatto del giorno €25; ⏱chiuso mar e mer a pranzo; 🚇San Zaccaria)

## ❺ CoVino

Lo spazio si presenta con pareti di mattoni, travi in legno, cucina a vista. L'ambiente, spigliato e gioviale, è quello che tutti vorrebbero frequentare. A pranzo propone una 'portata unica a libera scelta': ovvero antipasti e primi a €16,50, secondi a €21,50 e dessert a €8. Per la sera è meglio prenotare. (📞041 241 27 05; www.covinovenezia.com; Calle del Pestrin, Castello 3829; menu 3 portate €38; pasti €45/50 circa; ⏱chiuso mar e mer; 🚇Arsenale)

**Scoprire**

# Castello

Ci sono varie ragioni per cui una giornata nel sestiere di Castello comincia prima del solito e finisce dopo il solito. È il posto giusto per approfondire la storia marittima della città lagunare, ci sono l'Isola di Sant'Elena, i Giardini Pubblici e casuali microcosmi di pace dove vi verrà voglia di fare una sosta, oltre a campi dai raffinati richiami architettonici e artistici, e infine ci sono leggende da farsi raccontare.

# Scoprire

## In un giorno

☀️ Dopo un caffè alla **Serra dei Giardini** (p134), trascorrete buona parte della mattinata ciondolando pigramente fra il verde dei **Giardini Pubblici** (p131) e l'atmosfera autentica delle tranquille vie di questo sestiere, addentrandovi fino all'**Isola di San Pietro** e a quella di **Sant'Elena** (v. lettura p137). Rifocillatevi con gli sfiziosi paninetti del **Refolo** (p132).

☀️ Fatevi portare a San Zaccaria da un vaporetto e qui scoprite il segreto della cripta della **Chiesa di San Zaccaria** (p125), prima di raggiungere il sontuoso e nobile **Palazzo Querini Stampalia** (p128) e la **Basilica dei Santi Giovanni e Paolo** (p124).

🌙 Poiché alcune delle più interessanti e giovani realtà gastronomiche della città si addensano in questo sestiere, non vi sarà facile scegliere tra **CoVino** (p117), il **Local** (p117) e la **Corte Sconta** (p133). Per dormire, invece, senza dubbio **La Residenza** (p197), affacciata sul suggestivo **Campo Bandiera e Moro** (p130).

## 👁 Da non perdere

Riva degli Schiavoni (p120)

Arsenale (p122)

## 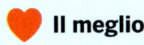 Vita in città

Le chiese da non perdere (p124)

## ❤️ Il meglio

### Pasti
El Refolo (p132)

Alle Testiere (p134)

Al Covo (p133)

Corte Sconta (p133)

Local (p117)

### Shopping
Giovanna Zanella (p136)

## Trasporti

🚢 **Vaporetto** La linea n. 1 effettua tutte le fermate lungo Riva degli Schiavoni, collegandola sia al Canal Grande sia al Lido. Anche la n. 2 risale il Canal Grande. Le linee n. 4.1, 4.2, 5.1 e 5.2 fanno un percorso circolare nel sestiere di Castello, lungo il perimetro più esterno di Venezia, ed effettuano fermate a Riva degli Schiavoni e Giudecca.

**A piedi** Da non perdere una passeggiata in tutta calma lungo la Riva degli Schiavoni.

## Da non perdere
# Riva degli Schiavoni

Quella che il Petrarca, nelle sue *Lettere*, definì 'spettacolo misto a un tempo di pietà, di meraviglia, di paura e di diletto' è una passeggiata lunga 500 m e larga in media 27 m che corre oggi tra le due parrocchie di San Zaccaria e di San Giovanni in Bragora e si allunga dal Ponte della Paglia fino a quello della Veneta Marina. La costruzione fu avviata nel 1780 e completata in cinque anni. Insieme ai ciclopici Murazzi, è stata l'ultima mossa vitale della Serenissima prima di sprofondare negli abissi della storia.

- Cartina p126, B3
- Arsenale/Giardini

Riva degli Schiavoni

## In primo piano

### La storia

Nel 1200 vi si vietano la bollitura della pece, la piantatura di pali e l'ancoraggio per evitare che diventi un cantiere. Nel 1300 si costruisce il Ponte della Paglia, in pietra, e si collega la riva con la Piazzetta. Nel 1400 compare una linea compatta di case, alberghi e conventi. Nel 1500 le tempeste convincono gli ingegneri idraulici a costruire rive di pietra e compare il nome 'degli Schiavoni' limitatamente al rio e al Ponte del Vin (dove adesso si trova l'Hotel Danieli). Nel 1600 nessuna modifica da segnalare. Nel 1700 è un vero e proprio porto che non dorme mai, con un andirivieni continuo, dove ci sono sempre chiasso e gente poco raccomandabile, e dove si può fare di tutto, persino macellare le bestie: non è ancora la Piazzetta con il suo molo ufficiale, non è ancora il luogo delle grandi feste, non è la passeggiata per definizione dei veneziani, ma è il luogo in cui stazionano i bastimenti mercantili e sulla riva si svolgono intensi commerci tra genti di svariata provenienza. Nel 1800 aprono i primi caffè: Londra, Omnibus, Le Nazioni, dove Chateaubriand scrive che è andato a fare colazione e ha mangiato pane morbido, tè profumato e crema come in Bretagna; e aprono nuovi alberghi, dove alloggiano Dickens, Musset e Sand. A questo punto la Riva degli Schiavoni entra di diritto nell'iconografia veneziana, vera porta d'ingresso a Venezia fino alla costruzione del Ponte della Libertà.

### ☑ Il consiglio

▶ Di tanto in tanto spostate lo sguardo dalla laguna agli edifici e sognate una notte stellata nei più famosi alberghi della città (v. lettura p40).

### ✗ Una pausa

Al **Londrabar** (p135).

## Da non perdere
# Arsenale

Data di nascita: 1220, l'anno in cui dove c'erano case, acque e vigne si cominciarono a costruire navi militari: perché il terreno paludoso non era a rischio incendi, ed era vicino a Barbaria delle Tole (dove arrivavano gli zatteroni dal Piave e i tronchi venivano rasati). Fu questa l'origine della prima fabbrica del mondo preindustriale: 16.000 operai specializzati (gli arsenalotti), 45 ettari (il 15% dello spazio della città), un perimetro di mura sufficientemente alte da non essere scavalcate con una scala, sufficientemente basse da essere confuse tra le pareti delle case.

- Cartina p126, E2
- Arsenale

L'Arsenale

# Arsenale

## In primo piano

### La storia

Il complesso orbita intorno all'Arsenale Vecchio, che racchiude un edificio in cui era custodito il *Bucintoro* (la galea cerimoniale del doge). Quello Nuovo fu aggiunto nel 1325, nel 1473 quello Nuovissimo. Nel XVI secolo, l'avvio della produzione delle galeazze (navi da guerra grandi e robuste, con pescaggio superiore alle normali galee) richiese la costruzione di ulteriori officine e capannoni e lo scavo di un più profondo Canale delle Galeazze. Idem nel XVII, quando fu la volta dei galeoni. Ma a quel tempo la produzione era in calo: degrado morale (assenteismo, furti, irregolarità amministrative), una macchina burocratica cresciuta a dismisura, una produzione a rilento. Dopo decenni improduttivi alternati a brevi riprese, si arriva alla fine del 1700. La Repubblica cade e per la prima volta gli operai sono cacciati dai francesi. È lo scempio: quel che è utile viene portato in Francia, tutto il resto viene distrutto. Il 1800 all'Arsenale è un silenzio spento. Chateaubriand lo descrive così: 'Tutta questa attività è cessata. Il deserto nei tre quarti e più dell'Arsenale, i forni spenti, le caldaie corrose dalla ruggine, le corderie prive di filatoio, i cantieri senza costruttori, testimoniano la stessa morte che ha colpito i palazzi'. All'inizio del XX secolo ci lavorano ancora non pochi operai, che negli anni '50 si specializzano nella produzione di binari ferroviari e di motori per la Marina Militare. Ma gradualmente le produzioni si contraggono e man mano che gli arsenalotti (v. lettura p128) vanno in pensione non vengono più sostituiti. Finisce così la più grande industria navale del mondo antico.

### ☑ Il consiglio

▶ Oggi gli spazi dell'Arsenale ospitano le mostre della Biennale e sono aperti al pubblico solo in particolari occasioni, quando vengono organizzate visite alle Corderie, alle Artiglierie e alle Gaggiandre: tenetevi informati.

### ✘ Una pausa

Se si tratta di un caffè o di una bibita si può fare una pausa alla **Serra dei Giardini** (p134), se invece si tratta di un pasto si può fare riferimento a **CoVino** (p117).

## Vita in città
# Le chiese da non perdere

Tra quelle consacrate e quelle sconsacrate, pare che Venezia conti più di 250 chiese. E quasi non ci riesce neanche l'immaginazione a concepire un tour che le contempli. Perché si tratterebbe davvero di un infinito fatto di secoli, di stili, di storie, di tradizioni. Quelle che seguono invece sono poche, sono tra le migliori e ci stanno comodamente in un giorno, che potrebbe comunque avere un vago sapore d'infinitezza.

### ❶ Basilica dei Santi Giovanni e Paolo

Una facciata armoniosa e slanciata ma incompiuta e un interno solenne, che custodisce il soffitto della Cappella del Rosario con il ciclo di affreschi del Veronese, i monumenti funerari dei Mocenigo sulla controfacciata, il *Polittico di san Vincenzo Ferrer* del Bellini, e infine, al centro del soffitto, una grande tela del Piazzetta che rappresenta l'*Apoteosi di san Domenico*. (☎041 523

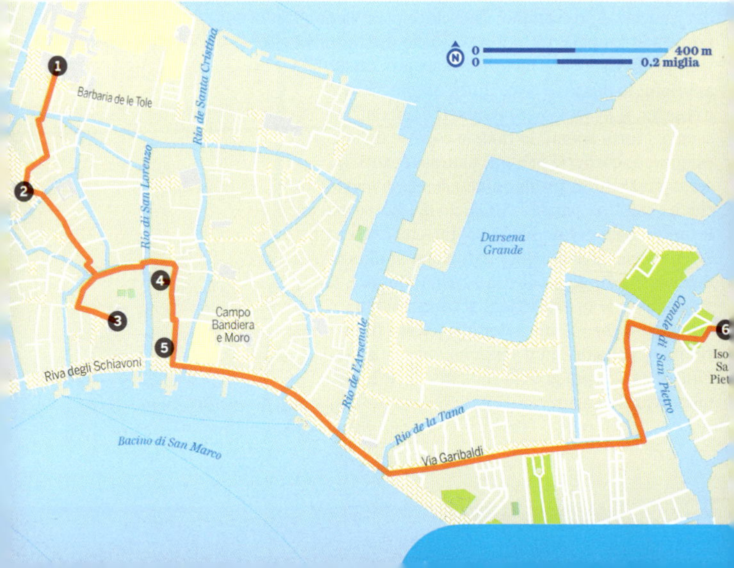

## Le chiese da non perdere

59 13; www.basilicasantigiovanniepaolo.it, Chiesa dei Santissimi Giovanni e Paolo; Campo Zanipolo; interi/ridotti €3,50/1,50; ⊗9-18 lun-sab, 12-18 dom; 🚇Ospedale)

### ❷ Chiesa di Santa Maria Formosa
Costruita secondo la tradizione nel 639 da un vescovo a cui era apparsa la Madonna, bellissima ('formosa' in latino), e rifatta poi imitando la pianta di San Marco, nel 1492 fu ripensata in legno e con il tetto in paglia, ma ricostruita nel 1492 da Codussi con generose curve barocche e armoniose simmetrie. Custodisce un polittico di Jacopo Palma il Vecchio raffigurante un'intensa santa Barbara e il *Trittico della Misericordia* di Bartolomeo Vivarini. (www.santamariaformosa.it; Campo Santa Maria Formosa, Castello 5267; ingresso €3 o Chorus Pass; ⊗10-17 lun-sab; 🚇Rialto, San Zaccaria)

### ❸ Chiesa di San Zaccaria
È ricchissima di pregevoli opere donatele in segno di gratitudine dai genitori delle fanciulle veneziane rinchiuse nel convento adiacente (in teoria per il fatto di essere più interessate ai marinai che non ai santi, in verità per realizzare interessi familiari). Da non perdere la cripta che apparteneva alla primitiva chiesa, la cui età millenaria spiega l'acqua sotto i vostri piedi. (📞041 522 12 57; Campo San Zaccaria, Castello 4693; ⊗10-12 e 16-18 lun-sab, 16-18 dom e festivi; 🚇San Zaccaria)

### ❹ Cattedrale Ortodossa di San Giorgio dei Greci
I greci che in fuga da Costantinopoli dopo l'invasione dei turchi del 1453 giunsero a Venezia ottennero dal Senato il diritto di fondare una propria chiesa di rito ortodosso (1539-73), oggi caratterizzata da candele all'ingresso, *stassidia*, *jeron* e iconostasi d'oro con 46 icone. (📞041 523 95 69; Campo dei Greci 3412; ⊗9-13 e 14.30-17 mar-sab, 9-13 dom; 🚇San Marco-San Zaccaria, Pietà)

### ❺ Chiesa della Pietà
Inconfondibile per via della luminosità, la chiesa attuale non è più quella dove Vivaldi tenne le sue lezioni – oltretutto, a dispetto di quanto si dica, la forma ovale non ne migliora l'acustica. Tuttavia, alla sommità dei pilastri sono ancora visibili i ganci che servivano già nel Settecento per issare i tendoni in modo da migliorare l'acustica (📞041 522 21 71; www.pietavenezia.org; Riva degli Schiavoni; ingresso solo chiesa/percorso museale con visite accompagnate alle cantorie e al piccolo museo solo su prenotazione €3/7; ⊗10-12 e 15-17 gio e ven, 10-17 sab e dom; 🚇Zaccaria)

### ❻ Chiesa di San Pietro di Castello
Cattedrale di Venezia fino al 1807, è uno spazio solenne, con cupola alta e grandi finestre. Importanti la 'carega di marmo' (un'antica stele funeraria di arte arabo-musulmana, con iscrizioni del Corano a caratteri sufici, risalente al XIII secolo), il crocifisso ligneo (costituito da parti romanico-bizantine e altre del XIV secolo) e il pendente, poderoso e rinascimentale campanile di Mauro Codussi, l'unico in pietra d'Istria in città (v. lettura p137).

# 126 Castello

# Da vedere

### Statua di Bartolomeo Colleoni
MONUMENTO EQUESTRE

**1** Cartina p126, B1

Il capitano di ventura Bartolomeo Colleoni lasciò alla città 100.000 zecchini d'oro affinché, dopo la sua morte (1475), gli fosse dedicata una statua davanti a San Marco. Se questo fosse accaduto in un'altra città, forse nessuno avrebbe battuto ciglio. Il fatto è che a Venezia era proibito il culto della personalità; ed essendo il caro Colleoni in odore di tradimento, per i veneziani l'affronto suonava ancora più arrogante. Fu così che, per spregio e per sfregio, quando si ritrovarono in mano l'orecchio sinistro del cavallo del monumento, staccatosi durante il trasporto da Piazza San Marco al Campo San Giovanni e Paolo ordinato dal Senato, lo riattaccarono nel verso sbagliato. Oggi, questo capolavoro di Andrea Verrocchio campeggia sul Campo dei Santi Giovanni e Paolo. (Campo Santi Giovanni e Paolo; Ospedale)

### Palazzo Querini Stampalia
PALAZZO

**2**  Cartina p126, B2

È uno dei pochissimi esempi di edifici appartenuti a una famiglia nobiliare veneziana dei quali ci è giunto intatto il patrimonio, costituito da dimora, archivio, biblioteca, arredi e collezioni

---

### Conoscere
### Quei privilegiati degli arsenalotti

L'*arsenaloto* (in veneziano) dell'Arsenale di Venezia era un 'operaio aristocratico', che godeva di vari vantaggi: ereditava il lavoro dal padre, gli veniva garantito il posto di lavoro in caso di crisi economiche o calamità naturali (quali epidemie di peste), usufruiva di una 'cassa integrazione', aveva diritto a una certa quantità di vino al giorno e alla raccolta degli scarti della produzione, maturava una pensione che in caso di decesso era goduta dalla vedova e in caso di perdita di lavoro non veniva licenziato ma reimpiegato in altre mansioni quali la spaccatura del ghiaccio dei canali nelle stagioni fredde, lo spegnimento degli incendi o la costruzione dei tetti delle chiese o di altri edifici, come per esempio quello della Sala del Maggior Consiglio nel Palazzo Ducale (p28) che ha pochissimi chiodi ed è fatto quasi tutto a incastri. Dal 1629 ogni arsenalotto era iscritto a un Libro d'Oro; i figli dei mastri venivano iscritti fin dalla nascita e potevano essere assunti e pagati fin dai 10 anni; a quell'età, infatti, potevano cominciare l'apprendistato di otto anni per diventare *marangoni* (cioè carpentieri, che fra tutti gli artigiani erano forse i più importanti) e di sei per essere calafati. E il *fio di manin*? Era il lunghissimo filo d'oro che l'arsenalotto, quando passava di grado, regalava alla moglie.

Fondamenta Osmarin

d'arte. Nei saloni del piano superiore, tappezzati con drappeggi di seta, vengono allestite interessanti mostre di arte contemporanea. Al secondo piano c'è il **Museo della Fondazione Querini Stampalia**, che riflette i gusti settecenteschi del conte: soffitti decorati a stucco, sontuosi arredi e arazzi, porcellane di Moeisen e Sèvres, busti di marmo e una pinacoteca con circa 400 opere. Al pianterreno c'è quel piccolo gioiello di straordinaria godibilità che è il **giardino**, rilettura di un giardino veneziano arricchito da influenze arabe e giapponesi firmato Carlo Scarpa, l'architetto veneziano al quale nei primi anni '60 fu affidata l'elegante risistemazione del pianterreno e anche la progettazione del sottile ponte in ferro tramite il quale si accedeva all'edificio dal campiello.

Irrinunciabili la **caffetteria** e il **Q-shop**, due ambienti frutto degli ultimi interventi di Mario Botta. Numerosi, insomma, i motivi per visitarlo. (041 271 14 11; www.querinistampalia.it; Campiello Querini Stampalia 5252; interi/ridotti €10/8 per tutto il Palazzo, cioè museo, area Scarpa e aree espositive, €8 solo area Scarpa; 10-18 mar-dom; Rialto, San Zaccaria)

## Museo delle Icone e Istituto Ellenico di Studi Bizantini e Postbizantini MUSEO

**3** Cartina p126, C2

Nel 1592 qui c'era una scuola di lettere greche e latine. Poi sorse il Collegio Flanghiniano, progettato dal Longhena, che ospitava studenti greci. A chiuderlo fu Napoleone nel 1797, e

Campo Bandiera e Moro (p130)

quando nel secolo successivo la scuola riaprì i battenti, l'orientamento era diventato conservatore e la qualità dell'insegnamento soltanto un vago ricordo. Nel 1905-6 la scuola chiuse definitivamente e oggi al suo posto ci sono l'Istituto Ellenico di Studi Bizantini e Postbizantini e il Museo delle Icone, con 300 icone realizzate in Italia (XIV-XVII secolo). (041 522 65 81; www.istitutoellenico.org; Campiello dei Greci 3412; interi/ridotti €4/2; 9-17; Pietà)

## Campo Bandiera e Moro o della Bràgora CAMPO

**4** Cartina p126, D2

Nel campo dedicato ai fratelli Attilio ed Emilio Bandiera e al loro amico Domenico Moro sorge la tardogotica **Chiesa di San Giovanni in Bragora** (041 520 59 06, 349 248 07 87; www.sgbattistainbragora.it; Campo Bandiera e Moro, Castello 3790; 10-11 e 15-17 ma gli orari possono subire variazioni), modesta per via della facciata in mattoni, riedificata, insieme al resto, a cavallo tra il XV e il XVI secolo, ma interessante all'interno per l'armonica fusione degli stili gotico e rinascimentale e per la presenza di alcune opere interessanti. Qui fu battezzato Antonio Vivaldi. (Campo Bandiera e Moro; Arsenale)

## Museo Storico Navale MUSEO

**5** Cartina p126, E3

Alloggiato nell'antico granaio della Serenissima, raccoglie in 42 sale praticamente tutta la storia marittima dell'impero e la passione navale della Serenissima, oltre a temibili armi e alcuni diorami secenteschi che rappresentano i porti e le fortezze della Repubblica di Venezia lungo le coste mediterranee. Al secondo piano troverete invece una sintesi della storia della Marina Militare Italiana e al terzo alcune gondole (tra le quali quella di Peggy Guggenheim). C'è anche il Padiglione delle Navi, corrispondente a tre edifici dell'officina Remi dell'Arsenale che si trovano sulle Fondamenta della Madonna, dove sono conservate vere imbarcazioni storiche tra cui la cerimoniale *Scalé Reale*. (041 244 13 99; Castello 2148; interi/ridotti €5/3,50; all'epoca della stesura della guida il museo era chiuso per lavori di ammodernamento ed era visitabile a prezzo ridotto solo il Padiglione delle Navi, 8.45-17; Arsenale)

### Via Garibaldi VIA

 Cartina p126, F4

Godetevi il sole che si riflette sul Canale di Sant'Anna, rimbalzando sui ponticelli di mattoncini che si susseguono in una strada d'inizio Ottocento, unica perché è detta 'via' e non 'calle', e per l'atmosfera popolare. (Via Garibaldi; Giardini)

### Viale Garibaldi VIALE

 Cartina p126, G4

Vialone datato 1807, insolito perché Venezia non ha strade, men che meno intitolate a grandi personalità. È insomma una sorta di boulevard veneziano, che comincia dalla Laguna e termina con la statua dell'eroe dei due mondi. (Viale Garibaldi; Giardini)

### Giardini Pubblici GIARDINI

 Cartina p126, H5

Furono i primi della penisola, progettati da Gian Antonio Selva tra il 1808 e il 1812, e realizzati da Napoleone perché 'la buona città di Venezia deve essere provveduta di un pubblico luogo di passeggio'. Si dovettero bonificare terreni acquitrinosi e abbattere strutture religiose, ma il risultato fu di una tale bellezza che se ne parlava come di un paradiso di platani, catalpe, palme, acacie, alberi da frutto, magnolie, tigli. Verso la fine del secolo il complesso fu diviso in due parti: 42.000 mq furono ceduti all'Ente della Biennale, i restanti rimasero adibiti a giardino pubblico. È quindi dal 1895 che vi sono ospitati i 29 padiglioni di paesi stranieri, oltre il Padiglione Italia: una trentina di spazi espositivi modernisti, opera di grandi architetti europei (ma ridistribuiti da Carlo Scarpa), che variano dal Padiglione Ungherese (1909) in stile secessionista a quello giallo e squadrato disegnato da Philip Cox nel 1988 per l'Australia. Da non perdere anche il **Monumento alla Partigiana Veneta** di Augusto Murer; il bronzo, che pesa 1200 kg, poggia su una serie di piattaforme in pietra d'Istria disegnate da Carlo Scarpa cd cmcrgc dall'acqua, quando la marea non lo sommerge. (Giardini)

## Pasti

### Panificio Silvestri PANIFICIO €

 Cartina p126, G3

Panini con uvetta, ambrogini, focaccia, muffin, veneziane, pizzette, sfoglie, pasticceria fresca e secca tipica veneziana e pane e grissini di ogni genere. E anche salumi per un panino imbottito. Si fa rifornimento qui prima di andare ai Giardini (p131). (041 528 17 86; Via Garibaldi, Castello 1825; 6.30-13.30 e 16-19.30 tutti i giorni; Giardini, Arsenale)

### Da Bonifacio PASTICCERIA €

 Cartina p126, B2

Torrone mandorla e pistacchio, frutta esotica (€3,50). Poi amaretti (€6), Caffè Rialto (€3,50-13), *zaleti* con farina di mais e uvetta (€6), *baicoli* (€6), *buranei* (€6) e, se è Carnevale, anche una *fritola* (alla crema, allo zabaione o semplice con i soli canditi). (041 522 75 07; Calle degli Albanesi, Castello 4237; 6.30-18.30 lun-ven, 7.30-18.30 sab e dom, chiuso gio; San Zaccaria)

### El Refolo  BACARO €

 Cartina p126, F4

Non bisogna pensare che qui ci siano paninetti normali, già visti, già mangiati e digeriti. No. Questi sono al pane scuro. Con semini. Speciale. Se poi non vi bastassero, optate per i taglieri con salumi ricercati. Mai sentito parlare di pepita del Piave o di speck di Sauris, giusto? Bene. È arrivato il momento di assaggiarli. (www.elrefolo.it; Via Garibaldi, Castello 1580; 11.30-23.30 mar-dom in inverno, 11.30-23.30 in estate; Giardini, Arsenale)

### Al Portego  BACARO €

12 Cartina p126, A1

Per giovani ma non solo, con sottofondo musicale e quell'atmosfera calda che risulta dalla somma di pareti rivestite in legno, più tendine alle finestre, più saletta appartata, più lavagne, più botti, più… (041 522 90 38; www.osteriaal portego.it; Calle della Malvasia, Castello San Lio 6014; 11-15 e 17.30-22 tutti i giorni; Rialto)

### Trattoria da Remigio  TRATTORIA €€

13 Cartina p126, C2

Semplice e familiare. Sobria. Tovaglie bianche. Menu con piatti fondamentali quali i sardoni alla greca, o le sarde *in saor*, la zuppa di pesce e anche gli spaghetti all'amatriciana. Oltre ai piatti del giorno, granseola, spaghetti, *canòce*, e poi rombo o anguilla. Consigliata la prenotazione. (041 523 00 89; Salizada dei Greci, Castello 3416; pasti €35-40; pranzo dalle 12.30, cena dalle 19.30, chiuso lun sera e mar; San Zaccaria, Arsenale)

### Il Ridotto  RISTORANTE €€€

 Cartina p126, B2

Gianni Bonaccorsi si divide tra cucina (il 'regno' di Murshedul Haque, bengalese) e sala (con punti luce che sono spilli, bicchieri colorati e arredi minimal) per spiegarvi che cosa avete nel piatto: un piccolo arrosto di coniglio con carciofi e finferli, o più probabilmente pesce esaltato dalle erbe aromatiche e dalla pasta fresca, come ravioli ripieni con dentice e piselli o baccalà mantecato in sandwich di riso nero. Dolci e vini sono all'altezza delle pietanze. (041 520 82 80; www.ilridotto.com; Campo Santi Filippo e Giacomo, Castello 4509; a pranzo menu di tre antipasti e piatto del giorno €28, a cena menu di carne e pesce o di pesce da 5 portate €85, pasti da €50; chiuso mer e gio a pranzo; San Zaccaria)

### Aciugheta  RISTORANTE/PIZZERIA €€€

 Cartina p126, B2

Tagliolini neri con calamari, zucchine e pomodoro fresco, ravioli con astice, salsa di spinaci e pomodorini al forno; seppie in umido con polenta, frittura mista di pesce e verdure. Se poi si vogliono assaggiare le squisite pizze (€10-14), allora tra questi tavolini e sedie di plastica si dovrà tornare un'altra volta. Oltre che ristorante e pizzeria è anche bar ed enoteca. (041

522 42 92; www.aciugheta.com; Campo Santi Filippo e Giacomo, Castello 4357; pasti €45 circa; ⏱11-23 tutti i giorni; 🚊San Zaccaria)

### Al Mascaron   RISTORANTE €€€

**16** 🍴 Cartina p126, B1

Menu di una sola pagina: bigoli in salsa, spaghetti con granseola o con nero di seppia, sarde *in saor*, insalata di piovra, gamberetti nostrani, alici marinate, *sépe* alla griglia, baccalà mantecato. Vino della casa a €12 al litro. Vetrofanie all'ingresso come le stelle: impossibile contarle. (📞041 522 59 95; www.osteriamascaron.it; Calle Longa Santa Maria Formosa, Castello 5225; pasti €45-55; ⏱chiuso dom; 🚊San Zaccaria, Rialto)

### Enoiteca Mascareta   ENOTECA €€€

**17** 🍴 Cartina p126, B1

Carpacci, sarde, piovre, baccalà. Tortellacci, paccheri, ravioli, parmigiane, lasagnette, pasticci, quaglie farcite, agnello dell'Alpago. E anche taglieri di ricercati salumi e formaggi. È questo il regno del simpaticissimo Mauro Lorenzon, dove il vino che va per la maggiore è l'Amarone, anche se la specialità è il Prosecco. Per un bicchiere in calle qui ci sono sedili tipo cinema. (📞041 523 07 44; www.ostemaurolorenzon.it; Calle Lunga Santa Maria Formosa, Castello 5183; ⏱cucina 19-24, locale aperto fino alle 4; pasti €50; 🚊San Zaccaria)

### Al Covo   RISTORANTE €€€

**18** 🍴 Cartina p126, D3

Antipasti, paste e secondi: qui tutto è 'pensato al mercato'. Certo non costa-

El Refolo (p132)

no poco i pensieri mattutini di Cesare, ma vale la pena di conoscerli. Il ristorante aderisce all'alleanza tra cuochi e presidi Slow Food. (📞041 522 38 12; www.ristorantealcovo.com; Campiello della Pescaria, Castello 3968; menu a pranzo €58, menu serale degustazione €68 per tutti i componenti del tavolo, pasti €75-80 circa; ⏱12.45-14 e 19.30-22, chiuso mer e gio; 🚊Arsenale)

### Corte Sconta   RISTORANTE €€€

**19** 🍴 Cartina p126, D2

'Corte nascosta' è nata ai primi del 1900 come bottiglieria, con una vite centenaria a pergolato che è ora il principale arredo della corte interna. I piatti? Tartare di ricciola marinata con crudité e maionese di soia, sauté di vongole veraci allo zenzero, granseola al vapore. Strepitoso il menu degusta-

Fruttivendolo galleggiante

zione antipasti a €27. (☎041 522 70 24; www.cortescontavenezia.it; Calle del Pestrin, Venezia 3886; pasti €55-60; ⊙12.30-14.30 e 19-21.30, chiuso dom e lun; ⛴Arsenale)

### Alle Testiere    RISTORANTE €€€

**20**  Cartina p126, A1

Pesce secondo quanto offre ogni giorno il mercato impreziosito da aromi, erbette e germogli scelti dallo chef Bruno. In sala l'enologo Luca, che passa in rassegna bontà come gnocchi con mazzancolle e finocchietto selvatico e filetto di san pietro profumato con ginepro, pepe rosa, menta e finocchio in sugo d'arancia e limone. Tra i clienti affezionati Meryl Streep e Brad Pitt. (☎041 522 72 20; www.osterialletestiere.it; Calle del Mondo Novo, Castello 5801; pasti €65-70; ⊙chiuso dom e lun; ⛴San Zaccaria)

## Locali

### Serra dei Giardini    BAR/RISTORO

**21**  Cartina p126, G4

Nella struttura di questa vecchia serra, oggi riattata, trovano spazio corsi di tango e di yoga, una rivendita di fiori e un bar con giardino dove è piacevole fermarsi a bere un caffè. (☎041 296 03 60; www.serradeigiardini.org; Viale Garibaldi, Castello 1254; ⊙10-20, ma potrebbero esserci delle variazioni in inverno; ⛴Giardini)

### In Paradiso    BAR/RISTORO

**22**  Cartina p126, G5

Sotto un pergolato di glicini, di fianco a un oleandro o sotto un gazebo, a un passo dai padiglioni della Biennale e con il naso praticamente sulla Laguna, c'è In Paradiso, la cui sala interna durante la celebre manifestazione diventa spazio espositivo. (041 241 39 72; www.inparadiso.net; Giardini della Biennale, Castello 1260; cucina 12-21; Giardini)

### Laboratorio Occupato Morion  SPAZIO AUTOGESTITO

23  Cartina p126, D1

Devono avere una marcia in più i gestori di questo spazio, se sono 25 anni che rimpinzano gli avventori con ottime pizze a km0, li dissetano con vini bio e buone birre, ne soddisfano il gusto estetico con gli arredi recuperati dagli allestimenti della Biennale e soprattutto garantiscono loro interessanti e divertenti serate (a suon di musica, dibattiti, presentazioni). (www.laboratoriomorion.org; Salizada San Francesco della Vigna; variabili, ma quasi sempre 19-2 ven; Celestia, San Marco-San Zaccaria)

### Londrabar  BAR

24  Cartina p126, C3

Il surrogato di una notte indimenticabile al Londra Hotel è il Londrabar, dove fermarsi per un caffè (massimo risparmio: €4) o per un cocktail. Si viaggia attorno ai €15-17 per una consumazione, ma prendere un 'Martini special – Shaken not stirred' (in omaggio a Bond) o un Dirty Martini Londrabar (vodka, fresh italian green olive, dry vermouth) in un posto così non ha prezzo. (041 520 05 33; www.londrapalace.com/londrabar; Riva degli Schiavoni, San Marco 4171; 10.30-0.30; San Zaccaria)

### Oriental Bar  BAR

25  Cartina p126, C3

Avvolgente spazio ubicato all'interno dell'Hotel Metropole (p40), bello in ogni giorno dell'anno ma soprattutto da ottobre a marzo, quando viene organizzato il rito del tè. Per tutto l'anno, invece, cocktail e long drink internazionali. DJ-set il venerdì sera e curiose varianti dello spritz. (041 520 50 44; www.hotelmetropole.com; Riva degli Schiavoni, Castello 4149; 11-1; San Zaccaria)

## Divertimenti

### Chiesa della Pietà  CONCERTI

26 Cartina p126, C3

I musicisti sono i famosi Virtuosi Italiani (www.ivirtuosiitaliani.eu). I concerti sono circa 160 all'anno. La location è la Chiesa della Pietà. Il programma ha immancabilmente *Le quattro stagioni* di Vivaldi e qualche altro pezzo di musica barocca. I biglietti sono disponibili presso la chiesa stessa e spesso negli hotel e nelle agenzie di viaggi. (366 403 97 53; www.chiesavivaldi.it; Chiesa della Pietà; interi/ridotti €25/20; biglietteria 10-20.30 mar-dom presso la chiesa; San Zaccaria, Pietà)

## Shopping

### Kalimala  SCARPE ARTIGIANALI

27 Cartina p126, A2

Sandali, mocassini, polacchine e scarpe da barca. Il costo? Accessibile (€100-130). I colori? Tutti (persino il fucsia) e in mille

Giovanna Zanella (p136)

gradazioni. Il materiale? 'Confeziono quasi tutto in vacchetta; fa eccezione solo qualcosa in pelle di bufalo, per l'inverno, soprattutto da donna'. (☏041 528 35 96; www.kalimala.it; Salizada San Lio, Castello 5387; ◷9.30-19.30 lun-sab, 10.30-19.30 dom apr-dic; ⛴Rialto)

### Girani  TORREFAZIONE

**28** Cartina p126, D3

Se ancora non sapete quali benefici abbia il chicco nero per la pelle, fate un salto in questa torrefazione del 1928 che oltre a spezie, tè, cioccolati, e, ovviamente caffè, vende una serie di prodotti per il viso e per il corpo. (☏041 72 15 00; www.caffegirani.it; Campo Bragora, Castello 3727; ◷8.30-12.30 lun-ven e 16-19 mar e ven, 10-12.30 sab; ⛴San Zaccaria, Arsenale)

### Papier Mâché  ARTIGIANATO ARTISTICO

**29** Cartina p126, B1

Si viene fin qui per conoscere Eliana Manuela e Stefano, due spiriti eclettici che tra le doti hanno quella di saper realizzare maschere tutte rigorosamente di cartapesta (costruite su stampo negativo in gesso, come vuole la tradizione) e decorate (con pigmenti naturali) interamente a mano: un'arte in cui convergono la tradizione e l'innovazione. (☏041 522 99 95; www.papiermache.it; Calle Lunga Santa Maria Formosa, Castello 5174/B; ◷9-19.30; ⛴Rialto)

### Giovanna Zanella  CALZATURE

**30**  Cartina p126, A1

Chi passa di qui sarà lieto di fare la conoscenza di Giovanna e di ammirare, e magari acquistare, qualche pezzo di questo scenografico tripudio di pelli colorate, frange, fiori, bottoni e altre applicazioni. (☏041 523 55 00; www.giovannazanella.it; Calle Carminati, Castello, San Lio 5641; ◷13.30-20 lun-sab; ⛴Rialto)

### Paolo Brandolisio  FORCOLE

**31**  Cartina p126, B2

All'età di 16 anni Paolo già non dubitava di volere seguire la strada del maestro Giuseppe Carli. E quindi è rimasto lì, nello stesso laboratorio dove oggi tutto è disposto esattamente come allora. (☏041 522 41 55; http://paolobrandolisio.altervista.org; Successori G.Carli di Paolo Brandolisio Costruzione forcole e remi; Castello 4725; ◷9.30-13 e 15.30-19 lun-ven; ⛴San Zaccaria)

## Conoscere
## Le isole di Castello

### Isola di San Pietro di Castello

I primi ad abitare l'**Isola di San Pietro di Castello** (oggi una cartolina appartata, silenziosa e suggestiva), conosciuta anticamente con il nome di Olivòlo (forse perché vi si coltivavano ulivi, o forse perché ha vagamente la forma di un'oliva), furono i Quintavalle, una famiglia istriana che vi giunse nel 430. Come Rialto e altre isole minori, anche quest'isola, dunque, costituì uno dei primi insediamenti nella Laguna ed ebbe una propria diocesi.

Non si può prescindere da una visita alla **Chiesa di San Pietro in Castello** (p124), la cattedrale di Venezia fino al 1807, fondata nel IX secolo ma il cui aspetto attuale si deve alle ristrutturazioni del Palladio. L'interno è maestoso, lo spazio solenne, la cupola grandiosa e alta; le grandi finestre sono luminosissime. Monumento simbolo di una Venezia mediterranea, mesopotamica e islamica, di una città che è sempre stata meticcia, l'edificio è stato inserito da Hugo Pratt nel dedalo della sua *Favola di Venezia*. Da non perdere anche il crocifisso ligneo, costituito da un assemblaggio fra parti romanico-bizantine e altre del XIV secolo, l'altare maggiore del Longhena e infine il campanile pendente di Mauro Codussi, poderoso e rinascimentale, nonché l'unico in pietra d'Istria della città.

### Isola di Sant'Elena

L'**Isola di Sant'Elena** è l'isola dove sorge il sole, quella posta ai margini più orientali di Venezia. Fatta eccezione per l'omonima chiesa del XII secolo, ma ricostruita in forme gotiche nel 1439 e dotata di un bel portale nel 1470 circa, e per l'annesso monastero, dedicato alla santa da cui prende il nome, quasi tutti i suoi edifici furono costruiti sui terreni ricavati da aree paludose, bonificate all'inizio del XX secolo per realizzare una nuova zona manifatturiera. Oggi è meta degli sportivi, che fanno jogging sotto i suoi viali ombreggiati, ma vale comunque la pena di venirci per tutti, per l'atmosfera un po' anacronistica e anche per la pineta, detta Parco delle Rimembranze, ubicata all'estremità orientale dei Giardini Pubblici (p131), che commemora i caduti nella seconda guerra mondiale ed è un posto tranquillo, con vedute da cartolina sul Bacino di San Marco. Non a caso, il posto è molto frequentato dalle famiglie, alle quali offre panchine, scivoli, altalene, pista di pattinaggio e spazi ombreggiati.

Scoprire

# Isole settentrionali

Murano con le sue fornaci e i palazzi aristocratici. L'incantevole Mazzorbo. Burano con il cromatismo acceso delle case e il candore dei merletti. Torcello con quel poco di artistico, ma prezioso, che nei secoli è rimasto indenne. E poi l'importanza ambientale del Lazzaretto Nuovo, le storie delle isole di San Michele e Sant'Erasmo, il deserto delle Vignole e la meditativa Isola di San Francesco.

## In un giorno

 Vi conviene cominciare dall'isola più lontana, Torcello, per visitare la **Basilica di Santa Maria Assunta** (p142) e poi rimettervi in acqua verso Burano, dove potrete riempirvi gli occhi di case colorate, immacolati merletti – al **Museo del Merletto** (p141) – e delle vetrine dei negozi (p147) dei quali è costellata Via Galuppi, prima di riempirvi la pancia con tutte le delizie che abitano la Laguna **Al Gatto Nero** (p146).

Dirottate quindi verso Murano, dove vi aspettano il **Museo del Vetro** (p141), gli oggetti fragili e preziosi delle fornaci (tra le quali **VMA**, p147, ed **Ercole Moretti & Fratelli**, v. lettura p147), nascoste dietro gli eleganti e lussuosi showroom allineati uno di seguito all'altro lungo le Fondamenta dei Vetrai e Ramo di Mula, e le avanguardistiche creazioni di **Davide Penso** (p148).

Se vi va di restare a cena sull'isola di Murano controllate l'orario di apertura della **Vecchia Pescheria** (p144); se invece sentite un po' di nostalgia per la Venezia con la V, non attardatevi troppo e tornate a Fondamenta Nuove, dove non sarà difficile puntare verso uno dei ristoranti di Cannaregio (p144).

 **Il meglio**

**Pasti**
Da Garbo, Burano (p145)
Al Gatto Nero, Burano (p146)
Locanda Cipriani, Torcello (p146)

**Trasporti**
V. lettura p149.

# Da vedere

## Museo del Vetro
MUSEO

**1** Cartina p140, B3 Murano

È millenaria la storia del vetro; questo museo la racconta cominciando dai preziosi pezzi di vetro iridescenti di epoca romana e finendo con le avveniristiche creazioni del XX secolo. Da non trascurare la location: un Palazzo Giustinian in piena forma. (041 73 95 86; www.museovetro.visitmuve.it; Fondamenta Giustinian 8, Murano; interi/ridotti €10/7,50 o MUVE Museum Pass; 10-17 nov-marzo, fino alle 18 apr-ott; Museo)

## Basilica dei Santi Maria e Donato
LUOGO DI CULTO

**2** Cartina p140, B3 Murano

Questa chiesa del VII secolo, rappresentativa del periodo veneto-bizantino, è un particolare 'zoo': la pavimentazione è infatti costituita da una decorazione musiva (1140) che alterna pattern geometrici a raffigurazioni di animali di derivazione orientale (pavoni, aquile araldiche, grifoni, draghi, galli, volpi); inoltre, appese dietro l'altare ci sono ossa di drago che secondo la leggenda apparterrebbero a un animale feroce ucciso da san Donato. (Duomo di Murano; 041 73 90 56; Campo San Donato, Murano; 8-18 tutti i giorni; Museo)

## Museo del Merletto
MUSEO

**3** Cartina p140, D1 Burano

I merletti si possono classificare in base alla tipologia di produzione (all'inizio familiare e conventuale, in seguito di intere popolazioni femminili), ai motivi decorativi, allo stile (rinascimentale, barocco, fiammingo), alla diffusione (quale fu quella del 1600 in Francia, per esempio). In ogni caso, furono espressione della sensibilità femminile e attività altamente redditizia. In questo museo se ne può seguire la storia, prima di giungere nell'ultima sala, dove, se si è fortunati, ci sono una o più merlettaie all'opera. (041 73 00 34; www.museomerletto.visitmuve.it; Piazza Galuppi 187, Burano; interi/ridotti €5/3,50 o MUVE Museum Pass; 10-18 mar-dom apr-ott, 10-17 mar-dom nov-marzo; Burano)

## Piazza del Buranello
PIAZZA

**4** Cartina p140, D1 Burano

Oggi il buranello, o più precisamente il *bussolà buranello*, è un biscotto a forma di anello, ma nel 1700 a essere chiamato così era il musicista Baldassare Galuppi (1706-85), al quale è dedicata la piazza principale dell'isola; su di essa si affaccia la **Chiesa di San Martino** (041 73 00 96; Piazza Galuppi, o del Buranello; 8-12 e 15-19; Burano), un edificio del XVI secolo che vanta una *Crocifissione* (1727) di Giambattista Tiepolo e la *Fuga dall'Egitto* (1492 circa) di Giovanni di Niccolò Mansueti. L'icona russa vicino all'altare, la *Madonna di Kazan*, è un capolavoro di smalti. (Piazza del Buranello, Burano)

## Basilica di Santa Maria Assunta
LUOGO DI CULTO

5 Cartina p140, D1 Torcello

La cosa più importante che questa chiesa nasconde dietro la sua sobria facciata in mattoni sono gli scintillanti mosaici, realizzati fino al 1200 con la foglia d'oro. Da notare anche le iscrizioni in più lingue – latino, greco e latino ecclesiastico (una mescolanza di latino, greco e veneziano) – che sono un bel rompicapo persino per gli studiosi. Sulla piazza, i più megalomani si fanno immortalare a fianco del **Trono di Attila**, prima di andare a visitare il **Museo di Torcello**, ubicato nel Palazzo del Consiglio del XIII secolo, che custodisce al piano inferiore mosaici della prima epoca bizantina e al piano superiore reperti romani venuti alla luce ad Altino. (basilica: 041 73 01 19; interi/ridotti €5/4, cumulativi con museo €8/6; 10.30-17.30 marzo-ott, 10-16.30 nov-feb; visite guidate ogni 45 min apr-ott; museo: 041 73 07 61; Piazza Torcello, Torcello; interi/ridotti solo gruppi di almeno 10 persone €3/1,50, cumulativi con la Basilica di Santa Maria Assunta €8/6, con basilica e campanile €10/8; 10.30-17.30 mar-dom apr-ott, fino alle 17 nov-marzo; Torcello)

## Chiesa di San Michele in Isola e Cimitero di San Michele
CIMITERO

6 Cartina p140, B3 Isola di San Michele

Si tratta dell'antico cimitero di Venezia, presso cui, nel X secolo, le famiglie Briosa e Brustolana eressero una piccola chiesa intitolata a san Michele Arcangelo. Ampliato e riconsacrato varie volte, alla metà del XII secolo il complesso diventò un monastero, quindi una florida abbazia: fu completato il chiostro, nel 1456 fu innalzato il campanile e infine si cominciò a dare forma alla chiesa attuale, che nel 1477 figurava come una delle più belle costruzioni di Venezia, firmata dal bergamasco Mauro Codussi. Il prospetto è costituito da una sobria e pura massa bianca di conci calcarei d'Istria. L'interno è anch'esso misurato e armonioso, e piuttosto inconsueto nella suddivisione dello spazio: a spezzare le tre navate c'è infatti un barco che regge il coro pensile. Il soffitto ligneo a cassettoni reca al centro un rosone intagliato e dorato.

Oggi, sull'isola, è d'obbligo una passeggiata tra il rosso mattone dei muri di cinta e il verde dei cipressi per portare un saluto a Shelley, Byron e Ruskin, che figurano tra i più insigni ospiti del cimitero, nato dalla fusione delle isole di San Michele e San Cristoforo. ( 041 729 28 41; 7.30-16.30 in inverno, 7.30-18 in estate; Cimitero)

## La Maravegia
ORTO

7 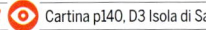 Cartina p140, D3 Isola di Sant'Erasmo

L'Isola di Sant'Erasmo fu un tempo l'Orto dei Dogi e della città, per via delle delizie ivi coltivate (tra cui le *castraure*, v. lettura p145), della riserva di caccia e dei vigneti (ogni prima domenica di ottobre si celebra la Festa del Mosto). Oggi c'è chi vuole creare un Agripark per farla tornare quella di un tempo: si tratta di gruppo di gio-

Chiesa di San Michele in Isola (p142)

vani che ha ripulito un vasto terreno incolto per coltivarci frutta e verdura biologiche; 'l'unica chimica che a noi piace, dicono, è quella tra le persone'. (Davide: 348 003 41 26; Via dei Forti 67/A; 7-19; Chiesa)

## Convento di San Francesco del Deserto
CONVENTO

 Cartina p140 D2
Isola di San Francesco del Deserto

Il nome della verdeggiante isola spiega che l'assisiate si era fermato qui, perché affascinato dalla 'Oh beata solitudo! Oh sola beatitudo' (come si legge all'ingresso) della casa di campagna di Jacopo Michieli, con annessa cappella bizantina, che solo più tardi fu donata ai frati minori e 'ai loro successori per sempre', quindi ampliata ma abbandonata a causa della malaria, infine ripopolata dai francescani dal 1856. Da visitare: due chiostri, la Chiesa delle Stimmate (con tracce dell'antica chiesa bizantina), l'Oratorio dove san Francesco pregava, e il giardino, con un tronco che la leggenda vuole derivato dal bastone piantato dal santo in segno di addio. Nel weekend, i frati ospitano chiunque desideri rifugiarsi qui. (041 528 68 63; www.sanfrancescodeldeserto.it; offerta libera; 9-11 e 15-17 mar-dom)

## Tezon Grande
EDIFICIO

 Cartina p140, C3 Isola del Lazzaretto Nuovo

È ubicato in un'isola di grande interesse storico e antropologico questo caseggiato cinquecentesco lungo 100 m, dove si fermavano gli equipaggi con merci sospette di veicolare la peste, che venivano quindi affumicate e messe in quarantena. Sulle pareti le scritte originali (fatte con ossido di ferro mischiato all'albume) riportano fatti storici, elezioni di dogi o la ricognizione dei sigilli: per evitare di perdere le merci, i *bastazi* (magazzinieri), vergavano il loro marchio sul muro in modo da riconoscere dopo 40 giorni il punto esatto in cui le avevano collocate. Notate anche il cuore trafitto dentro una gabbia, datato 1583, che testimonia un dolente tempo di attesa. In quest'isola, insomma, si sente l'eco della silenziosa furia di quel terribile male che fu la peste. Non mancano ceramiche, monete, anfore e altri reperti. (Isola del Lazzaretto Nuovo; Ekos Club e Archeoclub d'Italia Onlus; ☎041 244 40 11, 339 179 70 11; www.lazzarettonuovo.com, www.archeove.com; offerta libera; ⏱visite guidate 9.45 e 16.30 sab e dom apr-ott; 🚤Lazzaretto Nuovo)

# Pasti

### Ai Cacciatori BAR €

 Cartina p140, B3 Murano

Chi si accontenta di un panino, magari in compagnia dei maestri vetrai in pausa (segno distintivo una bandana arrotolata sulla fronte), può fermarsi qui. (☎339 200 68 34; Fondamenta Vetrai 69, Murano; ⏱6-20; 🚤Colonna)

### Ai Vetrai RISTORANTE €/€€

 Cartina p140, B3 Murano

La cucina rustica non è un picco, ma è onesta, e include tra le specialità le tagliatelle con astice o seppie e la zuppa di pesce. L'attesa è bene ingannarla con una crema di branzino. Per concludere, i dolci fatti in casa. (☎041 73 92 93, 393 913 51 56; Fondamenta Manin 29, Murano; menu del giorno €15, pasti €30 circa; ⏱9-16 e 18-22, chiuso ven sera e dom sera; 🚤Murano Faro)

### La Perla (Ai Bisatei)

 Cartina p140, B3 Murano

Divertente trattoria che è un angolo di autentica veracità isolana. *Caparossoli*, *peoci*, bistecche, verdure e anche *cicheti*, ma solo fino alle 12. Perché alle 12.10 esce il risotto, primariamente per i maestri vetrai, secondariamente per gli altri. (☎041 73 95 28; Campo San Bernardo 6, Murano; pasti €30; ⏱10-15.30, chiuso mer in bassa stagione; 🚤Venier)

### Busa alla Torre TRATTORIA €€€

 Cartina p140, B3 Murano

Rustica trattoria dove i muranesi si mettono nelle mani di Lele, che si diletta in una cucina stagionale a base di pesce: tagliatelle con scampi e porcini, ravioli di branzino con granseola, *moeche* fritte. Lo Champagne non manca mai. (☎041 73 96 62; Campo Santo Stefano 3, Murano; pasti €40-50; ⏱11.30-15.45; 🚤Murano Faro)

### Alla Vecchia Pescheria RISTORANTE/PIZZERIA €€€

14 Cartina p140, B3 Murano

Michelle Obama si è seduta a uno di questi tavoli all'aperto. Non sappiamo che cos'abbia ordinato, ma voi puntate sul pesce o sulla carne, sulle pizze o sull'insalata. (041 527 49 57; www.allavecchiapescheria.it; Campiello Pescheria 4, Murano; pasti €45-55; 11.45-15.30 gio-mar, 18-21.30 gio-dom; Colonna)

## Alla Maddalena     TRATTORIA €€€

**15**  Cartina p140, D1 Mazzorbo

Sono due in cucina (Emanuela e Lorenza) e due in sala (i loro mariti Andrea ed Emanuele). E il risultato della somma è super. Specie con i piatti forti, che sono l'antipasto misto di mare, il risotto di *gò* (il ghiozzo, un piccolo pesce di laguna), la pasta con il ragù d'*ànora* (l'anatra, fresca a ottobre e novembre). Da settembre, su prenotazione, anche selvaggina da piuma. (041 73 01 51; www.trattoriamaddalena.com; Fondamenta Santa Caterina 7/B; pasti €40; 12-15 e 18.30-21 ven-mer; Mazzorbo)

## Da Garbo     PANIFICIO/PASTICCERIA €

**16**  Cartina p140, D1 Burano

'Da Garbo', recitava un tempo l'insegna, che poi ha perso la 'D', per cui oggi questa pasticceria-panificio molto d'antan si chiama 'a Garbo'. Qui Giorgio sforna *spumiglie* (meringhe senza panna né crema), *bussolà buranelli* (non solo a forma di 'S' o ad anello), *zaletti*, sfogliatine alla marmellata, dolci del pescatore e altre leccornie. (041 894 67 10; Via San Mauro, Burano; 8-17 in inverno, fino alle 19 in estate; Burano)

> ### Conoscere
> **Il delicato capolino fiorale**
>
> Lungo lo stelo del fusto del carciofo violetto di Sant'Erasmo cresce un delicato capolino fiorale, un tempo chiamato *articiòco de cima*, che costituisce da sempre un'esperienza gustativa elitaria; e questo accade sia che si tratti della primizia assoluta, ovvero la *castraura*, sia dei *botoli*, i germogli laterali successivi. La raccolta di questo germoglio comincia in primavera, secondo tradizione il 25 aprile, e si chiude con l'estate (a maggio, infatti, c'è la Festa del Carciofo Violetto di Sant'Erasmo, www.carciofosanterasmo.it).

## Al Raspo de Ua     RISTORANTE €/€€

**17**  Cartina p140, D1 Burano

Fra maschere e vetri pregiati, una cucina semplice e dignitosa: minestre, zuppe, pesce alla griglia. I vegetariani potranno strafare con melanzane alla parmigiana, omelette e zuppe di verdura. (041 73 00 95; www.alraspodeua.it; Via San Martino Destro 560, Burano; menu turistici carne/pesce €17/17,50, pasti €25 circa; tutti i giorni; Burano)

## Trattoria da Romano     RISTORANTE €€

**18**  Cartina p140, D1 Burano

Burano. A inizio Novecento Romano Barbaro fece della sua trattoria il rifugio dei pittori Gino Rossi, Umberto Maggioli, Pio Semeghini, Arturo Mar-

Al Raspo de Ua (p145)

tini, Luigi Scopinich, i quali lo omaggiavano delle loro opere in cambio della buona cucina di pesce, sopravvissuta egregiamente fino a oggi in questo ristorante-museo. (☏041 73 00 30; www.daromano.it; Via Galuppi 221, Burano; pasti da €35; ⏱12-15.30, anche 18.30-20.30 in estate, chiuso mar tutto il giorno e dom a cena; 🚤Burano)

### Al Gatto Nero  RISTORANTE €€€

19  Cartina p140, D1 Burano

Il risotto di *gò*, o *alla buranella*, è fatto con Carnaroli o Vialone Nano e con i pesci 'ghiozzi' o 'paganei' (pesci lunghi di piccola taglia, ma di grande carattere). Ed è soltanto uno dei piatti forti che Ruggero imbastisce con tutto il rispetto per il mercato della notte. Da non perdere i biscotti artigianali. (☏041 73 01 20; www.gattonero.com; Via Giudecca 88, Burano; pasti €50-60; ⏱12.30-15 e 19.30-20.30, chiuso dom a cena e lun; 🚤Burano)

### Locanda Cipriani  RISTORANTE €€€

20  Cartina p140, D1 Torcello

Ci sono due fili rossi nel ristorante di Brass. Il primo è quello culinario: fiori di zucchina con gamberi e filetto di branzino con carciofi e meringata sono tra le carte vincenti (se però manca poco al vaporetto, va bene anche per una cioccolata e una millefoglie). Il secondo è quello storico: Arrigo Cipriani racconta che alle 22 circa Hemingway si ritirava in camera a scrivere in compagnia di sei bottiglie di Amarone, che al mattino (dopo che lo scrittore era uscito per andare a caccia di anatre) venivano ritirate vuote. (041 73 01 50; www.locandacipriani.com; Piazza Santa Fosca 29, Torcello; menu carne/pesce €48/60, pasti €65-70; 12-15 mer-lun, anche 19-21 ven e sab; Torcello)

### Tedeschi — BAR SELF SERVICE €

21  Cartina p140, D3 Isola di Sant'Erasmo

Bar affacciato sulla spiaggia del Bacàn, utile per gelati e stuzzichini, e nella bella stagione anche per piatti caldi. Benissimo anche per uno spritz in compagnia dei gitanti della **Spiaggia del Bacàn** (dove è tradizione fare scampagnate in barca e bagni). (Torre Massimiliana, Isola di Sant'Erasmo; 10-23; Torre Massimiliana, Capannone)

### Trattoria Alle Vignole — TRATTORIA €€

22  Cartina p140, C4 Le Vignole

Sui tavoloni sotto gli alberi arrivano le proposte della cucina non stop, che sforna pizze, primi (€12 circa), grigliate di carne e pesce, fritture di pesce (€16) e verdure che più a km0 di così non si può. I gruppi si divertono, per gli intimi non manca un angolo appartato. (041 528 97 07; Le Vignole; pasti €30-35; 10-22 mar-dom metà apr-fine set; Vignole)

## Shopping

### VMA — VETRO

23  Cartina p140, B3 Murano

Qui si possono vedere i maestri vetrai al lavoro. Per conoscere invece il loro stile bisogna spostarsi nello showroom. Per oggetti dal costo più abbor-

---

#### Conoscere
**Tra scaffali e colori, par d'essere in un museo**

Forse sapete che cos'è la 'rosetta', con cui cominciò la storia della produzione di perle di vetro di **Ercole Moretti & Fratelli** (cartina p140, B3; 041 73 90 83; www.ercolemoretti.it; Fondamenta Navagero 42, Murano; visite su appuntamento; Navagero); o forse che cosa sono le murrine, da sempre la lavorazione privilegiata della fabbrica. O magari riconoscete l'inconfondibile rifinitura delle millefiori Moretti. In caso contrario, in questa fabbrica-museo vi racconteranno tutta la storia, tra odori di antiche vernici, tavolette di legno con aghi per la tintura delle perle, presse per bottoni e cannucce realizzate su richiesta per i Grandi Magazzini Duilio di Firenze. Al tempo della stesura di questa guida c'era nell'aria l'idea di una collaborazione con il Museo del Vetro (p141).

Davide Penso (p148)

dabile c'è invece il negozio. A chi viaggia con i bambini si consigliano le visite guidate tra le 15 e le 17, perché viene data dimostrazione della realizzazione di un cavallino e di una bottiglia soffiata. Più interessante per gli adulti è invece la produzione vera e propria, che si svolge tra le 9 e le 15. La spedizione a casa di ogni pezzo è compresa nel prezzo e, inutile dirlo, assicurata. (Vetreria Murano Arte; 041 73 66 66; www.vma-murano.it; Calle San Cipriano 48/1, Murano; ingresso libero, la dimostrazione del lavoro è gratuita; 9-17; Colonna)

### Davide Penso    GLASS JEWERLY DESIGN

**24**  Cartina p140, B3 Murano

'Glass jewerly design' vuol dire che le sfere di vetro le trovate dentro vasettini in vetro e che le geometrie sono decisamente insolite. (041 527 46 34; www.davidepenso.it; Fondamenta Riva Longa 48, Murano; 9.30-13.30 e 14.30-18; Museo)

### Dalla Lidia Merletti d'Arte    MERLETTI

**25**  Cartina p140, D1 Burano

Fatevi un'idea della complessità dell'arte del merletto ammirando l'ovale incompiuto eseguito ad ago in punto. Soffermatevi sui colletti del 1500-1600, sulle strisce per tovaglie del 1600 circa, sui ventagli del 1700-1900, sull'abito da sposa del 1850 e sul fazzoletto di Napoleone. Passate quindi allo shop. (041 73 00 52; www.dallalidia.com; Via Galuppi 215, Burano; 9.30-17.30 in inverno, fino alle 18.30 in estate; Burano)

## Emilia

MERLETTI

**26** Cartina p140, D1 Burano

Una storia di eleganza legata alla tradizione, oggi innestata in un raffinato gusto contemporaneo. Oltre agli articoli ornati di merletti, il negozio ha cotoni egiziani, lini irlandesi ricamati e asciugamani. Al piano superiore la collezione comprende pezzi d'epoca inestimabili. Pianoforti e alianti di merletti sono opera del figlio di Emilia, il designer Lorenzo Ammendola.

(041 73 52 99; www.emiliaburano.it; Piazza Galuppi 205, Burano; 9.30-18.30; Burano)

# Attività

## Eolo

MINICROCIERE

 **27** Cartina p140, C4 Le Vignole

Organizza minicrociere a bordo dell'imbarcazione tradizionale *Eolo*, magari accompagnate da un *cicheto* o una cena. Rivolgetevi a Mauro Stoppa. (349 743 15 52; www.cruisingvenice.com)

### Come raggiungere le isole settentrionali

▶ **Per/da Murano** I servizi più regolari sono la linea DM (Diretto Murano) da Piazzale Roma e le linee n. 4.1 e 4.2 da Fondamente Nuove. L'isola è raggiungibile anche dall'Aeroporto Marco Polo (con linea Blu Alilaguna). Da Murano, per Burano e Torcello, si prende la linea 12 al Faro.

▶ **Per/da Mazzorbo** Il vaporetto n. 12 che parte dalle Fondamente Nuove e dalla fermata Murano-Faro raggiunge Burano e fa una fermata a Mazzorbo.

▶ **Per/da Torcello** La linea n. 9 da Burano è l'unica che raggiunge Torcello.

▶ **Per/da Burano** La traversata in vaporetto per raggiungere Burano da Fondamente Nuove sulla linea Laguna Nord (LN) dura 50 minuti.

▶ **Per/dall'Isola di San Michele** I vaporetti delle linee n. 4.1 e 4.2 in servizio per Murano dalle Fondamente Nuove fermano al cimitero della città.

▶ **Per/dall'Isola di Sant'Erasmo** Il vaporetto n. 13 da Fondamente Nuove.

▶ **Per/da Le Vignole** Il vaporetto n. 13 raggiunge Le Vignole dalle Fondamente Nuove passando per Murano (fermata Faro).

▶ **Per/dall'Isola di San Francesco del Deserto** Da Burano, con **Laguna Fla** (347 992 29 59; www.lagunaflaline.it; Via San Mauro 298, Burano; interi/bambini sotto i 10 anni €10/5 andata e ritorno; 14.30 andata, 15.50 ritorno mar-dom; il servizio è stagionale e viene svolto con prenotazione obbligatoria e con un minimo di 4 passeggeri), si viaggia a bordo di imbarcazioni tradizionali restaurate. Laguna Fla effettua anche la tratta Altino–Torcello–Burano.

▶ **Per/dall'Isola del Lazzaretto Nuovo** Il vaporetto n. 13 ACTV da Fondamente Nuove.

## Da non perdere
# Laguna orientale

**Trasporti**

Punta Sabbioni è collegata a Venezia (linea n. 14, 40 min, ogni 30 min), Burano (linea n. 12, 30 min, ogni 60 min), Murano (linea n. 12, 60 min, ogni 60 min) e Torcello (linea n. 12, 35 min, 11 al giorno).

La Laguna orientale è un ambiente incontaminato e suggestivo, nel suo collage di canali, specchi d'acqua, valli lagunari, case coloniche, casoni di valle, valli da pesca con allevamenti di anguille, spigole, orate e branzini. Immergetevi in questo paesaggio a piedi o in bicicletta e godetevi la sensazione di essere solo in compagnia delle garzette bianche o, se preferite, dei cefali che saltano sull'acqua.

La Laguna orientale

## In primo piano

### Cavallino-Treporti

Cavallino-Treporti, una penisola che si allunga nel Mare Adriatico con un susseguirsi di canali e barene, comprende il borgo rurale di **Lio Piccolo**, con una chiesetta secentesca e un bel campanile e la cementata area portuale di **Punta Sabbioni**, con bar, biglietterie, parcheggi e noleggio bici. Da Cavallino a Punta Sabbioni si allungano poi 15 km di spiagge dorate, con acque adatte ai più piccoli, dune e pinete. In zona non manca la buona cucina: alle **Manciane** (☎041 65 89 77/339 817 31 31; www.mancianeinlaguna.com; Via Lio Piccolo 29; menu di primo e secondo €25, pasto completo €40; ⊙mer-lun in estate, sab, dom e festivi in inverno ma meglio telefonare prima) si servono anguille, pesci fritti, squisiti *saor* e deliziosi primi piatti sotto un pergolato; all'occorrenza, si può anche soggiornare nell'**agricampeggio** (⊙Pasqua-set). L'**Antica Dogana** (☎041 530 20 40; www.anticadogana.info; Via della Ricevitoria 1, Cavallino-Treporti; doppie uso singole/doppie €63-100/83-140; pasti da €45; ⊙marzo-inizio nov), affacciata con tanto di terrazza su uno strepitoso angolo della Laguna orientale, propone tra le altre bontà linguine con la *busera*. **Al Notturno** (☎041 96 62 60/335 687 40 54; Ca' Savio; Via Lio Piccolo 34; pasti da €50; ⊙chiuso lun), adagiato in mezzo alle barene, è dove Luca serve una cucina naturale fatta di crema di dentice, mazzancolle, telline e scampi crudi, risotto ai frutti di mare, frittura. Per dormire, tra gli innumerevoli campeggi segnaliamo l'**Europa** (☎041 96 82 61/041 96 80 69; www.campingeuropa.com; Via Fausta 332, Cavallino-Treporti; tariffe giornaliere adulti/2-5 anni/under 2 €5,20-11,90/3,50-10,40/gratuito, piazzole €10,10-31; ⊙apr-inizio ott) e il **Sant'Angelo** (☎041 96 88 82; www.santangelo.it; Via Fratelli Baracca 63, Cavallino-Treporti; tariffe giornaliere adulti/3-10 anni/under 3 €5,70-11,90/5,80-9/gratuito, piazzole €10,90-27; ⊙mag-set).

### ☑ Consigli

▶ La frequenza dei traghetti è variabile, e talvolta solo su richiesta.

▶ Per visitare i luoghi più nascosti e segreti della Laguna orientale ci si può rivolgere a **Michael** (☎324 800 43 25; adulti/bambini €17/10; ⊙escursioni mattutine 9.30-12, pomeridiane 14.30-17 mar, gio, sab, richiesta prenotazione, ritrovo in Piazza Santa Maria Elisabetta).

▶ Per un'ospitalità a misura di biker consultate invece **ABH** (www.adriabikehotel.com).

▶ Non rinunciate alle **Delizie del Parco** (www.gliaromi.com): si acquistano nei negozi della zona e online.

### ✖ Una pausa

**La Duna** (☎329 598 34 65; Cavallino-Treporti; ⊙mattino-24 apr-set) è un bar sulla spiaggia che serve Pinot (€3) e appetitosi tramezzini; tutte le domeniche, dall'aperitivo, fa spazio a 2000 persone che ballano musica disco.

## Da non perdere
# Càorle

**Trasporti**

🚌 Gli autobus ATVO servono la città e la collegano con le frazioni di Porto Santa Margherita e Duna Verde.

🚗 Da San Donà di Piave si segue la SP54 San Donà–Càorle. Da Jesolo, invece, la SP42.

Questo delizioso centro storico, fatto di coloratissimi campi, campielli e viuzze, spalanca di fronte alla Laguna due bracci di arenili sabbiosi da cartolina, Riva di Ponente e Riva di Levante, tra i quali, se proprio bisogna scegliere, forse è meglio il secondo: lo spazio è più aperto, la luce maggiore, la vista spazia nella larghissima spiaggia e non va a sbattere sulle cabine e gli stabilimenti, l'orizzonte sembra più lontano.

Càorle

## In primo piano

Nelle strade di Càorle un tempo si vogava (erano canali prima di essere interrate). Oggi, invece, si può passeggiare andando in cerca del **Duomo**, che conserva una famosa *Pala d'oro* e una bella *Ultima cena* di Lazzarini (1655-1730), e che vanta un campanile dalla forma cilindrica con una pendenza di 25 cm circa, visitabile con **visita guidata** (0421 810 28; biglietti €3). L'antichissimo **Santuario della Madonna dell'Angelo**, su un promontorio in riva al mare, ha un campanile che alla sera si accende come un faro; si raggiunge costeggiando la Diga di Càorle, oggi adorna di sculture. Fuori dal centro meritano una visita i **casoni**, suggestivi edifici di legno e paglia. Merita anche un'escursione alla **Spiaggia della Brussa**, uno degli ambienti naturali più incontaminati dell'Alto Adriatico, amata un tempo da Ernest Hemingway e oggi dai naturalisti e dai birdwatcher; l'arenile fa parte del **Parco Faunistico Vallevecchia** (www.venetoagricoltura.org; parcheggio tutto il giorno/dalle 14/dalle 16 €5/3/2), 900 ettari di costa selvaggia relativamente integra, nonostante le bonifiche e i rimboschimenti del secolo scorso, il cui paesaggio si compone di dune sabbiose, argille lagunari, casoni di pescatori, pinete, arginature, fossi e scoline. Questi luoghi sono raggiungibili solo in parte con la **Motonave Arcobaleno** (340 770 00 52/0421 21 04 28; www.motonavearcobaleno.com; interi/ridotti €15/8, il servizio si effettua per un minimo di 15 persone; due uscite al giorno: alle 9 e alle 14.30, sab-dom solo pomeriggio) o noleggiando una **barca** (www.altoadriatico.it; 0389 054 97 16 o Luca 329 423 48 26; barca da 6 persone/8 persone €80/100 al giorno carburante escluso). Per dormire suggeriamo lo sciccoso agriturismo **Di là dal Fiume** (0421 29 97 13; www.diladalfiume.it; Via Strada Briana Mare 8; singole/doppie/monolocali/bilocali/trilocali €40-60/80-90/75-90/115-140/130-180; apr-set, ma se fa bello anche ott).

### ☑ Consigli

▶ L'**ufficio turistico** (0421 810 85; 9-22 giu-agosto, 9-20.30 set, 9-17 ott-apr, ma dom fino alle 18.30, 9-19 mag) si trova in Rio Terrà delle Botteghe 3.

▶ Se non si ha una particolare adorazione per il passeggio nullafacente con il gelato in mano, è meglio evitare il centro storico nelle ore serali.

### ✕ Una pausa

Sedetevi a gustare la prestigiosa ristorazione di Càorle al **Bucintoro** (0421 822 39/0421 23 90 59; www.ristorantebucintoro.it; Largo Gandolfo 2; pasti da €50; 11-14.30 e 18-22.30) o **All'Anguilla** (0421 842 22; www.ristoranteanguillacaorle.com; Calle Falconera 5; pasti da €50; 12-15 e 18-24 in estate, chiuso ott-feb), entrambi nel centro storico.

## Da non perdere
## Portoguaro

### Trasporti

🚌 Potete raggiungere Portogruaro da Venezia sia con Trenitalia (1 h circa) sia con la linea ATVO 8a (2 h circa).

🚗 Autostrada A4, uscita Portogruaro.

Portogruaro è una perla da sempre nota ai nobili veneziani, che ci venivano in villeggiatura, e un po' meno nota ai turisti, che spesso ci arrivano del tutto ignari di quanto sia incantevole fare una passeggiata tra gli edifici gotici e rinascimentali di Corso Martiri della Libertà e di quanto sia bella la Loggia Comunale. Voi invece armatevi di curiosità e di macchina fotografica e battetela palmo a palmo.

Portogruaro

## In primo piano

Si comincia dall'incantevole nucleo della cittadina, Piazza della Repubblica, ornata con una vera da pozzo quattrocentesca (le due gru in bronzo sono il simbolo della cittadina) e dall'edificio più importante, oggi sede del Municipio. Si prosegue in Corso Martiri della Libertà, l'asse principale del borgo antico, lungo il quale si susseguono svariate architetture di pregio quali il **Palazzo Muschietti** (civico 39), il **Palazzo Dal Moro** (civico 30-32) e il **Duomo** (XVIII e il XIX secolo), il cui interno vanta un ciclo di dipinti di Palma il Giovane e della sua scuola. Si raggiungono infine Via del Seminario e Via Cavour, per fermarsi al **Museo Nazionale Concordiese** (0421 726 74; Via del Seminario 26; interi/ridotti €3/1,50; 8.30-19.30), che espone uno scenografico insieme di stele, monumenti funerari, ritratti, pavimenti musivi, elementi architettonici e materiali epigrafici, per la maggior parte provenienti dal sepolcreto paleocristiano di *Concordia Sagittaria*. In pieno centro, infine, c'è lo storico **Hotel Spessotto** (0421 710 40; www.hotelspessotto.it; Via Roma 2; camere doppie €75/115 circa; ❄; tutto l'anno), ricco di un fascino liberty.

### Concordia Sagittaria

È un sito archeologico ricco di rovine romane e di complessi paleocristiani, gotici e rinascimentali di valore incommensurabile. Si comincia dalla **Basilica Apostolorum** (389), si passa quindi alle **domus**, al **foro** (che all'epoca si trovava in uno dei punti più elevati dell'abitato e che oggi incontrerete in Via San Pietro, dove c'è anche il ponte a tre arcate fondato in età augustea), ai resti degli **horrea** (magazzini e mercati del grano) e di quattro porte delle mura, ad alcuni resti del **teatro** in prossimità della porta ovest e, infine, ai due **complessi termali** lungo il confine nord-orientale.

---

### ☑ Il consiglio

▶ L'ideale è trascorrerci almeno una mezza giornata e poi anche una notte, per non doverle dire addio al tramonto, perché sarebbe straziante.

### ✕ Una pausa

La **Trattoria Tre Scalini** (0421 713 18; Via Molini 3; pasti €50 circa; chiuso lun sera e mar), con un delizioso terrazzino affacciato sul fiume Lemene e una sala con camino, è un'ottima sosta per un pasto completo e, se è domenica, anche per un aperitivo a base di fritturina e spritz bianco.

Scoprire

# Isole meridionali

C'è la Giudecca con la piccola Isola di San Giorgio Maggiore in allegato. C'è il Lido, con le spiagge e il liberty. C'è il Lazzaretto Vecchio, il primo ospedale della storia. C'è l'Isola di Pellestrina che fa da barriera protettiva tra l'Adriatico e la Laguna. C'è l'Isola di San Servolo. E c'è l'Isola di San Lazzaro degli Armeni, che Alvise Mocenigo aveva donato al monaco armeno Mechitar.

# Scoprire

## In un giorno

Un giorno è sicuramente troppo breve per un tour esaustivo delle isole meridionali, ma il trucco in questi casi è non pensare alle rinunce e concentrarsi su quello che si riesce a fare. Si comincia dalla Giudecca, con una lunga passeggiata che parte dalla **Basilica di San Giorgio Maggiore** (p162), passa per la **Fondazione Cini** (p162), per il **Redentore** (p161), per la **Casa dei Tre Oci** (p161) e finisce al **Molino Stucky** (p161). Non perdetevi poi **Fortuny** (p168). Per concludere la visita di quest'isola pranzate alla **Palanca** (p165).

Nel primissimo pomeriggio si raggiunge il Lido: prima di tutto fate una nuotata al largo della spiaggia dell'**Oasi di Caroman** (p159), e poi un breve tour tra le architetture liberty e déco (v. lettura p166).

Si va a vedere il tramonto a **Malamocco** (p159), poi un aperitivo sulla terrazza nel **Grande Albergo Ausonia & Hungaria** (p167), quindi una cena ai **Murazzi** (p166). A questo punto si è fatta l'ora di tornare a casa.

## Vita in città

Tutti al mare: Lido e Pellestrina (p158)

## Il meglio

### Natura
Oasi WWF delle Dune degli Alberoni (p159)

### Pasti
Trattoria Altanella, Giudecca (p165)

La Palanca, Giudecca (p165)

Maggion, Lido (p165)

## Trasporti
V. lettura p168.

## Vita sull'isola
# Tutti al mare: Lido e Pellestrina

Quando nel 1872 la 'Società dei Bagni' rilevò il primo stabilimento del Lido (i 'Bagni', appunto), sorto 15 anni prima, fu evidente che stava sbocciando quell'attività balneare che avrebbe trasformato la selvaggia e solitaria parte centrale dell'isola in una spiaggia famosa e mondana. Attrezzata, con le caratteristiche capanne in legno numerate, di forma e colore diversi, che già la occupavano nell'Ottocento, sfoggia una sabbia fine, di colore beige-rosato, ed è la parte dell'isola in cui gli stabilimenti balneari e i rispettivi servizi si susseguono uno dopo l'altro. Tutte le spiagge, che si trovano ovviamente sul lato mare, avendo fondali molto bassi sono particolarmente adatte ai bambini. Per girarle a vostro piacimento il nostro consiglio è di noleggiare una bicicletta.

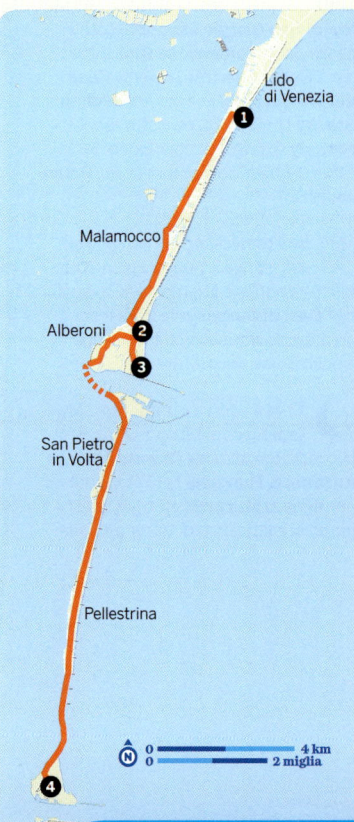

# Tutti al mare: Lido e Pellestrina

## ❶ Murazzi
Sono il tratto di litorale che corre lungo le isole di Lido e Pellestrina, caratterizzato dallo storico argine in pietra d'Istria (percorribile anche in bicicletta). Parallelamente al lunghissimo arenile, le molteplici piccole dighe che avanzano sul mare per circa 30-40 m vantano da sempre creativi e bizzarri ombrelloni costruiti con materiali di recupero portati dalle mareggiate.

## ❷ Bagni Alberoni
Sono uno dei più antichi stabilimenti balneari del Lido. Con soltanto una cinquantina di ombrelloni e una buona parte di spiaggia tutta da godere, sono economici e attrezzatissimi, e peraltro corredati di un **bar** che fa ottimi spritz e di un **ristorante** (041 52 66 88) che offre buone pizze e un conveniente menu di pesce. (041 73 10 29; www.bagnialberoni.com; giu-set; Lido)

## ❸ Oasi WWF delle Dune degli Alberoni
Quest'area non è esistita fino al 1800, perché fino ad allora il secentesco Forte Veneziano degli Alberoni, ideato per difendere la bocca di porto e oggi ubicato all'interno di un campo da golf a circa 800 m dalla spiaggia, era lambito dal mare. Soltanto dal 1872 la costruzione del molo foraneo della diga nord della Bocca di Malamocco ha favorito l'accumulo di grandi quantità di sabbia, che poi il vento (in particolare la bora che soffia da nord-est) ha modellato in dune alte fino a 8-10 m (bianche quelle della spiaggia, grigie quelle interne). Infine, la natura ha coperto le dune con praterie aride e le ha fiancheggiate con zone umide retrodunali e popolate di piante e animali che in questo territorio arido e desertico hanno trovato il loro habitat. (348 268 64 72; www.dunealberoni.it; località Alberoni, Lido; linea A)

## ❹ Oasi di Caroman
Sull'Isola di Pellestrina, costituisce un ecosistema unico e di eccezionale interesse naturalistico, caratterizzato da spiagge e pineta. La spiaggia viene consolidata dalla Serenissima intorno al 1700 con la costruzione del Forte Barbarigo, le cui strutture, utilizzate per molti anni come Colonie Marine, sono oggi in uso alle associazioni che si dedicano al soggiorno di disabili.

# 160 Isole meridionali

# Da vedere

## Chiesa del Santissimo Redentore
LUOGO DI CULTO

**1** Cartina p160, B2 Giudecca

La prospettiva migliore dalla quale ammirarla è il vacillante ponte di barche della Festa del Redentore. In ogni caso, è comunque bello questo tempio grandioso, elegante, armonico ed equilibrato nelle proporzioni e di francescana semplicità. A volerlo fu il Senato Veneto come ringraziamento votivo per la guarigione dalla peste del 1575. Ad avviare la costruzione fu il Palladio, a concluderla Antonio Da Ponte. (041 523 14 15; Campo del Santissimo Redentore, Giudecca 195; interi/ridotti/bambini €3/1,50/gratuito o Chorus Pass; 10-17 lun-sab; Redentore)

## Complesso delle Zitelle
LUOGO DI CULTO

**2** Cartina p160, B2 Giudecca

Disegnata dal Palladio alla fine del XVI secolo, la Chiesa di Santa Maria della Presentazione (nota come Le Zitelle) un tempo comprendeva un orfanotrofio e un ospizio per fanciulle povere, oggi diventati rispettivamente un albergo (il Bauer Palladio Hotel & Spa) e una spa. La chiesa è visitabile solo su prenotazione. (041 521 75 01; Fondamenta delle Zitelle 32; €60 a prescindere dal numero di visitatori; 8.30-14 solo su prenotazione all'IRE; Zitelle)

## La Casa Dei Tre Oci
MUSEO

**3** Cartina p160, B2 Giudecca

Questa casa d'inizio Novecento, facilmente riconoscibile dalle tre finestre simili a tre occhi (da cui il nome), è dedicata ai linguaggi dell'arte contemporanea e principalmente alla fotografia. Le mostre temporanee sono interessanti. (041 241 23 32; www.treoci.org; Fondamenta Zitelle 43, Giudecca; prezzi variabili interi/ridotti €10/8 circa; orari variabili in base alla mostra in corso, in genere 10-18 mer-lun; Zitelle)

## Corte dei Cordami
CORTE

**4** Cartina p160, A2 Giudecca

La sua insolita forma eccezionalmente allungata racconta che qui venivano fabbricate le corde di canapa. Da notare anche i 13 camini, utili, oltre che a condurre il fumo fuori dalle case, a smorzare le faville che talvolta scatenavano furiosi incendi e a favorire la circolazione forzata dell'aria (e quindi a combattere l'umidità presente nelle abitazioni). (Corte dei Cordami, Giudecca; Palanca)

## Molino Stucky
EDIFICIO

**5** Cartina p160, A2 Giudecca

Con i 1500 operai del suo mulino, nel 1800 Giovanny Stucky arrivò a produrre 2500 quintali di farina al giorno. Un brutto giorno, però, uno dei dipendenti assassinò l'imprenditore, dando inizio a un'epoca di declino: i macchinari si fecero obsoleti e il commercio marittimo, cui il mulino faceva capo, fu gradualmente sostituito da quello più efficiente e conveniente su rotaia; ma a causare l'arresto definitivo dell'attività fu la prima guerra mondiale, durante la quale l'edificio fu utilizzato per la difesa antiaerea. Oggi questa fortezza neogotica è sede di un lussuoso albergo. (Giudecca; Palanca)

### Fondazione Cini   MUSEO

**6** Cartina p160, C2
Isola di San Giorgio Maggiore

Vittorio Cini era un funzionario politico fascista, ma andava così poco d'accordo con il Duce che fu mandato a Dachau. Da qui fuggì grazie al figlio Giorgio, che era andato a salvarlo con un piccolo aereo e aveva corrotto le SS con i soldi ricavati dalla vendita dei gioielli di sua madre. Vittorio Cini fondò in seguito un centro culturale per le nuove generazioni del dopoguerra e decise di dedicarlo al figlio Giorgio, morto nel 1949. Scelse l'isola omonima, e precisamente il monastero abbandonato dall'882 al 1806, che Venezia gli concesse, e aprì un centro marinaro e un centro di arti e mestieri. Da non perdere lo **scalone monumentale** di Baldassare Longhena e il **refettorio** palladiano con *Le nozze di Cana* di Paolo Veronese, che in verità è una stampa digitale realizzata nel 2007 dell'artista Adam Lowe, specializzato in facsimili. Da non perdere anche la **Biblioteca Vecchia** e quella **Nuova della Manica Lunga**. Date inoltre un'occhiata dalla finestra al **Labirinto Borges**. (041 271 02 09, 041 271 02 29; www.cini.it; Isola di San Giorgio Maggiore; interi/ridotti €10/€8; visite guidate 10, 12, 14 e 16 sab e dom; San Giorgio Maggiore)

### Basilica di San Giorgio Maggiore   LUOGO DI CULTO

**7** Cartina p160, C2
Isola di San Giorgio Maggiore

Qui ci si dedica al coro dietro l'altare, alla sfera dorata che c'è sull'altare classicheggiante e alle due tarde opere del Tintoretto ai lati dell'altare (*La racconta della manna* e *L'ultima cena*), oltre che all'atmosfera unica di serenità e luminosità addolcita dai candidi stucchi. All'esterno, invece, ci si rivolge alla facciata, con il suo frontone triangolare di stile classico. Si sale poi sul **campanile** di Benedetto Buratti, riedificato nel 1791 dopo il crollo della struttura nel 1467, dalla cui cima (raggiungibile in ascensore) il panorama è fantastico. C'è infine la **Cappella dei Morti** con l'ultima opera del Tintoretto, la *Deposizione di Cristo* (solo visite guidate). (041 522 78 27; Isola di San Giorgio Maggiore; 9-19 in estate, 9-18 in inverno; campanile: interi/ridotti €6/4; San Giorgio Maggiore)

### Antico Cimitero Ebraico   CIMITERO

**8** Cartina p160, E2 Lido

La sepoltura più antica è quella di Samuel, che risale al 1389, anno in cui si cominciò a costruire il cimitero – ossia tre anni dopo che il Governo veneziano aveva concesso per la prima volta agli ebrei una proprietà, una striscia di terra a San Nicolò per seppellirvi i morti; striscia poi segnata sulle map-

Il red carpet della Mostra del Cinema

pe come 'Casa dei Zudei', alla quale nel 1774 andarono a sommarsi altri 35.000 mq: quelli che costituiscono il Cimitero Nuovo attualmente in uso, concessi stavolta dalla Repubblica. Dopo il 1797, però, il Cimitero Antico fu abbandonato: le tombe furono divelte, le lapidi e i sarcofagi distrutti, e il luogo assunse quell'aspetto selvaggio e romantico, per via degli arbusti che inghiottivano lo spazio tra le lapidi, che piaceva tanto a Goethe, Byron, Shelley e George Sand. Quando poi, all'inizio del Novecento, il Lido cominciò a diventare un luogo di attrazione turistica, l'Antico Cimitero fu recintato da un alto muro e chiuso da un portale in pietra d'Istria. Le pietre tombali risalgono al XVII e XVIII secolo, e per la maggior parte sono costituite da lastre disposte verticalmente; anche se non mancano i sarcofagi, dei quali, però, sono rimasti solo i coperchi. (Riviera San Nicolò; visite guidate 041 71 53 59; www.museoebraico.it; San Nicolò)

## Palazzo della Mostra del Cinema     PALAZZO

9  Cartina p160, E4 Lido

Rigida struttura in stile razionalista che con le sue linee severe appare piuttosto fuori posto nel contesto mondano del Lido; anche se bisogna ammettere che rispecchia l'ambizioso modernismo di quegli anni, quando l'imprenditore, nonché ministro del governo fascista, Giuseppe Volpi conte di Misurata, si fece promotore della Mostra del Cinema per dare un forte

Molino Stucky (p161)

contributo all'industria del turismo di lusso al Lido. (Lido)

## Murazzi
OPERA MURARIA

10 Cartina p160, fuori cartina C4 Lido

Fin quando c'erano state le *palade*, ossia le barricate fatte di pali e sassi, la gente di Pellestrina aveva sempre dovuto combattere contro la furia del mare. Poi, finalmente, da quando nel 1744 fu costruita questa ciclopica muraglia, gli isolani hanno potuto mettersi tranquilli e godersi questo lungo marciapiede marmoreo, una cerniera tra la laguna silenziosa e il mare tempestoso, lunga 14 km, che si estende dal Lido fino a Sottomarina di Chioggia. (Lido c 11)

## Monastero di San Lazzaro degli Armeni
MONASTERO

11 Cartina p160, D3
Isola di San Lazzaro degli Armeni

In questo monastero dove si viveva secondo il principio benedettino 'ora et labora' (oggi sono rimasti 12 monaci) si possono visitare un museo, una chiesa, un refettorio, una biblioteca monumentale che ospita un totale di 150.000 libri (non solo teologici, ma anche scientifici) e i vecchi macchinari di una stamperia che stampava in 36 lingue. Curioso lo studiolo di Lord Byron, che nel 1816 aveva trascorso sei mesi sull'isola ad aiutare gli armeni nella compilazione di un vocabolario inglese-armeno (e a mangiarsi a cucchiaiate la marmellata di petali di rose in vendita ancora oggi nello shop). (041 526 01 04; Isola di San Lazzaro degli Armeni; interi/under 15 €6/3; visite guidate: alle 15.10 parte il vaporetto della linea 20 da San Zaccaria; San Lazzaro degli Armeni)

# Pasti

### La Palanca BAR/TRATTORIA €/€€

 Cartina p160, B2 Giudecca

Alto tasso di bellezza panoramica, freschezza e convenienza in un posto nel quale ci si potrebbe persino abbonare al menu del pranzo pensato per lavoratori: tagliolini al nero di seppia, ravioli al branzino, pasta del giorno a base di pesce, calamari alla griglia. E poi seppie nere con polenta, baccalà mantecato, gamberi al curry con riso pilaf, filetti di tonno. (041 528 77 19; Fondamenta Sant'Eufemia, Giudecca 448; pasti €30; 12-14.30 lun-sab, bar 7-21; Palanca)

### Trattoria Altanella TRATTORIA €€€

 Cartina p160, B2 Giudecca

Tra i preferiti per la gentilezza di Stefano (in cucina) e di Roberto (ai tavoli), per l'ottimo rapporto qualità-prezzo, per il romantico pontile sul Rio del Ponte Lungo e per la bontà dei piatti: se vi piace il *saor*, qui ci sono sarde, acquadelle, scampi e gamberetti di laguna, e poi i moscardini con polenta, il baccalà mantecato e i gamberetti di laguna sulla sua morbida polentina, i tagliolini con scampi e zucchine, i bigoli in salsa, le seppie alla veneziana, la frittura mista. Il sabato o la domenica non sperate di trovare posto senza aver prenotato. (041 522 77 80; Calle delle Erbe, Giudecca 268; pasti €45; 12.30-14 e 19.30-21 mer-dom; Palanca)

### Maggion PASTICCERIA €

 Cartina p160, E4 Lido

Padre e figlio, Sergio e Matteo, sono due fari, due pilastri, due istituzioni, due uomini che inesauribilmente sfornano sorrisi e leccornie dolci e salate: salatini, torte dolci e salate, pizzette, crostate, pasticcini, paste, millefoglie. (041 526 08 36; Via Dardanelli 48, Lido; 9-13 e 16-20 mer-dom; Lido)

### La Cantinita – Trattoria Trento TRATTORIA €

 Cartina p160, D4 Lido

Godetevi un Cajun Chiken Burger (€8) o un Double Cheddar Burger (€10), e magari anche una porzione di Habanero Hot Extreme (€4, bocconcini di formaggio fresco e cremoso con solo *chile habanero*), esagerate con una media fresca e con €20 avrete fatto uno dei pasti più memorabili e piacevoli (ed economici) della Laguna. (041 526 59 60; www.trattoriatrento.com; Via Gallo 82/A, Lido; 7.30-15.30 e 18-22 lun-sab; Lido)

### Beerbante TRATTORIA €/€€

 Cartina p160, fuori cartina E2 Lido

Chiosco in mezzo alla pineta, accanto all'entrata della spiaggia, molto alla mano e senza pretese, dove gustare piattoni di pesce e di carne, insalate, birre fresche. (041 526 25 50; Piazzale

> ### Conoscere
> **L'architettura lidense**
>
> Fu piuttosto eclettico lo stile che fiorì al Lido nei primi decenni del 1900, nel quale si fondevano revival stilistici romanici, gotici e bizantini con nuovi temi ornamentali déco e liberty. Uno stile eclettico che risultava dall'incontro fra la tradizione veneziana e quella d'Oltralpe, fra cemento armato, ferro, mattone, vetro piombato, maiolica. Per chi volesse dedicarsi ai dettagli, suggeriamo qui alcune tappe: il **Villino Monplaisir** (1906, Gran Viale, all'angolo del Gallo), **Villa Otello** (Via Lepanto 12) per la cancellata di Umberto Bellotto decorata con pavoni, i vicini **Villino Gemma** (1905-6, Via Dardanelli 22) e il **Villino delle Fate** (1914, Via Dardanelli 50), la **Villa Madonna** (all'angolo fra Via Zara e Via Zeno). Sono tutti vicini, non lontano dalla fermata del vaporetto Lido.

Ravà 12, Lido; pasti €20-25; chiuso lun in estate, chiuso a cena lun-gio in inverno; Lido)

### Da Scarso  TRATTORIA €€

17  Cartina p160, fuori cartina C4 Lido

'Scarso, Scarso è pronto lo *sfoglio* per Corto Maltese?, recita la battuta dell'*Angelo della finestra d'Oriente* del maestro Hugo Pratt. Ma quand'anche non ci fosse lo *sfoglio* (una particolare sogliola), si trova comunque soddisfazione. D'estate si può decidere di rinunciare ai coloratissimi quadri delle sale interne in nome del pergolato in giardino, incorniciato da chiglie e reti da pesca. (041 77 08 34; Piazzale Malamocco 5, Lido; pasti €25-35; 10.30-15 e 18-21.30, chiuso lun sera e mar apr-ott, 10.30-15 mer-lun dic e feb-marzo, chiuso nov e gen; Lido)

### Osteria Al Mercà  OSTERIA/ENOTECA €€/€€€

18  Cartina p160, E3 Lido

In senso proprio, il nome si spiega con il fatto che la struttura in cui è ospitata questa storica osteria-enoteca un tempo era un mercato; in senso lato, invece, con il fatto che il menu di pesce offre il meglio del mercato del giorno. Fantastiche anche la selezione di vini al bicchiere e quella di *folpeti*, polpi, gamberoni, baccalà e altre delizie veneziane. (041 243 16 63; Via Dandolo 17/A, Lido; pasti €30-50; 10.30-14.30 e 18-23 apr-set, 10.30-14.30 e 18-22 con un giorno di chiusura settimanale a seconda delle condizioni meteorologiche ott-marzo; Lido)

### Ai Murazzi  RISTORANTE €€€

19

Nel menu a base di crostacei, carpacci e frutti di mare ci sono pochi piatti (il che è sinonimo di freschezza).

Altrettanto pochi sono i metri (50) che separano dal mare questo ristorante ubicato lungo i Murazzi, tutto in legno, con un arredo che ricorda la cambusa di una nave o una casa di pescatori. Casomai voleste prenotare e il numero risultasse isolato, non lasciatevi scoraggiare e andateci comunque. (📞388 799 32 30; Via dei Kirch Mayer 16; pasti €45; ⏲10-23.45, ma in inverno solo ven-dom; 🚢Lido)

### Da Celeste  RISTORANTE €€€

 Cartina p160, fuori cartina D4 Pellestrina

Quando le lancette annunciano il tramonto, raggiungete la terrazza di questo ristorante e godetevi il cielo rosato che si riflette sulla Laguna, prima di dedicarvi alle proposte di Rossano: polentina con i gamberetti e bollito misto di mare con cicale, granseola, piovra e lumache di mare. Meglio prenotare. (📞041 96 73 55; www.daceleste.it; Via Vianelli 625/B, Pellestrina; pasti €40-80; ⏲12-14.30 e 19-21.30 gio-mar marzo-ott; 🚢Pellestrina)

# Locali

### Skyline Rooftop Bar  LOUNGE BAR

 Cartina p160, A2 Giudecca

Non sono pochi quelli che la sera raggiungono l'Hilton per sorseggiare un buon cocktail sulla terrazza con piscina (aperta anche di giorno) e godersi il Canale della Giudecca dall'alto, il panorama delle Zattere e, sullo sfondo, il profilo di Marghera. (📞041 272 33 11; www.molinostuckyhilton.it; Hilton Molino Stucky, Giudecca 810; ⏲17-1; 🚢Palanca)

### Grande Albergo Ausonia & Hungaria  LOUNGE BAR

 Cartina p160, E3 Lido

Se per una ragione o per un'altra non potete pernottare in questo palazzo rivestito di maiolica, putti, tralci di vite, grappoli d'uva e melograni, raggiungetelo almeno tra le 17 e le 23 per godervi un drink sulla terrazza. (📞041 242 00 60; www.hungaria.it; Gran Viale S.M. Elisabetta 28, Lido; ⏲17-23; 🚢Lido)

### Energy Darsham  BAR/SPAZIO CULTURALE

 Cartina p160, fuori cartina E4 Lido

I giovanissimi gestori hanno pensato bene di tessere elogi al silenzio, ma anche di non far mancare i DJ nel lounge bar. Perché, come dice Osho, il silenzio è prezioso anche se ogni rumore serve per ricordarcelo. Quindi, tutto tace tra le casette del giardino dove si praticano yoga e meditazione, e tutto suona tra birre, ping pong e buffet di cucina indiana. In spiaggia, ombrelloni e materassini. (📞339 119 93 17; www.oshoyatrilandvenezia.com; Via Alberoni 41/A, Lido; ⏲9-24 ven-dom metà mag-metà set; 🚢Lido)

### Lion's Bar  BAR

 Cartina p160, D4 Lido

Non ha rivali il bar più prestigioso del Lido, progettato negli anni '20 con l'estro un po' barocco e un po' liberty di Giovanni Sicher. Purtroppo è aperto

### Come raggiungere le isole meridionali

▶ **Per/dalla Giudecca** Con le linee n. 2, 4.1, 4.2 ed N (notturna) da San Marco o da Dorsoduro.

▶ **Per/dall'Isola di San Giorgio Maggiore** La linea n. 2 parte da San Zaccaria.

▶ **Per/dal Lido** Le linee n. 1, 2, 5.1, 5.2, 6.1 e 6.2 collegano il Lido con tutte le fermate più importanti di Venezia.

▶ **Per/da Pellestrina** Si raggiunge dal Lido di Venezia (è la soluzione più comoda) e da Chioggia (è la soluzione più suggestiva). Nel primo caso si prende l'autobus n. 11 ACTV, che parte a pochi metri dalla fermata Lido e percorre tutto il Lido fino agli Alberoni, dove s'imbarca sul traghetto per Santa Maria del Mare; da qui, sempre rimanendo seduti sullo stesso autobus, si percorre tutta Pellestrina. Da Chioggia, invece, si prende il vaporetto ACTV linea n. 11 (o il Bragozzo Ulisse) dall'imbarco di Piazza Vigo.

▶ **Per/dall'Isola della Certosa** I vaporetti delle linee n. 4.1 e 4.2 collegano la Certosa con le fermate di San Pietro e Sant'Elena nel sestiere di Castello, ma occorre prenotare la fermata. Di sera, l'albergo/ostello presente sull'isola offre un servizio di navetta da Sant'Elena, dal Lido e da San Pietro.

▶ **Per/dall'Isola di San Servolo e per/dall'Isola di San Lazzaro** Il vaporetto che raggiunge le due isole è il n. 20, che parte da San Zaccaria.

---

solo in concomitanza della Mostra del Cinema (quando a sorseggiare un caffè sotto una grande sfera scintillante ci sono divi e celebrità a ogni ora del giorno e della notte). (Lungomare Marconi 31, Lido; ⓘdurante la Mostra del Cinema; 🚢Lido)

## Shopping

**Fortuny**  TESSUTI

**25** 🔒 Cartina p160, A2 Giudecca

Basta sfiorare questi rotoli di stoffa (che sembra seta e invece è cotone) per immergersi nel mondo di Mariano, un artista nato a Granada nel 1871 e vissuto a Parigi che nel 1919 aveva acquistato un terreno qui alla Giudecca da Giancarlo Stucky e avviato questo stabilimento divenuto poi una delle fabbriche di tessuti più famose al mondo. Prenotate una visita guidata e fatevi raccontare tutta la storia. (📞041 528 76 97, 393 825 76 51; Giudecca 805; ⓘ10-13 e 14-18; 🚢Palanca)

## Attività

**Freetime Diving**  DIVING

**26** ✈️ Cartina p160, fuori cartina E4 Lido

Organizza corsi di vari livelli, al termine dei quali rilascia un brevetto internazionale SDI-TDI certificato EUF. Per chi già lo possiede sono previste immersioni guidate su secche e relitti. (📞335 675 07 11 Andrea, 339 484 04 91 Alessandra; www.freetimediving.it; Lungomare Marconi 52, presso la spiaggia dell'Excelsior; ⊙9.30-18.30 giu-metà set; 🚤Lido)

### Arcieri del Leon    TIRO CON L'ARCO

**27**  Cartina p160, fuori cartina E4 Lido

È un'occasione che fa gola a tutti gli appassionati quella di scoccare una freccia affacciati sulla Laguna, ma che non può non incuriosire i neofiti, per i quali il centro organizza varie attività. (📞041 276 02 23; www.arcierileon.it; Via Malamocco 141/B; ⊙6-22.30; 🚤Lido)

### Circolo del Golf Venezia    GOLF

**28**  Cartina p160, fuori cartina E4 Lido

Si tratta di 100 ettari protetti dal WWF, con 18 buche e un bar che ha visto ospiti famosi, come il duca di Windsor, ma anche famigerati: si veda la foto di Hitler che venne qui in visita nel 1934. (📞041 73 13 33; www.circolo golfvenezia.it; Via Strada Vecchia 1, Alberoni, Lido; green giorni feriali/weekend €97/116; ⊙8.30-18.30 mar-dom in inverno, 8-20 in estate; 🚤Lido)

### Vento di Venezia    VELA

**29** Cartina p160, fuori cartina E1 Isola della Certosa

Tutto è cominciato con il polo nautico Vento di Venezia, un porto turistico dotato di 320 ormeggi e di un cantiere per riparazioni e rimessaggio a terra che comprende una scuola di vela, un centro yoga, sentieri naturalistici pubblici, vigneti, un albergo con 18 camere spaziose e un bar-ristorante, oltre a servizi di noleggio kayak e biciclette. (📞041 520 85 88; www.ventodivenezia.it; Isola della Certosa; 🚤Certosa)

# Da non perdere
## Chioggia

**Trasporti**

La linea che collega Chioggia con Piazza San Marco, passando per Pellestrina, è la n. 11.

Chioggia è una mescolanza di eleganza veneziana e schiettezza marinara, è la memoria di Carlo Goldoni e delle sue *Baruffe chiozzotte*, è l'acqua in mille forme: quella del mare, quella della Laguna, quella delle foci dei due fiumi Brenta e Adige, quella dei canali. Chioggia è i suoi ponti, dei quali il più bello – quello in pietra d'Istria che si chiama Vigo – è la location dei film ambientati a Venezia, ma girati nella parte nord del Canal Vena quando le produzioni non possono pagare la più insigne città lagunare – in fin dei conti, nessuno se ne accorge mai.

Chioggia

# Chioggia

## In primo piano

Il centro storico, articolato su quattro isole, presenta una struttura ordinata, articolata intorno agli assi rettilinei e paralleli del Canal Vena e del Corso del Popolo, dal quale si diparte a pettine, su entrambi i lati, una serie di calli strette che raggiungono le acque salmastre delle fondamenta Lombardo e San Domenico. È in questa zona che si trovano: il **Museo Civico della Laguna Sud** (041 550 09 11; www.chioggia.org/museochioggia; Campo Marconi 1; interi/ridotti €4/2; orari variabili, consultare il sito), con le sue sezioni antropologiche, storiche ed etnografiche; il massiccio campanile della millenaria **Torre di Sant'Andrea** (389 898 69 72; Rione Sant'Andrea; 10.30-12.30 dom e festivi), alto 30 m e dal 1389 dotato di uno degli orologi più antichi del mondo tutt'ora funzionante; la **Cattedrale Antica di Santa Maria** (041 40 04 96; Rione Duomo 77; chiusa dalle 12 alle 15.30), concepita dal Longhena come un edificio d'ispirazione palladiana; il **Museo di Zoologia Adriatica 'Giuseppe Olivi'** (041 401774; www.museoolivi.it; Riva Canal Vena 1281, Calle Grassi Naccari; interi/ridotti €4/2, i biglietti si acquistano presso il Caneva Cafè o presso la biglietteria del Museo Civico Laguna Sud); 9-13 mar e mer, 9-13 e 15-18 gio-sab in inverno, 18-23 mar-dom in estate), che entusiasmerà chi è sensibile alla biodiversità, alla fragilità degli ecosistemi e alla vulnerabilità delle specie; la **Chiesa di San Domenico** (340 3932324; chiusa 12-15; Piazza San Domenico), che ospita il crocifisso più caro ai chioggiotti, oltre a un *San Paolo* (1520) del Carpaccio e vari ex voto dipinti con gusto naïf sui resti di tavole recuperate dai relitti e donati dai pescatori scampati ai naufragi; e infine la **Pescheria** (Corso del Popolo; 8-13 mar-dom), imprescindibile per capire Chioggia.

## ☑ Consigli

▶ Il periodo migliore per una gita a Chioggia è durante la Sagra del pesce, a luglio (www.prolocochioggia.org).

▶ Collegata al centro dal Ponte San Giacomo, **Sottomarina** (www.chioggiavenezia.it; www.chioggia.org) è un'area attrezzata per i bagni.

## ✕ Una pausa

Si può sorseggiare un buon cocktail accompagnato da un ricco buffet nel raffinato **Baruffino** (345 357 42 22; www.ilbaruffino.it; 7-1, chiuso mar ott-marzo) dell'Hotel Grande Italia. Per il pesce consigliamo l'**Osteria Penzo** (041 40 09 92/347 252 82 92; www.osteriapenzo.it; Calle Larga del Bersaglio 525; pasti €40 circa; chiuso lun e mar), la **Taverna di Nadia e Felice** (041 40 18 06; www.tavernachioggia.com; pasti €45; chiuso mer) e **Garibaldi** (041 554 00 42; www.ristorantegaribaldi.com; Via San Marco 1924, Sottomarina; pasti da €50; chiuso lun, anche dom sera nov-apr).

# Il meglio di Venezia

### Itinerari a piedi
Di arte e gusto .................. 174
Le scorciatoie di Castello ......... 176

### Il meglio
Cucina ......................... 178
Divertimenti ..................... 180
Musica .......................... 182
Teatro ........................... 183
Shopping ........................ 184
Tessuti .......................... 186
Maschere ........................ 187
Merletti .......................... 188
Vetro ............................ 189
Per i bambini .................... 190
Librerie .......................... 192
Biodiversità ...................... 193

Uno dei 450 ponti di Venezia
MEGULA / ISTOCKPHOTO ©

# Itinerari a piedi
# Di arte e gusto

## 🚶 L'itinerario

Tra i pescivendoli e i fruttivendoli che decantano le loro merci, ai Mercati di Rialto si ha l'occasione per fare deliziose scoperte: che cosa arriva dagli orti della Laguna, quali sono le spezie con le quali l'Oriente ha insegnato a Venezia a perfezionare i suoi piatti, come si fa a conservare e utilizzare tutto il nero delle seppie. Seguendo questo itinerario gastronomico, se ne possono fare altre ancora.

**Inizio** Campiello dei Meloni

**Fine** Riva di Biasio

**Lunghezza** 3,25 km; 2 h

## 🍴 Una pausa

Entrate **All'Arco** (📞041 520 56 66; Calle dell'Occhialer, San Polo 436; ⏲8-15 lun-sab, ma fino alle 19 mer-ven mag-ott; 🚤Rialto-Mercato) per gustare alcuni dei migliori *cicheti* della città, tutti da accompagnare con gradevoli vini sfusi.

Gelateria Alaska (p91)

### ❶ Acqua & Mais

Se al mercato vi è venuto un po' di sano appetito, **Acqua & Mais** (p91) è la prima tappa dove soddisfarlo: non avrete che da impugnare uno *scartoccio* e chiedere ad Alvise di riempirvelo fino all'orlo di pesce fritto, insalata di piovra, riso con gamberi, seppie e polenta ecc.

### ❷ Càrte

Dirigendovi a nord-ovest raggiungerete questo piccolo **laboratorio con negozio** (p98) dove sono esposti ricettari in carta marmorizzata e anelli di carta dai motivi ipnotici, perfetti da accompagnare all'abito per una cena al ristorante.

### ❸ Mercati di Rialto

Per ripercorrere la storia gastronomica di Venezia bisogna partire da questi **mercati** (p82) dove il pescato del giorno è disposto sopra montagnole di ghiaccio.

### ❹ Palazzo Mocenigo

Provate a immaginare di trascorrere un pomeriggio ai fornelli cimentandovi con le ricette annotate al mercato nel

# Di arte e gusto

vostro quadernetto e di poter apparecchiare la tavola con le coppe, le alzate e i piatti della sala 7 di questo **museo** (p88), tutti leggermente fumé, soffiati a stampo o lavorati a mano.

### ❺ Veneziastampa

Superate un paio di ponti e comincerete a sentire l'odore dell'inchiostro che si asciuga sugli stampati di **Veneziastampa** (p99).

### ❻ Al Prosecco

Il Campo San Giacomo dall'Orio è un tranquillissimo spazio per famiglie, bambini e cani dove degustare un buon vino nei bicchieri giusti (il locale che consigliamo si chiama **Al Prosecco**, p93) e assaggiare qualche leccornia selezionata da Stefano e Davide: formaggi e salumi, pesce affumicato, insalate, crostini caldi e anche una sorta di sushi mediterraneo.

### ❼ Alaska

Non lasciatevi incantare dal colore degli occhi del maestro gelataio di **Alaska** (p91); osservate piuttosto quali gradazioni assumono i gusti naturali, biologici e di stagione, che come in una tavolozza di colori riposano nelle loro vaschette. Da non perdere anche le granite, da guarnire con una fogliolina di menta.

### ❽ Riva di Biasio

Percorrete questo sentiero soleggiato lungo il Canal Grande, il cui nome pare derivi dal truce macellaio Biagio Cargnio, che nelle salsicce metteva carne di bambini. Una volta scoperto, fu condannato a morte.

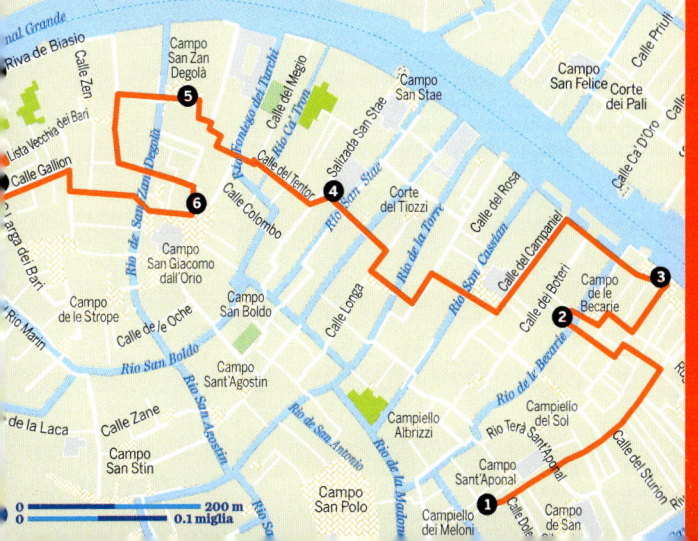

# Itinerari a piedi
# Le scorciatoie di Castello

## 🏃 L'itinerario

Lasciatevi alle spalle le folle di turisti e le strette calli di San Marco e sgranchitevi le gambe con una passeggiata per le calli silenziose e soleggiate di Castello, il sestiere dei santi e dei marinai.

**Inizio** Basilica dei Santi Giovanni e Paolo

**Fine** Giardini Pubblici

**Lunghezza** 6,5 km; 3 h

## 🍴 Una pausa

Dopo la passeggiata godetevi un caffè alla **Serra dei Giardini** (p134), allestito nell'edificio permanente più antico della Biennale, risalente al 1894: una serra in ferro che un tempo ospitava un vivaio dove venivano coltivate le piante destinate alle aiuole del Lido e alle sale da ballo degli aristocratici. Raggiungete i tavolini sotto gli alberi dell'**In Paradiso** (p134), ideale per una sosta pre o post abbuffata artistica alla Biennale, e godetevi uno spritz osservando il viavai delle barche nella Laguna.

Le porte dell'Arsenale (p122)

## ❶ Basilica dei Santi Giovanni e Paolo

La storia di questa chiesa (p124), location ufficiale dei funerali dei dogi, prese l'avvio quando il doge assegnò un'area ai domenicani, i quali cominciarono a costruire una chiesa in competizione con i Frari. Fu consacrata il 12 novembre del 1430.

## ❷ Ospedaletto

Dell'antico complesso dell'Ospedaletto, fondato nel 1527 come ricovero per vecchi e infermi lungo Barbaria delle Tole (così detta perché qui si toglievano le 'barbe' alle tavole di legno prima di piallarle e mandarle all'Arsenale), sono sopravvissute fino ai nostri giorni la Sala della Musica, affrescata alla fine del Settecento, dove si esibivano le ragazze orfane ospiti, e la Chiesa di Santa Maria dei Derelitti, del Longhena (1668-74). Per poterle visitare è necessario prenotare e sganciare non pochi euro; per sapere esattamente quanti potete rivolgervi all'associazione **IRE** (Istituto di Ricerca e di Educazione; ☎041 309 66 05).

# Le scorciatoie di Castello

### ❸ Chiesa di San Francesco della Vigna

Progettata e costruita da Jacopo Sansovino e con una facciata del Palladio, la Chiesa di San Francesco della Vigna è un'incantevole chiesa francescana. (Campo San Francesco della Vigna, Castello 2786; ingresso libero; 🛥 Celestia, Ospedale)

### ❹ Chiesa di San Martino

Girate a destra in Campo de le Gorne e seguite le mura fino a questa chiesa dedicata al santo patrono del vino e dei soldati. A destra del portone, nella bocca del leone i veneziani depositavano le delazioni. Anche le chiacchiere nei bacari tra arsenalotti (v. lettura p128), potevano essere considerate alto tradimento, un reato passibile di pena di morte.

### ❺ Arsenale

Proseguendo verso sud raggiungerete le mura dell'**Arsenale** (p122), i leggendari cantieri navali di Venezia. La Porta Magna è il più precoce esempio di architettura rinascimentale della città. Nel 1797 la produzione navale dell'Arsenale era quasi cessata e Venezia si arrese a Napoleone senza combattere.

### ❻ Riva degli Schiavoni

La **Riva degli Schiavoni** (p120) offre una vista incomparabile sulla Laguna.

### ❼ Giardini Pubblici

I giardini voluti da Napoleone oggi ospitano i padiglioni della **Biennale** (p180). Tra un'edizione e l'altra, godetevi quest'oasi di pace e l'architettura d'avanguardia.

# Il meglio
## Cucina

In molti piatti che si gustano nella città lagunare non si fa fatica a riconoscere l'influenza della cucina turca o greca, o a individuare ingredienti orientali impiegati per arricchire un piatto tipicamente locale. La cucina veneziana, con la sua tradizione cosmopolita, si presenta come un raffinato crogiolo di ingredienti e sapori: una caratteristica che non è dovuta alle ultime tendenze della cucina fusion, ma che risale a secoli e secoli fa.

Tra i piatti tipici ci sono: le *sépe* cotte nel loro inchiostro e servite con la polenta o come sugo per risotti o pasta; le *schie*, i gamberetti fritti interi o sgusciati, bolliti e conditi, o ancora cucinati con un intingolo e serviti con la polenta; il *museto*, un cotechino servito con purè di patate e lenticchie; gli *osei scampai*, spiedini di carne insaporiti con salvia, lardo e vino bianco; la granseola bollita e condita con olio, aglio, prezzemolo e limone; il *figà*, il fegato stufato con cipolle; i bigoli in salsa, conditi con un soffritto di cipolla, acciughe e vino bianco o aceto; il baccalà mantecato, stoccafisso bollito, sfaldato, cotto al vapore e aromatizzato con aglio, prezzemolo e montato con olio; i cibi in *saor* (marinati in una composta di cipolle affettate e fritte, aceto, pinoli e uvetta; meravigliose le sarde, che prima vengono infarinate e fritte); il risotto ai *gò* (ossia con i ghiozzi, piccoli pesci di laguna). Una menzione a parte meritano: le *moeche*, delizie dei fondali bassi che si mangiano infarinate e fritte (o ripiene d'uovo sbattuto); le *castraure* (carciofi violetti, v. lettura p145), cucinate con olio e aglio o fritte in pastella e ottime in pinzimonio per *guarse il dente* (stimolare l'appetito); e i *botoli*, rosolati con aglio e cipolla, un goccio di aceto e limone o lessati e conditi con aglio, prezzemolo e pepe.

### ☑ Consigli

▶ Per scegliere tra le più giovani e interessanti realtà gastronomiche della città v. p116.

▶ Per scegliere in quale bacaro andare a gustare qualche sfizioso *cicheto* v. p74.

### La migliore tradizione

**Corte Sconta** Strepitoso il menu degustazione antipasti a €27: consigliatissimo. (p133)

**Al Covo** Non sono molti i ristoranti di Venezia che a un livello così alto fanno dei prodotti di nicchia e della ricerca la propria bandiera. (p133)

# Cucina

Bone Robe (p67)

## La cucina creativa

**Anice Stellato** Osteria molto frequentata (perché prediletta) da non pochi veneziani. (p112)

**Osteria La Zucca** Una saletta in legno e tavolini ai piedi di un ponticello per un delizioso pasto. (p93)

**Vecio Fritolin** Sbizzarritevi tra le proposte del giovane chef Daniele: sono una più invitante dell'altra. (p95)

## Gli chef famosi

**Alle Testiere** Una meta del gusto per i palati in cerca di tradizione, ma anche di innovazione nella semplicità. (p134)

**Il Ridotto** È probabilmente il miglior ristorante di Venezia, o comunque uno dei top. (p132)

**Locanda Cipriani (Torcello)** Bonifacio Brass e la sua squadra hanno un nome, eppure il ristorante non è troppo formale. (p146)

## Per spendere poco

**Dalla Marisa** Un consiglio: meglio digiunare prima di andarci. Altrimenti nessun problema: qui è tradizione andarsene con una doggy bag. (p111)

**Da Bepi** Una location senza pretese per una cucina davvero gustosa, davvero di mare, davvero soddisfacente. (p111)

## Per cambiare

**Iguana** Buona idea passarsi anche soltanto per un margarita o un mojito. Ottima idea fermarsi a mangiare qualcosa. (p110)

**Ghimel Garden Restaurant** Una curiosità: la Ghimel è la terza lettera dell'alfabeto ebraico, la stessa di Ghetto e Gondola. (p112)

## Self service/ take away

**Acqua & Mais** Croccanti e profumatissimi *scartocci* traboccanti di leccornie locali. (p91)

**Bone Robe** Tavola calda che serve cibo di qualità, dal finger food ai piatti di pesce. (p67)

**Orient Experience** Geniale mescolanza di tradizioni afgano-pakistano-iraniano-turco-greche. (p66)

# Il meglio
# Divertimenti

Dal celebre Carnevale alla Mostra del Cinema Internazionale, dalle esposizioni d'arte ai balletti, dalla Festa della Madonna della Salute a quella del Redentore, dai vernissage nelle gallerie o nei padiglioni ai mercatini vintage, ai veneziani non mancano di certo le occasioni per divertirsi. E di conseguenza non mancano neanche a chi, per qualche giorno, a fare il veneziano ci vuole almeno provare.

### Feste ed eventi

La più coinvolgente festa sacro-profana della città è la **Festa del Redentore**, che si festeggia dal 1577, anno in cui cessò una lunga epidemia di peste che aveva decimato la popolazione, con una processione che attraversa il ponte di barche costruito fra le Zattere (v. lettura p63) e la Chiesa del Redentore (p161). A festeggiare la salvezza dalla peste c'è anche la **Festa della Madonna della Salute**. Il famosissimo **Carnevale**, invece, riempie le calli di Venezia di gente in maschera; i biglietti per i balli alla Fenice costano più di €200, ma in tutte le piazze si svolgono feste pubbliche. La **Mostra del Cinema di Venezia** richiama al Lido star internazionali e firme della moda italiana. Infine, c'è la **Biennale**, che all'epoca della stesura della guida stava definendo gli ultimi dettagli del progetto Biennale-College, pensato per offrire ai giovani artisti supporti ulteriori rispetto a quelli scolastici e accompagnarli nella formazione della loro professionalità. Non mancano poi i grandi cortei di imbarcazioni sul **Canal Grande**, per esempio quello che a febbraio chiude il Carnevale, o quello di settembre in occasione della **Regata Storica**, che chiude la stagione delle regate aperta in maggio con la **Vogalonga**.

### ☑ Il consiglio

▶ Per informazioni sulle prime, i concerti, gli spettacoli e altri eventi in programma consultate i siti www.veneziadavivere.com e www.turismovenezia.it.

### Eventi

**Biennale** È una delle istituzioni più note e prestigiose al mondo, per il fatto che ciascuna delle espressioni artistiche nelle quali si articola (arte, architettura, danza, cinema, teatro) riflettono le tendenze contemporanee e più all'avanguardia. Per l'occasione si organizzano eccentrici vernissage in padiglioni surreali che però sono da prenotare per tempo.

Maschere al Carnevale

**Mostra del Cinema Internazionale** In occasione di questo evento di risonanza internazionale, il Lido ospita le star del cinema, del teatro, della moda e della musica, oltre naturalmente a film di altissimo livello.

**Venezia Jazz Festival** Grandi nomi del jazz e qualche pop star si esibiscono in sedi storiche, tra le quali Piazza San Marco.

## Cinema

**Casa del Cinema** Informatevi sulla programmazione settimanale se siete interessati (tenete presente che per una o pochissime visioni non è conveniente fare la tessera, p96)

**Cinema Giorgione Movie d'Essai** Moderno e confortevole multisala situato nel cuore della città, a pochi metri dal Campo dei Santi Apostoli e dalle Fondamenta Nuove. (p114)

**Multisala Rossini** La programmazione contempla proiezioni, incontri con autori, film in versione originale sottotitolati ed eventi digitali. (p47)

**Arena di Campo San Polo** Da metà luglio a fine agosto, qui si può vedere un film ogni sera al calar del sole.

## Discoteche

**Aurora B3ach** Da mattina a sera, uno spazio lounge dove godersi pranzi e aperitivi in riva al mare. Il mercoledì e il sabato si balla, e ci sono vari tipi di serate musicali e corsi e intrattenimento nel weekend. (www.facebook.com/aurorabeachvenezia/; ☎349 7939946, 3408132984; Lungomare d'Annunzio 20/A; ⏰mag-metà set; 🚤Lido)

**Blue Moon** Con la sua struttura semicircolare, visto da lontano sembra un po' un ufo atterrato sulla costa; invece è un complesso che sorge sulla spiaggia del Lido e ospita concerti e serate da discoteca. (Piazzale Bucintoro 1; ingresso libero; ⏰mag-set; 🚤Lido)

# Il meglio
# Musica

Sono quattro secoli che la città di Venezia esercita un grande richiamo per gli amanti della musica classica, alla quale oggi vanno aggiunti la musica barocca degli Interpreti Veneziani (p46), l'orchestra del Florian, la tarantella del Caffè Lavena, le arie d'opera con Musica a Palazzo, la musica jazz del Bauer e del Venice Jazz Festival, il rock alternativo e il punk del Laboratorio Occupato Morion.

## Lirica e classica

**Teatro La Fenice**
Autentico gioiello storico con meno di 100 posti a sedere. (p41)

**Chiesa della Pietà** I concerti dei Virtuosi Italiani si svolgono in genere tre o quattro volte alla settimana, con punte di cinque da metà settembre a novembre. (p135)

**Interpreti Veneziani**
Fanno 330 concerti all'anno, quindi una media di quasi uno al giorno: non accampate scuse. (p46)

**Palazzetto Bru Zane**
L'acustica eccellente richiama musicisti di fama mondiale. (p95)

**Musica a Palazzo** Arie di opere liriche in un palazzo sul Canal Grande. (p46)

## Opera

**Musica a Palazzo**
Il programma prevede *La traviata* il lunedì, martedì, giovedì e sabato, il *Barbiere di Siviglia* mercoledì e domenica, il *Rigoletto* venerdì. (p46)

**Musica in Maschera**
I protagonisti sono cantanti d'opera e i ballerini classici sono vestiti in stile settecentesco.

**Concerti presso la Scuola Grande di San Giovanni Evangelista** Salite la scalinata del Codussi per accedere alla sala concerti realizzata dal Massari nel 1729 e arricchita con dipinti di Giandomenico Tiepolo.

## ✓ Consigli

▶ Per acquistare dischi c'è Il Tempio della Musica (p51).

▶ Per gli orari degli spettacoli, l'acquisto dei biglietti e le gift card per i concerti visitate www.musicinvenice.com.

## Jazz

**Jazz at The Bauers**
Occhio alle locandine diffuse per la città e ai quotidiani locali. (p47)

**Venice Jazz Club** I musicisti del Venice Jazz Club Quartet si esibiscono qui. (p71)

## Rock e punk

**Laboratorio Occupato Morion** Nessun timore per chi ha i capelli bianchi: qui ci vengono persone di ogni età. (p135)

# Il meglio
# Teatro

Avranno l'imbarazzo della scelta anche coloro che amano il teatro, ai quali raccomandiamo di raccogliere le informazioni sui vari e diversi teatri della città e scegliere qualcosa dai cartelloni, ma anche di tenere d'occhio le rappresentazioni teatrali dei testi del commediografo, storico e narratore Alberto Toso Fei che si tengono in occasione dei numerosi festival teatrali della città e non solo (www.albertotosofei.it).

## Teatri

**Teatro a l'Avogaria** Teatro tutt'ora sede di una scuola importante, i cui migliori allievi entrano a fare parte della compagnia residente che mette in scena non poche commedie dell'arte. (p71)

**Teatro Fondamenta Nuove** C'è una esuberanza tutta contemporanea e all'avanguardia nel cartellone di questo spazio in cui la danza, la musica e il teatro esprimono tutta la loro potenzialità. (p114)

**Teatro Goldoni** Il più importante teatro di prosa della città risale al 1622 ed è intitolato al più celebre commediografo veneziano, le cui opere sono sempre in cartellone. Sia per gli spettacoli sia per i concerti, prenotate per tempo però, perché i posti a sedere sono solo 800. (p47)

**Teatro Malibran** La protagonista è l'Orchestra Filarmonica della Fenice (www.filarmonica-fenice.it), che non si esibisce solo al Teatro La Fenice ma anche qui.

### ☑ Il consiglio

▶ Acquistate i biglietti in anticipo sul sito del teatro o su www.veneziaunica.it.

## Eventi

**Biennale Teatro** Quanta strada ha fatto questo festival, nato nel 1934 con l'idea di rappresentare i classici veneziani nello scenario naturale della città e divenuto oggi uno dei più aperti alle forme sperimentali del teatro internazionale.

# Il meglio Shopping

Dalle ruspanti botteghe artigianali alle boutique multipiano, dalle fabbriche agli artisti emergenti, Venezia è uno scrigno di scoperte e idee che si distinguono dai prodotti di massa. Tra gli accessori gioielli di design o scarpe su misura, tra i complementi d'arredo forcole in legno e ceramiche, tra i souvenir magliette da gondoliere dal gusto un po' trendy e diari di carta marmorizzata.

### Accessori

**Bottega d'Arte Gibigiana** Qui c'è il materiale, come una borsa, e l'immateriale, come un'ispirazione. (p72)

**Sartoria dei Dogi** Gli scialli di ieri e di oggi, le donne non rinunciano a questo prezioso ornamento. (p99)

### Cappelli

**Giuliana Longo** 'Da qualunque parte arrivi, tutto, in ogni caso, è fatto ovviamente a mano', dice Giuliana. (p51)

### Carta

**Charta** Se non siete dei collezionisti, optate per un segnalibro o un biglietto. (p49)

**Gianni Basso** Scegliete con quale decoro personalizzare il vostro biglietto da visita. (p114)

**Il Pavone di Paolo Pelosin** Di tutte le sue creazioni, Paolo adora soprattutto le 'scatole magiche'. (p98)

**Paolo Olbi** Con i suoi originali progetti, Paolo fa sognare artisti e non. (p71)

**Càrte** Non rinunciate a uno degli oggetti artigianali di Rosanna. (p98)

### Cuoio

**Il Gufo Artigiano** La pelle di buona fattura quando invecchia fa le rughe: è solo uno dei segreti che si imparano qui. (p96)

### Forcole

**Franco Furlanetto** Le sue forcole sono esposte anche al Metropolitan Museum of Art di New York. (p96)

**Le Forcole di Saverio Pastor** L'odore di legno di questo negozio-laboratorio è uno dei punti di riferimento della mappa olfattiva di Venezia. (p73)

**Paolo Brandolisio** Antiche fotografie e tele impolverate, oggetti di intaglio, intenso profumo di legno. (p136)

Bottega d'Arte Gibigiana (p72)

## Gioielli

**Attombri** Le collaborazioni dei designer Stefano e Daniele con il fashion valgono più di ogni descrizione. (p97)

**Marina e Susanna Sent** Per design, innovazione, ricerca formale, tecnica e cifra stilistica hanno ben pochi rivali. (p72)

**Perlamadredesign** Lasciate che Patrizia ed Evelina vi spieghino la tecnica del *sommerso*. (p72)

**Sigfrido Cipolato** I gioielli di questo talentuoso orafo necessitano di una lente di ingrandimento per essere apprezzati appieno. (p48)

**Nicotra di San Giacomo** Tutti pregevoli i manufatti di questi tessitori di gioielli. (p96)

**Laberintho** Fantasioso design ispirato al passato marinaro della città e all'arte bizantina. (p97)

**Materialmente** Qui tutto, che sia di bronzo o di metallo dorato, brilla infinitamente. (p48)

**Gibigiana** Piccoli capolavori di argento e vetro di Murano. (p114)

## Scarpe

**Atelier Segalin** Basta non illudersi di poterle indossare l'indomani al Teatro Goldoni (perché i tempi di consegna si aggirano intorno alle sei settimane). (p51)

**Giovanna Zanella** Le abili mani di questa vivace artigiana realizzano calzature con un'invidiabile passione. (p136)

**Gmeiner** Le scarpe di Gabriele sono belle come poche altre al mondo. (p97)

**Kalimala** Rifatevi gli occhi, e soprattutto i piedi, con nuove forme e nuovi colori. (p135)

**Pied à Terre** Le *furlane*, famose scarpe tradizionali veneziane, le trovate qui. (lettura p98)

## Vintage

**L'Armadio di Coco** Borse, accessori, giacche in jeans e in velluto e altri articoli tutti filologicamente vintage. (p47)

# Il meglio
# Tessuti

Ci sono due antiche e leggendarie fabbriche di tessuti ancora oggi operative a Venezia, entrambe incorniciate dalla storia e da un alone di mistero (vige il segreto industriale), e rese ancor più note da qualche fotogramma di film famosi, dove si possono apprezzare sia i prodotti tradizionali sia gli oggetti finiti, frutto della collaborazione con altre aziende.

### ☑ Il consiglio

▶ Si consiglia di prenotare la visita sia da Fortuny sia da Bevilacqua.

### Fortuny

Non perdetevi la prima fabbrica-laboratorio di Mariano Fortuny (ma anche il museo, p44), cioè l'universalmente noto regno dei leggendari tessuti ai quali il maestro sapeva conferire un aspetto talmente straordinario che non poche voci insinuavano che avesse fatto ricorso ad arti magiche e alla stregoneria. Qui vengono ancora oggi decorate le stoffe secondo una lavorazione semi-industriale, continuando a fare uso delle macchine e dei metodi brevettati dallo stesso textile designer nel 1910. Le stoffe create allora risultano moderne ancora oggi per via della stampa dorata e delle sfumature di colore su un tessuto, che sembra seta e invece è cotone. Non trascurate il **giardino** (visitabile su appuntamento), con piscina anni '50 immersa tra le piante che hanno ispirato i celebri pattern (melograno, caco, glicine, lavanda, papiro). V. p168.

### Tessitura Luigi Bevilacqua

È l'unica attività industriale del Canal Grande, nonché il più grande centro tessile d'Europa, dove si utilizzano ancora oggi i telai *jacquard* (ossia mossi a mano), inventati in Francia a inizio Ottocento e giunti in Italia un paio di decenni dopo. Fondata da Luigi Bevilacqua nel 1875 e attrezzata dei telai della Scuola della Serenissima in cui le orfanelle imparavano un mestiere, questa tessitura è il posto giusto in cui imparare che cos'è il velluto *soprarizzo*, a che cosa sono ispirati i 2500 disegni di cui si compone la collezione e dove lasciarsi impressionare dal numero dei rocchetti di filo (vanno dagli 800 ai 1600) impiegati in uno degli antichi telai in legno del Settecento. V. lettura p97.

## Il meglio
# Maschere

E meno male che ci hanno pensato gli anni '80 a rilanciare il Carnevale e di conseguenza anche il vecchio mestiere del *mascherere* (che languiva da circa 20 anni), il quale può così raccontare i segreti e i significati depositati dalla storia su queste misteriose coperture, che almeno una volta all'anno garantivano al veneziano la possibilità di vivere una catarsi e una liberazione.

**Quale scegliere?**
La maschera per antonomasia, nonché la più richiesta, è la *bauta*, in origine bianca poi nera, che copriva tutto il volto tranne il mento (rendendo irriconoscibile chi la indossava), si allargava sotto il naso (permettendo così di bere e mangiare senza scoprirsi) e per la sua forma alterava persino la voce. Molto usata dalle donne era invece la *moreta*, una maschera ovale di velluto nero di origine francese che abbelliva i lineamenti, detta 'muta' perché la si teneva sul viso tramite un perno che si infilava in bocca. Comunque sia, coperti in tal modo, ci si poteva rendere irriconoscibili e liberare dalle convenzioni. Ragion per cui la maschera non la usavano soltanto i giocatori d'azzardo, o i *barnaboti* (patrizi poveri della zona di San Barnaba) per chiedere l'elemosina, ma praticamente tutti e quotidianamente. Tant'è che all'inizio del XVII secolo il governo dovette imporre divieti e limitazioni (specie in corrispondenza di feste religiose o ricorrenze). E poi c'era la *ganga* (la classica maschera da gatta usata dalle donne), c'era la maschera del *medico della peste* (con il lungo naso che veniva riempito di spezie perché si pensava allontanassero il contagio), c'era quella di *Pantalone* (la più amata tra quelle della commedia dell'arte), e poi di *Arlecchino*, *Brighella* e *Pulcinella*…

### ☑ Il consiglio

▶ Se volete comprare una maschera andate da Papier Maché (p136) o alla Bottega dei Mascareri (p98). Se invece volete cimentarvi in un laboratorio rivolgetevi a Ca' Macana (p72): per costruirne una ci vogliono un paio d'ore, per pitturarla è sufficiente un'ora.

# Il meglio
## Merletti

Forse è vero che tra l'intreccio delle reti da pesca e le sottili trame c'è qualche corrispondenza, perché proprio nelle isole dei pescatori le donne sedevano con il loro *balon* (tombolo) ben poggiato su *scagno* e ginocchia, e passavano il tempo a maneggiare fili di cotone, seta, lana, oro e argento.

### La storia

La storia del merletto ad ago comincia dalla metà del 1400: nel 1473 il re Riccardo III dall'Inghilterra, nel giorno della sua incoronazione, indossa un merletto proveniente dalla Laguna di Venezia. Nel Rinascimento è il boom: aumenta il numero delle *buranelle* (virtuose donne dalle mani abili e veloci che producevano le meraviglie destinate a ornare i re e soprattutto le scollature di regine e aristocratiche). Nel XVI secolo la richiesta si fa tale che la produzione familiare si rivela insufficiente e vengono così coinvolte intere popolazioni femminili. Si passa quindi al secolo del merletto per eccellenza, il XVII, quando il merletto barocco lagunare diventa così costoso che la Francia deve organizzare una produzione autoctona per contenere le spese della Corte del Re Sole. Dopo le rivoluzioni americana e francese il merletto, considerato odioso simbolo dell'aristocrazia, viene abbandonato, e nel 1800 Venezia farà fatica a competere con i più economici e apparentemente altrettanto belli merletti che nel frattempo Francia, Belgio e Spagna avevano cominciato a produrre. Nel secondo dopoguerra la produzione si contrae ulteriormente, limitandosi a souvenir e accessori minori. Negli anni '70 scompaiono scuole e laboratori. Oggi quella del merletto è un'attività artigianale che vive grazie alla passione di singole professioniste del settore.

### ☑ Consigli

▶ La via principale di Burano, Via Galuppi, è costellata di negozi di pizzi e merletti, ma occorre tener presente che quasi tutto quel che si vede in vetrina è importato e fatto a macchina.

▶ A Burano, nelle giornate di sole, può capitare di vedere donne del posto sedute davanti alla soglia di casa, intente nei loro lavori al chiacchierino.

# Il meglio
# Vetro

Dalle fornaci di Murano, nascoste dietro i lussuosi showroom allineati lungo le Fondamenta dei Vetrai e il Ramo di Mula, escono oggetti belli quanto fragili. Il personale di negozi e punti vendita vi permetterà di tenerli tra le mani, ma occhio alle borse, agli zaini e alle distrazioni: gli elefanti nei negozi di cristalli, si sa, sono pericolosi.

## La lavorazione

Ogni mattina i vetrai si armano degli strumenti del mestiere: canna d'acciaio (per raccogliere e soffiare il vetro), forbici e pinze (per modellarlo tra i 700° e i 900°). Dopodiché ricoprono la palla di vetro raccolta sull'estremità della canna con una foglia d'argento e la fanno rotolare sulle murrine, che con il calore verranno inglobate. Quindi ogni pezzo viene lasciato raffreddare (18-24 ore) nei forni per la tempra, poi controllato, privato delle parti taglienti e quindi molato. A questo punto è pronto: non resta che attribuirgli un costo (che dipenderà dal tempo impiegato per realizzarlo e dall'esperienza del maestro) e portarlo in uno showroom o in un negozio.

## Musei

**Museo del Vetro** È il luogo espositivo per eccellenza, dove si narra la storia della produzione attraverso i secoli. Ma non mancano pezzi pregiati sparsi qua e là per gli altri musei della città. (p141)

## Shopping

**Davide Penso** Giovane muranese che insegna alla Scuola AZ (Abate Zanetti, www.abatezanetti.it) e ha allacciato contatti in varie parti del mondo. (p148)

**VMA** Ecco dove prendere tre piccioni con una fava: assistere alla lavorazione del vetro, aggiudicarsi un pezzo da museo, acquistare un souvenir. (p147)

### ☑ Il consiglio

▶ È bene cercare sempre l'etichetta che attesti che la produzione è locale, perché una buona parte dei prodotti meno costosi è d'importazione.

**Ercole Moretti & Fratelli** Un po' fabbrica, un po' atelier, un po' 'museo': un posto davvero magico. (v. lettura p139)

# Il meglio
# Per i bambini

Sarebbe un errore pensare che Venezia sia solo a misura di adulto. Al contrario, è la città dove celebri detenuti evadevano dal carcere passando dal tetto e l'imperatrice Sissi arredava il suo appartamento, dove ci sono una capra a due teste e le navi degli esploratori, dove si può imparare a decorare una maschera, capire come è fatto il vetro, andare in giro in bicicletta, fare una nuotata, giocare nelle calli e disegnare per terra con i gessetti.

## Tour

**Itinerari Segreti** Passaggi segreti, prigioni misteriose e la vera storia della fuga di Casanova. (p29)

**Bicicletta** Si può esplorare il Lido in tandem e Pellestrina in bicicletta. (p160)

## Musei

**Museo di Storia Naturale di Venezia** Non solo i dinosauri, ma anche le mummie e una capra a due teste. (p89)

**Museo Storico Navale** Per soddisfare ogni curiosità sulle imbarcazioni veneziane. (p130)

## Attività

**In spiaggia** Le spiagge delle isole meridionali hanno bassi fondali e sono molto adatte alla balneazione dei più piccoli. (p160)

**Tiro con l'arco** Presso gli Arcieri del Leon sono ammessi i bambini dai nove anni in su. (p169)

**FallaniVenezia** Piccoli e grandi sono invitati a scoprire i segreti della serigrafia, con telaio e racla alla mano, partecipando a un workshop base e divertendosi a fare gli artigiani per un'ora (€40 per persona, minimo due partecipanti). (p115)

### ☑ Consigli

▶ In molti alberghi e B&B è disponibile il servizio di babysitting.

▶ Il passeggino è essenziale, e di sicuro troverete qualche veneziano che vi spiegherà la tecnica per affrontare le scale dei 450 ponti della città. Altrimenti munitevi di uno zaino portabimbo, che però è scomodo nelle zone affollate.

**Freetime Diving** Gli over 10 possono approfittare della struttura annessa all'Hotel Excelsior per qualche immersione. (p168)

**Row Venice** Gli over otto possono cimentarsi con la voga veneta, mentre

# Per i bambini

Bimbo sul vaporetto

gli under otto se la caveranno con l'aiuto dei genitori. (☎347 725 06 37; www.rowvenice.com; lezioni di 90 min €85 per 1-2 persone)

**Tragicomica** Siete pronti a decorare la maschera che indosserete per il prossimo Carnevale? (☎041 72 11 02; www.tragicomica.it; San Tomà, San Polo 2800; laboratori per 1-40 persone; ⊙su prenotazione)

## Parchi e giardini

**Oasi WWF delle Dune degli Alberoni** Posto naturalisticamente incantevole dove portare i vostri piccoli. (p159)

**Isola di Sant'Elena** Piacevolissima pineta con panchine, scivoli, altalene, pista di pattinaggio e spazi ombreggiati. (v. lettura p137)

## Pernottamento

**Foresteria Valdese** Qui si prenota a camera e non a posto letto, quindi è una sistemazione adatta alle famiglie. (www.foresteriavenezia.it)

## Pasti

**Dok dall'Ava** Si può mangiare pane e prosciutto crudo con le mani oppure scegliere qualche piatto caldo dal menu bambini. (☎041 296 07 64; www.dallava.com; San Marco 3989; ⊙10.30-15 e 17.30-24; ⛴Rialto)

## Shopping

**Éditions du Dromadaire** Qui ci sono libri che si possono non soltanto leggere, ma anche manipolare. (☎041 529 90 14, 328 613 02 09; www.dromadaire.it; Castello 6656; ⊙10-12.45 e 16-19, chiuso gio pom e dom; ⛴Ospedale)

**Fanfaluca** Dolcissimo kidstore con bambole in pezza, valigette da asilo, scarpette Mulin Roty, cerchietti e forcine, e tanti giocattoli. (☎041 847 68 91; San Marco 4339; ⊙10.30-14 e 15.30-19.30 lun-sab; ⛴Rialto)

**Gilberto Penzo** Per costruire una gondola in miniatura. (p98)

**Q-shop** Fornitissima la sezione dedicata all'infanzia. (p129)

**VMA** Come si fa una bottiglia soffiata? Scopritelo direttamente dai maestri vetrai. (p147)

# Il meglio
# Librerie

Guide di Corto Maltese, testi di storia e di teatro, ricettari di cucina tradizionale, vademecum per non dimenticare come si fanno i *cicheti* o come si prepara uno spritz degno di questo nome, opuscoli, libri per l'infanzia: dal desiderio di approfondire qualche argomento o curiosità alla frequentazione delle librerie il passo è breve.

**Libreria Goldoni** Vasto assortimento di guide, testi di archeologia e storia, di cinema e teatro, e ricettari. (041 522 23 84; www.libreriagoldoni.com; Calle dei Fabbri, San Marco 4742/43; 9-19.30 lun-sab, 11-13.30 e 14.30-19 dom; Rialto – Riva del Carbon)

**Libreria Bertoni** Strettissime calli fatte di libri di ogni genere; tanti titoli al 50%. (041 522 95 83; www.bertonilibri.com; Calle de la Mandola, San Marco 3637/B; 9-13 e 15-19.30 lun-sab; Sant'Angelo)

**Libreria Studium** Da non perdere gli opuscoli *Occhi aperti su Venezia* (€4) dedicati ai problemi della città, giunti quasi al 50° numero. (041 522 23 82; Calle della Canonica, San Marco 337; 9-19.30 lun-sab, 9.30-13.30 e 14-18 dom; San Zaccaria)

**Mare di Carta** Tutto ciò che raccoglie Cristina Giussani è fatto di carta e riguarda il mare, tranne un progetto di turismo sostenibile per chi vuole scoprire perle nascoste. Consultate geografismi.it/la-nostra-idea. (cartina p84; 041 71 63 04, 347 570 77 49; www.maredicarta.com; Fondamenta dei Tolentini, Santa Croce 222; 9-13 e 15.30-19.30 lun-ven, 9-12.30 e 15-19.30 sab; Piazzale Roma)

**Libreria Marco Polo** Accoglienza e gentilezza, incontri con autori, corsi di scrittura. (041 522 63 43; www.libreriamarcopolo.com; Calle del Teatro Malibran, Cannaregio 5886/A; 9.30-19.30 lun-sab; Rialto)

**Librairie Française** Dal DVD su Venezia di Mazzacurati alla guida di Corto Maltese, passando per Geronimo Stilton e La Pimpa a Venezia. (041 522 96 59; SS. Giovanni e Paolo, Castello 6358; 9-12.30 e 15.30-19 lun-sab; Ospedale)

**Acqua Alta** Soprattutto libri su Venezia, ma anche fumetti, bestseller ecc., tutti belli comodi dentro vasche da bagno, canoe, barche e persino in gondola. (cartina p126; 041 296 08 41; Calle Lunga Santa Maria Formosa, Castello 5176/B; 9-20; Rialto, Ospedale)

**La Toletta** Prende il nome dalla *toleta*, una piccola tavola, che nel 1933 (anno di nascita della libreria) veniva utilizzata per attraversare il canale. (cartina p60; 041 523 20 34; www.latoletta.com; Dorsoduro 1213; 9-19.30 lun-sab, 15-19 dom; Accademia, Ca' Rezzonico)

# Il meglio
# Biodiversità

Per conoscere l'identità di Venezia non si può prescindere dall'area lagunare di 550 kmq (la zona paludosa costiera più vasta d'Europa) che la circonda, ricca di barene (terreni periodicamente sommersi dalle maree) e di una flora e una fauna endemiche, e riconosciuta Patrimonio dell'Umanità dall'UNESCO nel 1987.

Siete pronti a rispettare quei contesti limitati dove sopravvive l'aspetto originario della costa veneta, fatto di cordoni dunali più o meno ricoperti di vegetazione? Siete pronti a tenere a mente alcuni dati, come per esempio che nel Mare Adriatico le dune si sono ridotte del 90%? Siete pronti a considerare che la cementificazione e i mezzi meccanici di pulizia delle spiagge stanno modificando il paesaggio dei litorali veneziani, che i nidi dei fratini in mezzo alla sabbia sono sempre più rari, che i coleotteri sono in via di estinzione, che la raganella e il rospo smeraldino sono stati decimati dall'urbanizzazione e dalla bonifica di fossi e canali? Fare un viaggio nella Laguna di Venezia significa imparare tutto ciò, compreso il fatto che anche questi ambienti sono oggetto di tutela a livello locale e/o della Comunità Europea, e talvolta SIC (Siti di Interesse Comunitario).

## Le oasi

**Oasi WWF delle Dune degli Alberoni** Straordinario paesaggio che si compone di uno dei sistemi dunali di circa 30 ettari meglio conservati dell'Adriatico e di una pineta di pini marittimi e domestici. (p159)

**Oasi di Caroman** Ospita non solo una vasta quantità di piante endemiche, ma offre l'habitat ideale a oltre 170 specie di uccelli, alcune delle quali molto rare, che ne fanno uno dei sistemi naturali protetti più incontaminati dell'intera regione. (p159).

## Il consiglio

▶ D'estate è d'obbligo avere con sé un costume da bagno per non rinunciare a sguazzare nell'acqua.

## Laguna orientale

Incantevole e incontaminato insieme di canali, specchi d'acqua, valli lagunari, case coloniche, casoni, popolato di cefali e garzette, incorniciato dalla Laguna e con sullo sfondo Venezia. (p150)

# Guida pratica

| | |
|---|---|
| **Prima di partire** | **196** |
| Quando andare | 196 |
| Prenotare il soggiorno | 196 |
| **Per/da Venezia** | **197** |
| **All'arrivo** | **199** |
| **Trasporti urbani** | **200** |
| Gondola | 200 |
| Gondola traghetto | 200 |
| Vaporetto | 200 |
| **Informazioni** | **201** |
| Accessi a internet | 201 |
| Assistenza sanitaria | 201 |
| Carte di credito | 201 |
| Emergenze | 202 |
| Farmacie | 202 |
| Informazioni turistiche | 202 |
| Pasti | 202 |
| Posta | 202 |
| Tessere sconto | 202 |
| Viaggiatori con disabilità | 204 |
| Viaggiatori omosessuali | 205 |

Riva degli Schiavoni (p120)
MAURO CHIARLE ©

# Guida pratica

## Prima di partire

### Quando andare

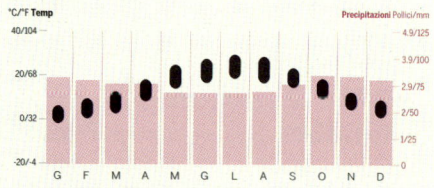

➡ **Primavera** È la stagione che offre le condizioni climatiche più piacevoli: le giornate sono lunghe e le temperature miti.

➡ **Estate** Alta presenza di turisti e temperature elevate. Non è raro, tuttavia, che il clima cambi repentinamente e che al termine di un pomeriggio assolato e caldo vi ritroviate ad affrontare una serata di acquazzoni.

➡ **Autunno** Stagione meno agevole per via delle maree (che in questo periodo non sono rare), ma anche della bora e dello scirocco (che soffiano spesso e forte).

➡ **Inverno** Temperature discretamente rigide, ma l'alto tasso di umidità costante contribuisce a mantenere il clima abbastanza temperato anche nei mesi più freddi.

### Prenotare il soggiorno

☑ **Consiglio** Gli uffici del turismo dispongono sempre di utili elenchi delle strutture ricettive disponibili in zona.

➡ Ricordate che i siti web degli alberghi, anche di quelli di fascia alta, spesso riportano offerte vantaggiose.

➡ A Venezia gli alberghi sono per lo più in stile settecentesco, spesso ricavati in residenze d'epoca (d'altronde, in città è quasi impossibile trovare un edificio che non abbia almeno duecento anni di storia), tendenzialmente lussuosi, e inevitabilmente cari. Lo stesso vale per i boutique hotel, spesso con poche camere molto curate e nascosti all'interno di cortili. A tutto ciò si aggiunga il fatto che Venezia è una città dove i turisti non mancano soprattutto nel weekend, il che significa che i prezzi spesso salgono alle stelle dal venerdì alla domenica. Esplorando un po', però, e magari puntando alle zone meno battute, si può riuscire a spendere un po' meno e a garantirsi comunque una permanenza confortevole, talvolta persino più autentica. Infine, a Venezia non mancano alcune soluzioni economiche: ottimi ostelli (foresterie), residenze universitarie che durante il periodo estivo ospitano i turisti e persino un piccolissimo campeggio al Lido.

➡ A Venezia per calcolare la bassa stagione occorre andare per esclusione: tolti il periodo natalizio e di Capodanno, il Carnevale, la deliziosa primavera, i mesi di luglio e agosto, il settembre della Mostra del Cinema e il primo autunno che non è ancora troppo freddo, quel che rimane è ben poco, ovvero i mesi di novembre e inizio dicembre, gennaio, parte di febbraio e marzo. In questi periodi potrete ottenere sconti sensibili e non preoccuparvi di prenotare con un buon anticipo.

### Siti utili
**Lonely Planet Italia** (www.lonelyplanetitalia.it/venezia/hotel) Prenotazioni alberghiere e informazioni pratiche.

**Provincia di Venezia** (www.turismo.provincia.venezia.it) Sito ufficiale; cliccate sul link 'Territorio' e a seguire 'Dove alloggiare'.

### Il meglio – Prezzi bassi
**Antico Capon** (www.anticocapon.com) Piccolo alberghetto gestito dal simpatico Elia.

**Locanda Sant'Anna** (www.locandasantanna.com) Cartolina d'antan in un angolo nascosto di Castello.

**Albergo Doni** (www.albergodoni.it) Soluzione umile e senza pretese, ma dignitosa.

### Il meglio – Prezzi medi
**Locanda Casa Petrarca** (www.casapetrarca.com) B&B con camere luminose, ricavate in un antico palazzo residenziale.

**Locanda Art Déco** (www.locandaartdeco.com) Hotel, B&B in una dépendance e appartamenti.

**Campiello Zen** (www.campiellozen.com) B&B che somiglia alla casa dei vostri sogni.

**Kosher House Giardino dei Melograni** (www.pardesrimonim.net) Per respirare l'atmosfera del Ghetto in quella che fu la Casa di Riposo Israelitica.

**Hotel Ca' Formenta** (www.hotelcaformenta.it) Palazzetto quattrocentesco a Castello.

**La Residenza** (www.venicelaresidenza.com) Una delle residenze più belle della città.

### Il meglio – Prezzi elevati
**Hotel Flora** (www.hotelflora.it) Incantevole albergo con un giardino verdeggiante.

**La Calcina alle Zattere** (www.lacalcina.com) Storico albergo lungo le Zattere.

**Hotel Giorgione** (www.hotelgiorgione.com) Per un pernottamento 'brillante', tra specchi e vetri colorati.

# Per/da Venezia

## Aereo
➡ L'**Aeroporto Marco Polo di Venezia-Tessera** (codice IATA aeroportuale VCE; ☎ 041 260 61 11; www.veniceairport.it; Viale Galileo Galilei 30/1, Tessera) è quello di riferimento per i voli

continentali e intercontinentali; dista 12 km da Venezia ed è situato a est di Mestre. Le compagnie low cost atterrano all'**Aeroporto Antonio Canova di Treviso** (codice IATA aeroportuale TSF; ☎ 0422 31 51 11; www.trevisoairport.it; Via Noalese 63), che dista circa 36 km da Venezia. Per informazioni sui collegamenti v. p17.

## Autobus

I principali autobus a lunga percorrenza hanno i capolinea all'Isola Nuova del Tronchetto e a Piazzale Roma.

→ **Eurolines** (☎ 0861 199 19 00; www.eurolines.it) Collega il Veneto con molte altre regioni italiane e con il resto d'Europa; FlixBus (www.flixbus.it) ha corse in partenza da Venezia, Verona e Padova verso alcune città italiane e diverse città europee. I mezzi di queste due compagnie hanno i capolinea alla stazione di Isola Nuova del Tronchetto.

→ **Azienda del Consorzio Trasporti Veneziano** (☎ 041 24 24; www.actv.it) Gestisce i trasporti pubblici del Comune di Venezia (sia gli autobus che collegano diverse località extraurbane sia i vaporetti).

→ **Azienda Trasporti Veneto Orientale** (☎ 041 59 46 71; www.atvo.it) Serve il Veneto orientale e collega gli aeroporti di Venezia e Treviso. Per operativi, orari e tariffe collegatevi ai siti web indicati.

## Automobile e motocicletta

Venezia è raggiungibile grazie a buoni collegamenti autostradali, statali e regionali. Le autostrade di riferimento sono: la **A4 Torino-Trieste** ('Serenissima'), spesso congestionata, che passa per Mestre (uscita 'Venezia'); la **A22 Brennero-Modena** (uscita 'Verona', da cui si prende la A4); la **A13 Bologna-Padova** (uscita 'Padova'); e la **A27 Belluno-Venezia**. Le strade statali che portano a Venezia sono invece la SS13 Pontebbana, la SS14 della Venezia Giulia e la SS309 Romea. Da segnalare anche la strada regionale SR11 Padova-Venezia (Padana superiore). Una volta arrivati sul Ponte della Libertà da Mestre, dovrete obbligatoriamente lasciare l'auto nei parcheggi di Piazzale Roma o al Tronchetto. Il traghetto n. 17 per il trasporto autoveicoli fa servizio dal Tronchetto al Lido (€13 per autovetture fino a 4 m, passeggero €7,50/1,50 senza card/con Venezia Unica City Pass).

### Parcheggi

Troverete parcheggi in Piazzale Roma o sull'Isola del Tronchetto. Negli orari di punta, i posti sono sempre al completo: laddove possibile, è consigliabile prenotare in anticipo online.

Per spendere meno considerate la possibilità di parcheggiare a Mestre e prendere l'autobus (€1,50) o il treno (€1,25) per Venezia.

→ **ASM Autorimessa Comunale** (☎ 041 272 7301; www.asmvenezia.it; Piazzale Roma; €23,40-29 al giorno; ⏱ 24 h) Con 2182 posti auto e 300 posti moto, è il parcheggio più grande di Piazzale Roma; sono possibili le prenotazioni solo online; parcheggio per 12 ore gratuito per persone con disabilità (fino a un massimo di 14 vetture).

→ **Interparking** (Parcheggio del Tronchetto; ☎ 041 520 75 55; www.veniceparking.it; Isola del Tronchetto; €6/21 per 2/24 h; ⏱24 h) Con 3957 posti auto, è il più grande e con la tariffa più bassa per 24 ore; è servito da vaporetti diretti per Piazza San Marco e dal People Mover, che assicura i collegamenti con Piazzale Roma e con il Terminal Crociere. Dopo il Ponte della Libertà, seguite le indicazioni per Tronchetto.

➜ **Garage Europa Mestre** (☎041 95 92 02; www.garageeuropamestre.com; Corso del Popolo 55, Mestre; €14 al giorno, varie tariffe orarie; ⏱8-22) Dispone di 300 posti auto; l'autobus n. 4 e 4L di ACTV per/da Venezia ferma davanti al garage, che in alternativa si può raggiungere dalla stazione ferroviaria di Mestre con una camminata di 10 minuti.

## Imbarcazioni

Da Venezia partono regolarmente traghetti per la Grecia, la Slovenia e la Croazia. **Anek** (www.anek.gr) collega Venezia a Igoumenitsa e Patrasso, mentre **Venezia Lines** (www.venezialines.com) effettua collegamenti stagionali (generalmente da fine aprile a inizio ottobre) con imbarcazioni veloci per/dalla Slovenia e Croazia.

## Treno

Il treno è il mezzo che ci sentiamo di consigliare per raggiungere Venezia.

La **Stazione di Venezia Santa Lucia** (Fondamenta Santa Lucia) è affacciata sull'estremità occidentale del Canal Grande; maggior scalo ferroviario della città e della regione, è collegata con le principali città italiane e con alcune destinazioni internazionali. Ci arrivano anche i treni ad alta velocità di Trenitalia (www.trenitalia.com) e di Italo (www.italotreno.it) dall'Italia centro-meridionale e dalla Svizzera (www.ffs.ch).

La **Stazione di Venezia Mestre** (Viale Stazione) si trova sulla terraferma ed è collegata alla Stazione Venezia Santa Lucia dal Ponte della Libertà (10 minuti circa).

# All'arrivo

☑ **Attenzione** Per i mezzi di trasporto più adatti a raggiungere il vostro alloggio v. p17.

## Per/dall'Aeroporto di Venezia

➜ **Autobus** Gli autobus **ATVO** (☎0421 59 46 72; www.atvo.it) collegano l'aeroporto con Piazzale Roma (€8/15 sola andata/andata e ritorno, 20 min). Anche l'autobus n. 5 di **ACTV** (☎041 24 24; www.actv.it) fa servizio fra l'Aeroporto Marco Polo e Piazzale Roma (€6, circa 30 min).

➜ **Motoscafo-taxi** Il **Consorzio Motoscafi** (☎041 522 23 03; motoscafivenezia.it) gestisce il servizio di taxi acquei per/dalla città. La tariffa dall'aeroporto alla Stazione di Venezia Santa Lucia è di €100 fino a cinque persone; da sei a un massimo di 10 viene applicato un supplemento di €10 per persona.

➜ **Vaporetto Alilaguna** (☎041 240 17 01; www.alilaguna.it) Ha tre linee che collegano il molo dell'aeroporto (a otto minuti di cammino dal terminal) a varie zone di Venezia al costo di €15/27 sola andata/andata e ritorno (da 45 a 90 minuti a seconda delle destinazioni). Il biglietto include il trasporto di un bagaglio pesante e di un bagaglio a mano. I biglietti Alilaguna si acquistano online (con un piccolo sconto) o presso le edicole e tabaccherie autorizzate.

# Guida pratica

**Linea Blu** Collegamento con il Terminal Crociere e fermate al Lido, a San Marco e alle Zattere.

**Linea Rossa** Collegamento con San Marco e fermate a Murano e al Lido.

**Linea Arancio** Collegamento con Santa Maria del Giglio e fermate a Guglie (stazione ferroviaria), Rialto e Ca' Rezzonico.

## Per/dalla Stazione Marittima

I passeggeri che sbarcano dalle navi da crociera alla **Stazione Marittima** (Venezia Terminal Passeggeri; www.vtp.it) potranno utilizzare la Linea Blu Alilaguna, che collega il terminal con Giudecca Stucky, Zitelle, Zattere, San Marco, San Zaccaria, Arsenale (€8), e la fermata del People Mover, che in tre minuti collega il terminal passeggeri con Piazzale Roma, da cui partono i vaporetti (v. p17).

## Per/dal Tronchetto a Piazzale Roma

Isola del Tronchetto e Piazzale Roma sono collegate dalla monorotaia **People Mover** (http://avm.avmspa.it; €1,50 per corsa; ⏱7-23 lun-sab tutto l'anno, 8-22 apr-ott e 8.30-21 nov-marzo dom e festivi), con fermata intermedia nell'area della Stazione Marittima.

# Trasporti urbani

## Gondola
☑ **Il meglio per...** godersi il panorama.

Un giro in gondola offre una visione di Venezia molto particolare. La tariffa ufficiale per una corsa diurna è di €80 per 30 minuti (€100 dalle 19 alle 8). Le gondole si possono prendere alle varie fermate, dette *stazi*, presenti lungo il Canal Grande, alla fermata Ferrovia presso la **Stazione di Venezia Santa Lucia** (☎041 71 85 43) e in altri approdi.

## Gondola traghetto
☑ **Il meglio per...** fare come la gente del posto.

Negli *stazi* (approdi) di Santa Sofia, Carbon, San Tomà, Santa Maria del Giglio, Dogana e San Samuele i passeggeri possono passare da una sponda all'altra del Canal Grande a bordo di una gondola traghetto (€2). Questo servizio, fruito dai veneziani per spostarsi sull'altra riva in mancanza di ponti nelle vicinanze, è attivo in orari variabili da *stazio* a *stazio* (per esempio: San Tomà ⏱feriale 7.30-20, festivo 8.30-19.30; v. www.veneziaunica.it/it/content/la-gondola per conoscere gli altri orari) e consente ai visitatori di provare l'emozione della gondola a un prezzo più che popolare.

## Vaporetto
☑ **Il meglio per...** gli spostamenti rapidi.

Il principale mezzo di trasporto pubblico a Venezia è gestito da **ACTV** (www.actv.it). Alcune linee non effettuano tutte le fermate, soprattutto dalle 8 alle 10 e dalle 18 alle 20, perciò vi consigliamo di controllare i cartelli. Se avete qualche dubbio, chiedete alla persona incaricata di far salire e scendere i passeggeri dal battello.

### Biglietti
I biglietti ACTV sono acquistabili presso le biglietterie e le agenzie **Venezia Unica** (www.veneziaunica.it), i rivenditori autorizzati e le biglietterie automatiche presenti in alcuni appro-

di. Per l'acquisto online collegatevi al sito web di Venezia Unica. Il biglietto di corsa semplice costa €7,50 e dura 75 minuti; può essere conveniente acquistare un biglietto turistico, che consente l'uso illimitato dei vaporetti nel periodo di validità prescelto: **24 ore** €20; **48 ore** €30; **72 ore** €40; **1 settimana** €60.

Ricordate di convalidare il pass ogni volta che salite a bordo.

#### Linee

Di seguito le linee utili ai visitatori che collegano la stazione ferroviaria di Venezia Santa Lucia e Piazzale Roma con tutte le zone di Venezia.

**Linee n. 1 e 2** Navigano prevalentemente sul Canal Grande, lungo la direttrice che dal Tronchetto arriva al Lido e viceversa (la n. 2 collega anche il Tronchetto a San Marco attraverso il Canale della Giudecca).

**Linee n. 4.1, 4.2, 5.1 e 5.2, 6** Linee circolari che percorrono il perimetro del 'grande pesce' toccando punti di grande interesse culturale o commerciale.

**Linea N** Circolare notturna che effettua numerose fermate, fra cui la Giudecca, il Canal Grande, San Marco e il Lido (dalle 23.30 alle 4, ogni 40 minuti circa).

# Informazioni

### Accessi a internet

L'accesso a internet attraverso rete wireless è ampiamente diffuso a Venezia; il più delle volte la connessione è inclusa nel prezzo della camera d'albergo (che si tratti di hotel a quattro stelle o di ostello). Invece non è molto diffuso nei locali (ad averlo è la minor parte). Con **Cittadinanza Digitale** (www.cittadinanzadigitale.it), progetto del Comune di Venezia, i residenti possono accedere alla rete tramite hot spot pubblici e i visitatori acquistare servizi online su **Venezia Unica** (www.veneziaunica.it).

### Assistenza sanitaria

Il centralino unificato a cui fanno capo gli ospedali indicati di seguito risponde al ☎041 965 71 11.

➡ **Ospedale Civile SS. Giovanni e Paolo** (Castello 6777, Venezia) È il principale ospedale della città, raggiungibile in 10 minuti a piedi da Rialto.

➡ **Ospedale dell'Angelo di Mestre** (Via Paccagnella 11)

### Carte di credito

Quasi tutti gli alberghi di categoria da media a elevata accettano le carte di credito, così come la maggior parte dei ristoranti e dei negozi. Spesso nei B&B è richiesto il pagamento in contanti, mentre sono sempre meno le pensioni, trattorie e pizzerie che non accettano carte; ma per sicurezza informatevi in anticipo, in particolare nelle località più piccole.

Le carte maggiormente accettate sono quelle dei circuiti Visa, MasterCard, Eurocard, Cirrus ed Eurocheques. AmEx, benché diffusa, è oggi meno in uso di Visa o MasterCard.

Vi ricordiamo i recapiti per bloccare la carta smarrita o rubata, o per ottenere informazioni di vario genere:

**Amex** (☎06 72 282, poi tasto '0')

**Diners Club** (☎800 393 939)

**MasterCard** (☎800 870 866, poi il tasto '6' per l'italiano)

**Visa** (☎800 819 014, poi il tasto '6' per l'italiano)

## Emergenze
➡ **Ambulanza** (☎118)

➡ **Guardia medica** (☎041 238 56 48, 041 238 56 00)

➡ **Polizia** (☎emergenze 113)

➡ **Soccorso stradale** (☎803 116 ACI; ☎803 803 Europe Assistance)

➡ **Vigili del fuoco** (☎115)

## Farmacie
Quasi tutte le farmacie di Venezia sono aperte dalle 9 alle 12.30 e dalle 15.30 alle 19.30, e chiuse il sabato pomeriggio e la domenica. L'elenco aggiornato delle farmacie di turno è disponibile al link www.ulss12.ve.it/farmacie.aspx.

## Informazioni turistiche
Per ricevere informazioni potrete contattare **Venezia Unica** (☎041 24 24; info@veneziaunica.it; www.veneziaunica.it), che ha uffici di informazione e accoglienza turistica (IAT) all'aeroporto, alla stazione ferroviaria e in diversi punti della città:

**IAT Aeroporto** (sala arrivi, Aeroporto Marco Polo, Tessera-Venezia; ⓗ9-19)

**IAT Piazza San Marco** (cartina p36; Piazza San Marco 71f; ⓗ9-19)

**IAT Piazzale Roma** (c/o Autorimessa Comunale; ⓗ7.30-19.30)

**IAT Mestre** (Via Lazzari 32; ⓗ8.30-19)

**IAT Stazione FS Venezia Santa Lucia** (cartina p104; ⓗ8-21)

L'**Associazione Amici dei Musei e Monumenti Veneziani** (cartina p84; ☎041 244 00 10; www.amicideimuseivenezia.it; Palazzo Mocenigo, San Stae-Santa Croce 1992) e il relativo sito internet vi saranno molto utili: poiché alcuni monumenti della città sono aperti solo di rado, in concomitanza con eventi particolari o a seconda dei periodi, grazie a questo contatto sarete informati per tempo.

## Pasti
Ci sono vari modi di mangiare e di gustare la cucina tradizionale a Venezia. Nei bacari, per esempio, si possono piluccare *cicheti* in quantità e in molti casi non manca una manciata di tavoli dove gustare un pasto completo in stile osteria. Abbondano poi le trattorie e i ristoranti più eleganti, così come le giovani e interessanti realtà gastronomiche, tutte da esplorare. E infine, se proprio non si vuole fermare il passo, si trova anche qualche take away. In questa guida, a ciascuno di questi locali è stata assegnata una fascia di prezzo, approssimativamente calcolata su un pasto completo (primo, secondo e contorno), bevande escluse.

| | |
|---|---|
| € | fino a €20 |
| €€ | da €20 a €40 |
| €€€ | più di €40 |

## Posta
➡ **Ufficio postale** (Marzaria San Salvador 5106, San Marco; ⓗ8.20-19.05 lun-ven, fino alle 12.35 sab) Nel centro storico.

## Tessere sconto
L'ingresso a musei, monumenti, gallerie d'arte e aree archeologiche dello Stato (www.beniculturali.it, al link 'Luoghi della Cultura') è gratuito per tutti i cittadini appartenenti all'Unione Europea di età inferiore a 18 anni e per alcune categorie (per esempio, gli insegnanti). Inoltre, l'ingresso è gratuito in archivi

e biblioteche statali per tutti i cittadini (senza distinzione di età). Il biglietto è ridotto del 50% ai cittadini dell'Unione Europea di età compresa tra i 18 e i 25 anni e ai docenti delle scuole statali con incarico a tempo indeterminato. Le medesime agevolazioni si applicano ai cittadini di paesi non comunitari 'a condizione di reciprocità'. L'ingresso è gratuito per tutti ogni prima domenica del mese.

Per sapere quali sono i luoghi della cultura dello Stato (e distinguerli dai musei civici o dalle gallerie private) collegatevi al sito www.beniculturali.it, cliccate su 'Luoghi della Cultura' nel menu a sinistra e infine su 'Ricerca'.

Sul sito di **Venezia Unica** (www.veneziaunica.it) si possono acquistare diversi tipi di tessere e voucher dotati di codici a barre per accedere ai vari servizi turistici (transfer per/dall'aeroporto Marco Polo, parcheggi, biglietti a tempo ACTV, ingresso a musei e chiese, mostre, luoghi di interesse, fruizione dei servizi igienici, connessione wi-fi) prima dell'arrivo in città, risparmiando così tempo e denaro. Una volta effettuato l'acquisto, si ricevono via email una conferma di prenotazione (voucher) contenente il PNR (Personal Name Record), un codice a barre e la password per il wi-fi. Le tipologie di offerte sono varie (oltre al fatto che è possibile acquistare pacchetti predeterminati o confezionare soluzioni personalizzate):

➜ **MUVE Museum Pass** (www.visitmuve.it; interi/ridotti €24/18; valido 6 mesi) Consente un unico ingresso a ciascuno degli 11 musei civici veneziani, tra cui il Palazzo Ducale, il Palazzo Correr, Ca' Rezzonico e Ca' Pesaro.

➜ **Museum Card Musei di Piazza San Marco** (www.visitmuve.it; interi/ridotti €19/12, valido 3 mesi) Consente un unico ingresso a Palazzo Ducale e al percorso integrato del Museo Correr.

➜ **Musei & Chiese Adult/Junior Pack** (ex Venice Card; €39,90 per adulti da 30 anni in su, €29,90 per under 29; www.veneziaunica.it) Include l'ingresso a Palazzo Ducale, agli altri 10 musei civici veneziani, alle 15 chiese del Circuito Chorus, alla Fondazione Querini Stampalia e al Museo Ebraico. La **San Marco Pack** (€24,90 dai sei anni in su) offre qualche servizio in meno delle due precedenti.

➜ **Chorus Pass** (www.chorusvenezia.org; adulti/studenti/famiglie €12/8/24) Consente l'ingresso a 15 chiese ed è valida per un anno solare. Altrimenti, ai turisti l'ingresso a ciascuna chiesa costa €3 (gratis per gli under 11). Il pass è in vendita presso le biglietterie delle chiese e sul sito www.venezia unica.it; i proventi finanziano la manutenzione e il restauro delle chiese cittadine.

➜ **Rolling Venice** I visitatori tra i quattro e i 29 anni potranno acquistare online (www.venezia unica.it) o presso gli uffici turistici e le biglietterie Venezia Unica la guida con carta sconti Rolling Venice, valida un anno solare. Costa €6 e dà diritto all'acquisto a €22 (anziché €40) di un biglietto turistico ATCV 72 ore Giovani, per usufruire illimitatamente dei mezzi di trasporto pubblico, e a vari sconti (musei, eventi culturali, negozi, ristoranti, ostelli). Con l'aggiunta di un supplemento, si ottiene il diritto a una tariffa scontata anche per il transfer da/per l'aeroporto.

→ **International Student Identity Card** (ISIC; www.isic.it) Ai titolari spettano sconti su molti mezzi di trasporto e riduzioni sui biglietti d'ingresso a musei e siti turistici, ma a Venezia i vantaggi della tessera ISIC sono limitati. Agli studenti, gli operatori del turismo suggeriscono piuttosto la Rolling Venice (v. p203).

→ **Altre carte** che potrebbero essere utili:
**Carta Giovani** (www.cartagiovani.it)
**Carta IoStudio – La Carta dello Studente** (http://iostudio.pubblica.istruzione.it)
**Hostelling International** (www.hihostels.com)

## Viaggiatori con disabilità

Con tutti i suoi ponti, le scale e le scarse barriere di protezione lungo i canali, e talvolta anche le modeste dotazioni dei musei e delle fondazioni o centri culturali, Venezia potrebbe essere considerata a ragione un luogo piuttosto ostile per un viaggiatore con disabilità. Tuttavia, negli ultimi tempi la città si sta impegnando per rendere fruibili i suoi monumenti principali, soprattutto dopo il considerevole imbarazzo provocato dal pagamento di 11,3 milioni di euro per il ponte di Calatrava, non accessibile alle persone in sedia a rotelle (visto che è composto in gran parte da scalini) prima della realizzazione dell'apposita ovovia (che comunque ha non poche criticità: è scomoda da chiamare, non è veloce e ha tempi di percorrenza del ponte tutt'altro che rapidi).

Detto ciò, per evitare i ponti e visitare ugualmente la città ci si può impegnare a pianificare la visita con un certo anticipo. Venezia, inoltre, ha dimensioni abbastanza ridotte, e questo può essere un punto a favore, specialmente se si decide di sfruttare al massimo i vaporetti come mezzo di trasporto. Le isole di Burano, Murano, il Lido, Torcello, San Francesco del Deserto e San Servolo sono tutte abbastanza accessibili.

**Trasporti pubblici** A Venezia il mezzo più facile per spostarsi se siete su una sedia a rotelle è il vaporetto, che è dotato di accesso per le carrozzelle. Sul vaporetto i passeggeri con difficoltà motorie hanno diritto a un biglietto speciale, che al costo di €1,50 permette il viaggio anche a un eventuale accompagnatore.

**Viaggi aerei** Per la legge europea gli aeroporti sono obbligati a fornire assistenza ai passeggeri disabili, quindi, se ne avete bisogno durante il viaggio o al vostro arrivo in Veneto, fatelo presente alla compagnia aerea al momento della prenotazione, di modo che l'aeroporto ne venga informato.

**Viaggi in treno** Se necessitate di assistenza per i viaggi in treno, le ferrovie italiane offrono servizi e facilitazioni per i viaggiatori disabili da molte delle principali città italiane. Per prenotazioni e informazioni rivolgetevi al **Call Center Trenitalia** (☎199 89 20 21 – opzione 5: prenotare un servizio di assistenza per i clienti a mobilità ridotta; attivo tutti i giorni ⊙7-21) oppure al **Numero Unico Nazionale Assistenza Persone a Mobilità Ridotta** (☎199 30 30 60; attivo tutti i giorni ⊙7-21). Per altre informazioni v. il sito www.trenitalia.com, seguendo il percorso 'Informazioni e assistenza'/'Assistenza clienti'/'Per le persone a mobilità ridotta'. Chi viaggia con i convogli **Italo** (www.italotreno.it) troverà le indicazioni al link 'Viaggiare con Italo'. I cittadini svizzeri troveranno invece informazioni utili all'organizzazione del viaggio in treno collegandosi a www.ffs.ch/stazione-servizi/viaggiatori-disabili.html.

### Siti utili

La Regione Veneto è impegnata oramai da qualche anno nel miglioramento della qualità delle informazioni sull'accessibilità delle località turistiche.

Collegandovi al portale **Promozione Turistica del Veneto** (www.veneto.eu), al link 'info utili' e a seguire 'Turismo Accessibile' troverete numerosi siti web suddivisi per zone con moltissime informazioni utili. Fra gli altri siti di carattere generale segnaliamo:

➡ **Centro Documentazione Handicap** (www.accaparlante.it)

➡ **Disabili.com** (www.disabili.com)

➡ **Easy Hotel Planet** (www.easyhotelplanet.com)

➡ **Mondo Possibile** (www.accessibleurope.com)

➡ **NoLimit** (www.nolimit.it)

➡ **Procap** (www.procap.ch) Infine, *Viaggiare senza barriere* di Lonely Planet è un PDF scaricabile gratuitamente dal sito www.lonelyplanetitalia.it/viaggiaresenzabarriere, che raccoglie numerose fonti online, utili per pianificare e organizzare il vostro viaggio e il vostro soggiorno in tutto il mondo.

## Viaggiatori omosessuali

A Venezia non c'è più un comitato territoriale di Arcigay da anni, ma è molto attivo un collettivo/associazione denominato **Stonewall Venezia** (https://www.facebook.com/StonewallVenezia LGBTQIA).

Da diversi anni le associazioni e i gruppi del movimento LGBTQI si sono riuniti in coordinamento per programmare iniziative comuni sul territorio della Regione Veneto e del Nord-Est, tra cui i Pride. Ogni anno viene scelta una città diversa per il **Pride Nord Est**: l'ultimo a Venezia è stato nel 2014 (Venezia Pride), nel 2015 è toccato al Verona Pride, mentre nel 2016 c'è stato il Treviso Pride.

**ArciGay** (www.arcigay.it) Offre informazioni sul panorama GLBT in tutta Italia.

Prima di partire, potete consultare il sito del tour operator specializzato **Quiiky** (www.quiiky.com) e i portali **Gay.it** (www.gay.it) e **Gay.ch** (www.gay.ch).

# Dietro le quinte

## SCRIVETECI!

Le notizie che ci inviate sono per noi molto importanti e ci aiutano a rendere migliori le nostre guide. Ogni segnalazione (positiva o negativa) viene letta, valutata dalla Redazione e comunicata agli autori.

Mandate i vostri suggerimenti a **lettere@edt.it** e visitate periodicamente **lonelyplanetitalia.it** per leggere i consigli degli altri viaggiatori. Sul sito troverete anche spunti di viaggio degli autori e tutte le novità del catalogo.

**N.B.**: Se desiderate che le vostre informazioni restino esclusivamente in Redazione e non vengano utilizzate nei nostri prodotti – cartacei, digitali o web – ricordatevi di comunicarcelo. Per leggere la nostra politica sulla privacy, visitate il sito www.edt.it/privacy/.

## Nota dell'autrice

Un grazie di cuore a Federica Travagnin per la compagnia, la vicinanza, le segnalazioni, gli inviti a un concerto jazz, a un aperitivo in barca, a una sagra, e per il suo balconcino sul Canal Grande. Grazie a Francesco Molinari, per le sue istruzioni storiche ed enologiche, e a Giorgio Dodi per avermi raccontato tutto quello che Murano è oggi. E grazie infine anche a Filippo Maria Paladini per tutto quello che avrebbe saputo raccontarmi (se soltanto avessi trovato il tempo di chiederglielo).

## Riconoscimenti

Fotografia pp4-5: Canal Grande, Mauro Chiarle ©

## Questa guida

La quarta edizione della guida *Venezia Pocket* è stata scritta da Sara Fiorillo.

**Edizione italiana a cura di**
Cesare Dapino

**Responsabile redazione guide** Silvia Castelli

**Coordinamento**
Silvia Amigoni

**Aggiornamenti e adattamenti**
Eloisa Bianco,
Paola Masi
*coordinamento*
Luciana Defedele

**Editing**
Laura Agerli,
Silvia Amigoni

**Impaginazione**
Anna Dellacà

**Rielaborazione copertina**
Sara Gasparini,
Alessandro Pedarra
*supervisione* Sara Viola Cabras

**Cartine** Ivo Villa

**Produzione**
Alberto Capano

# Indice

**Vedi anche i sottoindici:**
- ⊗ **Pasti p210**
- ☻ **Locali p210**
- ✪ **Divertimenti p211**
- 🔒 **Shopping p211**
- ⊕ **Attività p211**

## A
aereo, 197
aeroporti, 17, 197
**alberghi storici, 40**
alloggio, 16
ambiente, 193
Ando, Tadao, 44
**Antico Cimitero Ebraico (Lido), 162**
**Arsenale, 122-3, 177**
arsenalotti, 128
arte, 174-5, 180
assistenza sanitaria, 201
Aulenti, Gae, 44
autobus, 198
automobile, 198

## B
**Bagni Alberoni (Lido), 159**
bambini, 190-1
**Banco Giro, 83**
bancomat, 16
Bandiera, fratelli, 130
**Basilica dei Santi Giovanni e Paolo, 124, 176**
**Basilica dei Santi Maria e Donato (Murano), 141**
**Basilica di San Giorgio Maggiore (Isola di San Giorgio Maggiore), 162**

**000** Da vedere
**000** Cartine

**Basilica di San Marco, 24-7, 27**
**Basilica di Santa Maria Assunta (Torcello), 142**
**Basilica di Santa Maria della Salute, 56-7**
Bellini, Gentile, 38
Bellini, Giovanni, 38, 81, 124
Bellini, Jacopo, 38
Bianchini, Vincenzo, 26
Blatas, Arbit, 103
Bombarda, Giovanni Battista Cambi detto il, 30
Bon, Bartolomeo, 42, 55, 90
Bosch, Hieronymus, 38
Botta, Mario, 129
Botticelli, Sandro Filepi detto il, 44
Briati, Giuseppe, 88
Brodskji, Josif, 63
budget, 16
Buratti, Benedetto, 162
Byron, Byron George Gordon (Lord Byron), 142, 164

## C
**Ca' d'Oro, 106**
**Ca' Dario, 62**
**Ca' Pesaro, 89**
**Ca' Rezzonico, 64**
caffè storici, 32-3
Calatrava, Santiago, 106
**Campanile di San Marco, 38**

**Campo Bandiera e Moro o della Bràgora, 130**
**Campo dei Mori, 108**
**Campo del Ghetto Nuovo, 103**
**Campo della Pescaria, 83**
**Campo delle Beccherie, 83**
**Campo Manin, 40**
**Campo San Barnaba, 68**
**Campo San Giacomo, 86**
**Campo Santa Margherita, 68**
**Canal Grande, 78-9**
Canaletto, Giovanni Antonio Canal detto il, 64
**Cannaregio, 100-17, 116**
da vedere, 106-8
divertimenti, 114
itinerari, 101
locali, 113
pasti, 108-12
shopping, 114-5
trasporti, 101
Canova, Antonio, 39, 43, 81
**Càorle, 152, 152-3**
carampane, 87
Carlotto, Johann Carl Loth detto il, 41
Carpaccio, Vittore, 38, 55, 90, 171
carte di credito, 16, 201
**Casa di Carlo Goldoni, 87**

**Castello, 118-37, 124**
da vedere, 128-31
divertimenti, 135
itinerari, 119, 176-7
locali, 134-5
pasti, 131-4
shopping, 135-6
trasporti, 119
**Cattedrale Ortodossa di San Giorgio dei Greci, 125**
**Cavallino-Treporti, 151**
**Chiesa dei Carmelitani Scalzi, 106**
**Chiesa dei Gesuati, 63**
**Chiesa dei Gesuiti, 107**
**Chiesa del Santissimo Redentore (Giudecca), 161**
**Chiesa della Madonna dell'Orto, 108**
**Chiesa della Pietà, 125, 182**
**Chiesa di San Francesco della Vigna, 177**
**Chiesa di San Giacomo dall'Orio, 88**
**Chiesa di San Giovanni Elemosinario, 86**
**Chiesa di San Giovanni in Bragora, 130**
**Chiesa di San Martino, 177**
**Chiesa di San Martino (Burano), 141**
**Chiesa di San Michele in Isola e Cimitero di San Michele (Isola di San Michele), 142**
**Chiesa di San Moisè, 40**

# Indice

Chiesa di San Nicolò dei Mendicoli, 66
Chiesa di San Pietro di Castello, 125, 137
Chiesa di San Polo, 87
Chiesa di San Sebastiano, 65
Chiesa di San Stae, 89
Chiesa di San Zaccaria, 125
Chiesa di San Zulian, 39
Chiesa di Sant'Alvise, 108
Chiesa di Santa Maria dei Miracoli, 106
Chiesa di Santa Maria del Giglio, 41
Chiesa di Santa Maria Formosa, 125
Chiesa di Santo Stefano, 42
Chioggia, 170-1, **170**
cibo e bevande, 174-5, 178-9
Cima da Conegliano, Giovanni Battista Cima detto, 108
cinema, 181
Cini, Vittorio, 162
clima, 196
Codussi, Mauro, 90, 114, 125, 137, 142, 182
Colleoni, Bartolomeo, 128
**Collezione Peggy Guggenheim, 58-9**
**Complesso delle Zitelle (Giudecca), 161**
**Concordia Sagittaria, 155**
**Convento di San Francesco del Deserto (Isola di San Francesco del Deserto), 143**
**Corte dei Cordami (Giudecca), 161**

**000** Da vedere
**000** Cartine

Cox, Philip, 131
Cozzi, fratelli, 81

## D

Da Ponte, Antonio, 29, 161
De Chirico, Giorgio, 91
De Pisis, Filippo, 89
De' Barbari, Jacopo, 38
Del Moro, Giulio, 42
Dell'Angelo, Marta, 44
Demning, Gunter, 103
disabili, 204
divertimenti, 180-1
Donatello, Donato di Niccolò di Betto Bardi detto, 81
Donzelli, Maurizio, 44
Dorsoduro, 52-75, **60**
  attività, 73
  da vedere, 62-6
  divertimenti, 71
  itinerari, 53, 74-5
  locali, 68-70
  pasti, 66-8
  shopping, 71-5
  trasporti, 53

## E

emergenze, 202
**Erbaria, 83**

## F

**Fabbriche Nuove, 83**
farmacie, 202
feste ed eventi, 180, 182, 183, 187
fondaco, 42
fondamenta, 45
**Fondamenta Nuove, 107**
**Fondazione Bevilacqua La Masa, 39**
**Fondazione Cini (Isola di San Giorgio Maggiore), 162**
Fortuny, Mariano, 44
Francesco, santo, 143
Frate Mauro, 38

## G

gallerie d'arte, 34-5
**Gallerie dell'Accademia, 54-5**
Galuppi, Baldassarre, 141
Gaspari, Antonio, 65
**Ghetto, 102-3**
**Giardini Pubblici, 131, 177**
Giorgione, Giorgio da Castelfranco detto il, 55
Goldoni, Carlo, 87, 170
gondolieri, 43
Grigi, Giangiacomo de', 90
Guardi, Francesco, 64, 106

## I

**I Frari, 80-1**
imbarcazioni, 199
informazioni, 201, 202
internet, 16, 197, 201, 205
**Isola di San Pietro di Castello, 137**
**Isola di Sant'Elena, 137, 191**
isole meridionali, 156-71, **160**
  attività, 169
  da vedere, 161-5
  locali, 167-8
  pasti, 165-7
  trasporti, 168, 170
isole settentrionali, 138-55, **140**
  attività, 149
  da vedere, 141-4
  itinerari, 139
  pasti, 144-7
  shopping, 147-9
  trasporti, 149, 150, 152, 154
itinerari
  bacari, **74**, 74-5
  caffè storici, **32**, 32-3
  Cannaregio, 101
  Castello, 119, 176-7, **177**
  chiese, **124**, 124-5
  Dorsoduro, 53

gallerie d'arte, **34**, 34-5
isole settentrionali, 139
le giovanissime realtà gastronomiche, **116**, 116-7
Lido e Pellestrina, 158
Mercati di Rialto, **82**, 82-3
San Marco, 23
San Polo e Santa Croce, 77

## K

Kandinskij, Vasilij Vasil'evič, 89

## L

**La Casa Dei Tre Oci (Giudecca), 161**
**La Maravegia (Isola di Sant'Erasmo), 142**
**Laguna orientale, 150 1, 193**
Lazzarini, Gregorio, 153
**Lido, 158, 158**
Lombardo, Pietro, 43, 90, 106
Lombardo, Tullio, 43
Longhena, Baldassare, 56, 57, 64, 90, 129, 137, 162, 171, 176
Lowe, Adam, 162

## M

**Magazzini del Sale, 62**
mance, 16
Manin, Daniele, 40
Mansueti, Giovanni di Niccolò, 141
Mantegna, Andrea, 106
Marieschi, Jacopo, 90
maschere veneziane, 89, 187, 191
Massari, Giorgio, 44, 63, 64, 90, 182
Medardo Rosso, 89
Meduna, Giovanni Battista, 49
Megert, Christian, 44

Mercati di Rialto, **82**, 82-3, 174
**Mercato del Pesce**, 83
merletti, 188
Meyring, Heinrich, 40
Mingozzi, Eugenio, 91
Miozzi, Eugenio, 43
Modigliani, Amedeo, 44
**Molino Stucky (Giudecca)**, 161
**Monastero di San Lazzaro degli Armeni (Isola di San Lazzaro degli Armeni)**, 164
**Monumento alla Partigiana Veneta**, 131
Moore, Henry, 91
Moro, Domenico, 130
motocicletta, 198
**Murazzi (Lido)**, 159, 164
Murer, Augusto, 131
**Museo Correr**, 38
**Museo del Merletto (Burano)**, 141
**Museo del Vetro (Murano)**, 141, 189
**Museo della Fondazione Querini Stampalia**, 129
**Museo della Musica**, 42
**Museo delle Icone e Istituto Ellenico di Studi Bizantini e Postbizantini**, 129
**Museo di Storia Naturale**, 89, 190
**Museo di Torcello**, 142
**Museo Ebraico**, 103
**Museo Fortuny**, 44
**Museo Storico Navale**, 130, 190
musica, 181, 182

---

## N

**Negozio Olivetti**, 39
Neshat, Shirin, 44
Neville, Alfredo, 43
nizioleti, 92

---

## O

**Oasi di Caroman (Pellestrina)**, 159, 193
**Oasi WWF delle Dune degli Alberoni (Lido)**, 159, 191, 193
ombre, 47
omosessuali, 205
Ospedaletto, 176

---

## P

**Palazzo Contarini del Bovolo**, 41
**Palazzo della Mostra del Cinema (Lido)**, 163
**Palazzo Ducale**, 28-31, **31**
**Palazzo Grassi**, 43
**Palazzo Mocenigo**, 88, 174
**Palazzo Querini Stampalia**, 128
**Palazzo Zenobio**, 65
Palladio, Andrea di Pietro della Gondola detto, 55, 137, 161, 177
Palma il Giovane, Giacomo Negretti detto, 30, 39, 40, 90, 107, 108, 155
Palma il Vecchio, Jacomo Nigretti de Lavalle detto, 125
pasti, 16, 178-9, 202
**Pellestrina**, 158, **158**
pernottamento, 40, 191, 196
Petrarca, Francesco, 38
Piano, Renzo, 62
**Piazza del Buranello (Burano)**, 141
**Piazzale Roma**, 91
Piazzetta, Giovanni Battista, 63, 89, 124
Pietro da Salò, 86
**Ponte dei Pugni**, 65
**Ponte dei Sospiri**, 38
**Ponte dell'Accademia**, 43
**Ponte delle Tette**, 87
**Ponte di Calatrava**, 106
**Ponte di Rialto**, 86
Portogruaro, 154-5
posta, 202
Pratt, Hugo Eugenio, 137
**Punta della Dogana**, 62

---

## R

Ricci, Sebastiano, 41, 96
**Riva degli Schiavoni**, 120-1, 177
**Riva di Biasio**, 175
Rizzo, Antonio, 29
Rodin, François-Auguste-René, 89
Rubens, Pieter Paul, 42
**Ruga degli Oresi**, 82
**Ruga Rialto**, 83
Ruskin, John, 142

---

## S

Salviati, Francesco, 42, 57
Salviati, Giuseppe Porta detto il, 26
San Marco, 22-51, **36**
 da vedere, 38-45
 divertimenti, 46-7
 itinerari, 23
 locali, 46
 pasti, 45-6
 shopping, 47-51
San Polo e Santa Croce, 76-99, **82**
 da vedere, 86-91
 divertimenti, 95-6
 itinerari, 77
 locali, 95
 pasti, 91-5
 shopping, 96-9
 trasporti, 77
**San Trovaso, squero di**, 65
Sansovino, Jacopo, 29, 30, 39, 41, 83, 177
Sante Lombardo, 90
Scarpa, Carlo, 39, 55, 129, 131
Scarpagnino, Antonio Abbondi detto lo, 65, 82, 86, 90
**Scola Canton**, 103
**Scola Grande Tedesca**, 103
**Scola Italiana**, 103
**Scuola di San Giorgio degli Schiavoni**, 90
**Scuola Grande dei Carmini**, 90
**Scuola Grande di San Giovanni Evangelista**, 90
**Scuola Grande di San Marco**, 90
**Scuola Grande di San Rocco**, 90
Selva, Gian Antonio, 131
Shelley, Percy Bysshe, 142
shopping, 184-5, 192
Sicher, Giovanni, 168
**Sinagoga Levantina**, 103
**Sinagoga Spagnola**, 103
Sironi, Mario, 89
**Spiaggia del Bacàn (Isola di Sant'Erasmo)**, 147
spritz, 71
squeri, 65
**Statua di Bartolomeo Colleoni**, 128
Stazio, Abbondio, 96
storia, 86

---

## T

teatro, 183
**Teatro La Fenice**, 41, **182**
tessere sconto, 202
tessuti, 186
**Tezon Grande (Isola del Lazzaretto Nuovo)**, 143
Tiepolo, Giambattista, 30, 46, 63, 64, 89, 90, 107, 108, 141

Tiepolo, Giandomenico, 87, 90, 182
Tintoretto, Jacopo Robusti detto il, 30, 40, 41, 42, 43, 57, 63, 87, 90, 106, 107, 108, 162
Tiziano Vecellio, 30, 57, 81
**Torre dell'Orologio, 38**
Toso Fei, Alberto, 183
trasporti, 17, 197
- Cannaregio, 101
- Castello, 119
- Dorsoduro, 53
- isole meridionali, 168, 170
- isole settentrionali, 150, 152, 154
- San Marco, 23
- San Polo e Santa Croce, 77
- urbani, 199
treno, 199
**Trono di Attila (Torcello), 142**

## V
Van Eyck, Jan, 106
Vedova, Emilio, 62
Veneziano, Paolo, 26, 81
Veronese, Paolo, 30, 40, 42, 55, 65, 124, 162
Verrocchio, Andrea, 128
**Via Garibaldi, 131**
**Viale Garibaldi, 131**
Viola, Bill, 44
Vivaldi, Antonio, 130
Vivarini, Antonio, 106
Vivarini, Bartolomeo, 43, 125

## W
Wagner, Richard, 114
Wildt, Adolfo, 89

**000 Da vedere**
**000 Cartine**

## Z
Zanino di Pietro, 106
**Zattere, 63**

## ✪ Pasti
Aciugheta, 132
Acqua & Mais, 91, 174, 179
Ai Cacciatori (Murano), 144
Ai Do Farai, 68
Ai Murazzi (Lido), 166
Ai Nomboli, 75, 91
Ai Vetrai (Murano), 144
Al Bottegon (Cantinone già Schiavi), 66, 74
Al Covo, 133, 178
Al Gatto Nero (Burano), 146
Al Mascaron, 133
Al Mercà, 75, 92
Al Ponte del Megio, 94
Al Portego, 75, 132
Al Prosecco, 93
Al Raspo de Ua (Burano), 145
Al Timon, 75, 110
Alaska, 91, 175
All'Anguilla (Càorle), 153
All'Arco, 75, 174
Alla Maddalena (Mazzorbo), 145
Alla Vecchia Pescheria (Murano), 144
Alle Testiere, 134, 179
Anice Stellato, 112, 179
Antiche Carampane, 95
Arte della Pizza, 109
Beerbante (Lido), 165
Bone Robe, 67, 179
Bucintoro (Càorle), 153
Busa alla Torre (Murano), 144
Cantina Do Mori, 75, 92
Cantina Vecia Carbonera, 75, 109
Corte Sconta, 133, 178
CoVino, 117
Da Bepi, 111, 179
Da Bonifacio, 131

Da Celeste (Pellestrina), 167
Da Fiore, 45, 75
Da Garbo (Burano), 145
Da Lele, 75, 93
Da Luca e Fred, 75, 110
Da Scarso (Lido), 166
Dai Zemei, 92
Dalla Marisa, 111, 179
Dok dall'Ava, 191
El Refolo, 74, 132
Enoiteca Mascareta, 133
Enoteca Ai Artisti, 68
Enoteca Al Volto, 46, 75
Enoteca Do Colonne, 75, 110
Estro – Vino e Cucina, 116
Garibaldi (Chioggia), 171
Gelateria da Nico, 66
Ghimel Garden Restaurant, 112, 179
Gislon, 45
Hostaria Vecio Biavarol, 75, 93
I Rusteghi, 46
Iguana, 110, 179
Il Refolo, 94
Il Ridotto, 132, 179
La Bitta, 67
La Cantinita – Trattoria Trento (Lido), 165
La Palanca (Giudecca), 165
La Perla (Ai Bisatei) (Murano), 144
Local, 117
Locanda Cipriani (Torcello), 146, 179
Maggion (Lido), 165
Orient Experience, 66, 179
Ostaria Da Rioba, 117
Osteria Al Mercà (Lido), 166
Osteria alla Bifora, 67
Osteria da Baba, 45, 75
Osteria da Codroma, 67
Osteria La Zucca, 93, 179
Osteria Penzo (Chioggia), 171

Osteria Trefanti, 117
Panificio Silvestri, 131
Panificio Volpe, 108
Paradiso Perduto, 111
Pasticceria Nobile, 109
Pasticceria Tonolo, 66
Rivetta, 75, 93
Rizzardini, 91
Rosa Salva, 45
Taverna di Nadia e Felice (Chioggia), 171
Tedeschi (Isola di Sant'Erasmo), 147
Trattoria alla Madonna, 94
Trattoria Alle Vignole (Le Vignole), 147
Trattoria Altanella (Giudecca), 165
Trattoria Ca' d'Oro 'Alla Vedova', 75, 110
Trattoria da Remigio, 132
Trattoria da Romano (Burano), 145
Trattoria Tre Scalini (Portogruaro), 155
Vecio Fritolin, 95
Vini da Gigio, 112

## 🍷 Locali
Ai Artisti, 69
Ai Do Draghi, 68
Al Prosecco, 175
Bar alla Toletta, 70
Baruffino (Chioggia), 171
Birraria La Corte, 95
Cafè Noir, 69
Caffè Centrale, 46
Caffè dei Frari, 95
Caffè Lavena, 33
Caffè Quadri, 33
Caffè Rosso, 68
Corner Pub, 57, 59
El Chioschetto, 70
Energy Darsham (Lido), 167
Florian, 33
Grande Albergo Ausonia & Hungaria (Lido), 167

# Divertimenti 211

Harry's Bar, 32
Il Santo Bevitore, 113
Imagina Café, 70
In Paradiso, 134, 176
La Duna (Cavallino-Treporti), 151
Laboratorio Occupato Morion, 135, 182
Lion's Bar (Lido), 167
Londrabar, 135
Malvasia all'Adriatico Mar, 69
Ombra del Leone, 79
Oriental Bar, 135
Serra dei Giardini, 134, 176
Skyline Rooftop Bar (Giudecca), 167
Torrefazione Cannaregio, 113
Vino Vero, 113

## 🟠 Divertimenti

Arena di Campo San Polo, 181
Aurora B3ach, 181
Blue Moon, 181
Casa del Cinema, 96, 181
Casinò di Venezia, 114
Chiesa della Pietà, 135, 182
Cinema Giorgione Movie d'Essai, 114, 181
Concerti presso la Scuola Grande di San Giovanni Evangelista, 96, 182
Interpreti Veneziani, 46, 182
Jazz at The Bauers, 47, 182
Multisala Rossini, 47, 181
Musica a Palazzo, 46, 182
Musica in Maschera, 71, 182

Palazzetto Bru Zane, 95, 182
Teatro a l'Avogaria, 71, 183
Teatro Fondamenta Nuove, 114, 183
Teatro Goldoni, 47, 183
Teatro La Fenice, 182
Teatro Malibran, 183
Venice Jazz Club, 71, 182

## 🟠 Shopping

Acqua Alta, 192
Antica Legatoria Piazzesi, 51
Arnoldo & Battois, 50
Atelier Segalin, 51, 185
Attombri, 97, 185
Bortoletti, 49
Bottega d'Arte Gibigiana, 72, 184
Bugno, 35
Ca' Macana, 72
Càrte, 98, 174
Caterina Tognon Arte Contemporanea, 34
Charta, 49, 184
Contini, 35
Dalla Lidia Merletti d'Arte (Burano), 148
Danghyra, 73
Davide Penso (Murano), 148, 189
Éditions du Dromadaire, 191
Elitre, 114
Emilia (Burano), 149
Empresa, 50
Enoteca Millevini, 50
Ercole Moretti & Fratelli (Murano), 189

FallaniVenezia, 115, 190
Fanfaluca, 191
Ferenaz, 113
Fortuny (Giudecca), 168, 186
Franco Furlanetto, 96, 184
Galleria Dorothea van der Koelen, 35
Galleria Traghetto, 35
Gianni Basso, 114, 184
Gibigiana, 114, 185
Gilberto Penzo, 98, 191
Giovanna Zanella, 136, 185
Girani, 136
Giuliana Longo, 51, 184
Gmeiner, 97, 185
Holly Snapp Gallery, 35
Il Gufo Artigiano, 96, 184
Il Pavone di Paolo Pelosin, 98, 184
Il Tempio della Musica, 51
Kalimala, 135, 185
L'Armadio di Coco, 47, 185
La Bottega dei Mascareri, 98
La Toletta, 192
Lab, 49
Laberintho, 97, 185
Le Forcole di Saverio Pastor, 73, 184
Librairie Française, 192
Libreria Bertoni, 192
Libreria Goldoni, 192
Libreria Marco Polo, 192
Libreria Studium, 192
Malipiarmi, 51
Mare di Carta, 192
Marina e Susanna Sent, 72, 185
Materialmente, 48, 185
Mercato del Pesce, 83

Nicotra di San Giacomo, 96, 185
Paolo Brandolisio, 136, 184
Paolo Olbi, 71, 184
Papier Mâché, 136
Perlamadredesign, 72, 185
Pied à Terre, 98, 185
Q-shop, 191
Roberta di Camerino, 115
Sabbie e Nebbie, 99
Sartoria dei Dogi, 99
Showroom Bevilacqua Pizzinato, 97
Sigfrido Cipolato, 48, 185
Signor Blum, 72
Style Shoes, 97
Tessitura Luigi Bevilacqua, 97, 186
The Merchant of Venice, 49
Tragicomica, 89, 191
Venetia Studium, 48
Venetian Dreams, 49
Veneziastampa, 99, 175
VMA (Murano), 147, 189, 191

## 🟠 Attività

Arcieri del Leon (Lido), 169, 190
Circolo del Golf Venezia (Lido), 169
Eolo (Le Vignole), 149
Freetime Diving (Lido), 169, 190
Row Venice, 190
Terra & Acqua, 73
Vento di Venezia (Isola della Certosa), 169

*Finito di stampare presso Stamperia Artistica Nazionale, Trofarello (TO)*

Ristampa

. 2 3 4 5 6

Anno

18 19 20

# L'autrice

**Sara Fiorillo**
Sono ormai quindici anni che ha lasciato la sua isola, la Sardegna, per vivere a Torino, dove insegna italiano e storia a meravigliosi ragazzi delle scuole superiori. E non sono poche le scoperte che ha fatto durante i suoi ultimi viaggi per la scrittura delle guide Lonely Planet *Puglia*, *Toscana*, *Umbria e Marche*, *Torino Pocket* e *Veneto*. Ma fra tutte, quella che la fa gioire di più, è sempre la stessa. Ovvero che sempre, in qualunque viaggio, le persone sono più delle scarpe. E per una che ancora bambina partiva per le sue esplorazioni rigorosamente scalza, questo, in un certo senso, pare un segno del destino.

---

**Venezia Pocket**
4ª edizione italiana – Ottobre 2016

ISBN 978-88-5922-574-4

© Testo e cartine: EDT 2016
© Fotografie: fotografi indicati 2016

Pubblicato da EDT srl
su autorizzazione di Lonely Planet Publications Pty Ltd
ABN 36 005 607 983

**EDT srl**
17 via Pianezza, 10149 Torino, Italia
📞 (39) 011 5591 811 - fax (39) 011 2307 034
edt@edt.it, lonelyplanetitalia.it

In copertina foto di ©Mauro Chiarle:
Piazza San Marco.

Stampato da Stamperia Artistica Nazionale, Trofarello (TO)

Tutti i diritti sono riservati. La riproduzione, anche parziale e con qualsiasi mezzo, non è consentita senza la preventiva autorizzazione scritta dell'editore.

Lonely Planet e il logo di Lonely Planet sono marchi di Lonely Planet e sono registrati presso l'Ufficio Brevetti e Marchi negli Stati Uniti e in altri paesi.

Lonely Planet non permette che alcun esercizio commerciale (vendite al dettaglio, ristoranti e alberghi) utilizzi il suo nome e il suo logo. Per eventuali segnalazioni: www.lonelyplanet.com/ip

**Questo libro è stampato su carta ecosostenibile**

Lonely Planet e i suoi autori fanno del loro meglio per fornire informazioni il più possibile accurate e attendibili. Tuttavia Lonely Planet e EDT declinano ogni responsabilità per qualsiasi danno, pregiudizio o inconveniente che dovesse derivare dall'utilizzo di questa guida.